现代服务领域技能型人才培养模式创新规划教材

秘书实用法律

（第二版）

主　编　王秀卿　李克凝

副主编　畅春霞　武　静　殷志鹃

中国水利水电出版社

www.waterpub.com.cn

·北京·

内 容 提 要

本书适用于本科秘书学专业、高职高专文秘专业以及各类文秘职业教育法律课程的教学，其特点是适应社会主义法治国家建设的要求，针对各级各类文秘专业就业岗位中常见的法律问题选择内容，并根据秘书岗位对运用法律技能的需要设立实训项目，突出体现了高等秘书学教育的先进教学理念。

本书主要内容包括法的基本理论、宪法、行政法、刑法、民法、知识产权法、合同法、企业法律制度、税法、消费者权益保护法和产品质量法、劳动法、档案法和保密法、仲裁和诉讼等。本书围绕秘书岗位的要求构建知识体系，对于重点知识内容设定仿真情景，模拟秘书角色，对案例进行分析和训练，培养学生分析问题和解决问题的能力。同时，本书融入文秘专业中高级职业资格证书考试的相关内容，为学生就业准入条件实现了良好的对接。

本书除适用本科秘书学专业、高职高专文秘专业以及各类文秘职业教育外，也适合作为在国家机关、企事业单位从事秘书或相关管理岗位人员处理常见法律问题的参考用书。

图书在版编目（CIP）数据

秘书实用法律 / 王秀卿，李克凝主编. -- 2版. -- 北京 : 中国水利水电出版社，2019.7（2025.8 重印）
现代服务领域技能型人才培养模式创新规划教材
ISBN 978-7-5170-7773-2

Ⅰ. ①秘… Ⅱ. ①王… ②李… Ⅲ. ①法律－中国－高等职业教育－教材 Ⅳ. ①D92

中国版本图书馆CIP数据核字(2019)第127518号

策划编辑：石永峰　　责任编辑：张玉玲　　封面设计：李　佳

书　　名	现代服务领域技能型人才培养模式创新规划教材 **秘书实用法律（第二版）** MISHU SHIYONG FALÜ
作　　者	主　编　王秀卿　李克凝 副主编　畅春霞　武　静　殷志鹏
出版发行	中国水利水电出版社 （北京市海淀区玉渊潭南路 1 号 D 座　100038） 网址：www.waterpub.com.cn E-mail：mchannel@263.net（答疑） sales@mwr.gov.cn 电话：（010）68545888（营销中心）、82562819（组稿）
经　　售	北京科水图书销售有限公司 电话：（010）68545874、63202643 全国各地新华书店和相关出版物销售网点
排　　版	北京万水电子信息有限公司
印　　刷	三河市鑫金马印装有限公司
规　　格	184mm×260mm　16 开本　14.25 印张　351 千字
版　　次	2011 年 7 月第 1 版　2011 年 7 月第 1 次印刷 2019 年 7 月第 2 版　2025 年 8 月第 3 次印刷
印　　数	5001—6000 册
定　　价	38.00 元

前　　言

随着我国社会主义法治建设的不断推进，对秘书人员的综合素质提出了更高的要求，更需要具有辅助管理和综合服务能力的高层次秘书人才。因此，要求秘书人员具有较强的法律意识和运用法律分析问题、解决问题的能力。

作为体现高等秘书学教育特色的载体和教学基本工具，其质量的高低，直接关系到能否为一线岗位培养符合要求的复合型人才。因此，本教材总结多年高级文秘法律课程的教学经验，落实先进的高等秘书学教育的教学观，遵循“学做合一”的基本要求，瞄准秘书岗位需要，精选教材内容，以求做到理论基础与岗位实际紧密结合。

本教材立足于秘书人员工作岗位中常用法律知识的要求，从实际出发，体现课岗融合、项目导向、任务驱动的教学理念，根据秘书工作岗位特点展开案例讨论和技能训练。摒弃以往文秘教学法律课程缺乏针对性、忽视能力培养的缺点，在高等文秘教学法律课程教材建设上迈出了具有探索性的一步。

教材内容的组织编排上，运用与秘书岗位有密切联系的涉法典型案例，设定真实情境，模拟秘书角色，进行案例分析，力求达到法律原理的认识与实际需要的直接对接。

每章中的综合实训将秘书专业的其他核心课程相结合，带动提高学生的写作能力、沟通能力、公关能力、管理能力等，强化了综合能力的培养。

为解决综合性与专业化的矛盾，各章节采用富有弹性和开放性的结构形式，只对重点知识进行强化分析和训练。既做到知识的系统性、完整性，又做到了突出岗位要求，兼顾不同程度学生拓展知识的需要。

考虑到学科教育的“双证制”特点，本教材参照人力资源和社会保障部公布的“秘书职业资格证”的考试大纲范围选取教学内容，与就业岗位的职业资格证较好地衔接起来。

本教材的编写人员全部是有着多年高校教学经验，特别是文秘专业法律课程教学经验的教师。本书由王秀卿、李克凝任主编，畅春霞、武静、殷志鹃任副主编。本书的具体分工如下：王秀卿（太原学院）编写第二章、第三章、第十章、第十一章；李克凝（太原学院）编写第五章；畅春霞（太原市城市职业技术学院）编写第八章、第九章；武静（山西大学）编写第一章、第六章、第七章、第十二章、第十三章；殷志鹃（太原学院）编写第四章。

全书由王秀卿、李克凝负责修改和统稿。同时本书的编写得到了王晓燕（太原学院）、蒋晶宇（太原市城市职业技术学院）老师的大力支持，对此表示衷心的感谢！

由于编者水平有限，书中难免有疏漏和错误之处，敬请广大读者批评指正。

编　者

2019 年 5 月

目　　录

第一章　法的基本理论

【本章内容结构图】

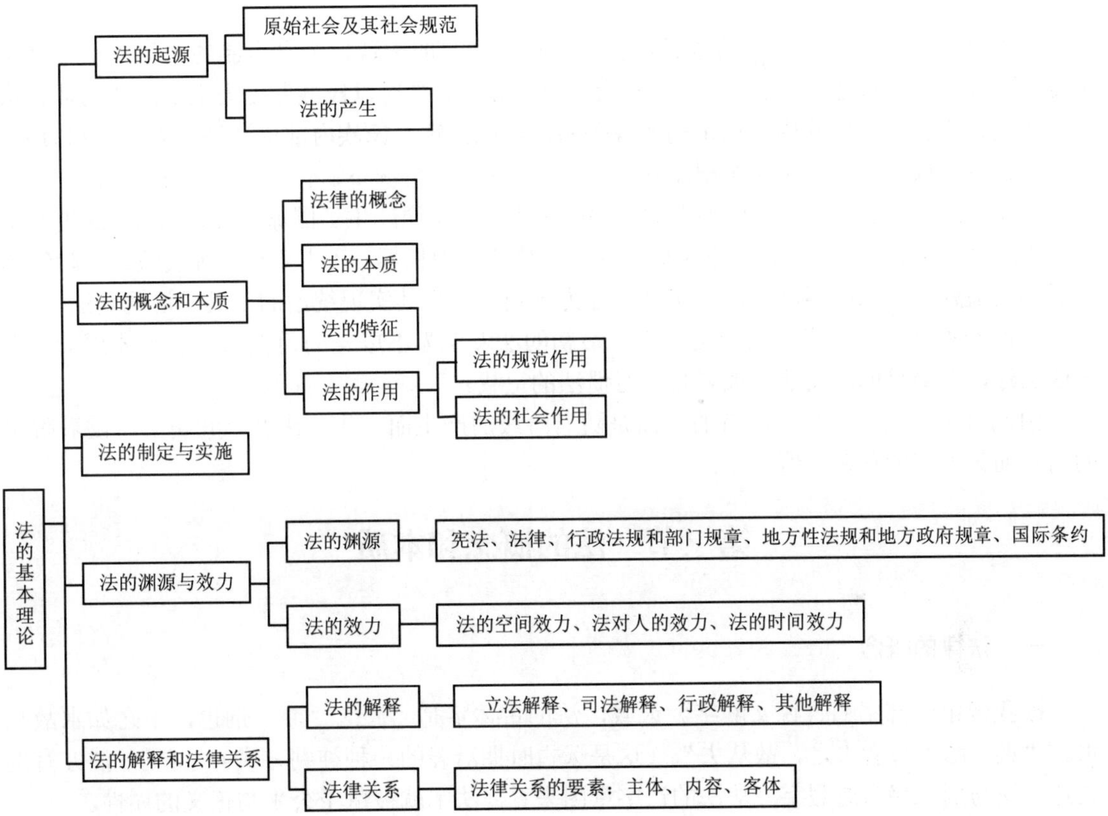

【引例】

于涛刚来公司不久，在一次公司例会上，针对最近公司员工纪律涣散的情况，行政主管要求于涛次日就拿出一份公司管理规章进行讨论。当于涛将连夜赶出的题为《宏安商业机器有限公司纪律奖惩管理法（草案）》放在主管面前时，主管的脸马上沉了下来，不客气地让于涛马上重写。请问：于涛错在哪里？为什么？

第一节　法的起源

一、原始社会及其社会规范

法不是从来就有的，也不是永恒存在的，它是人类社会发展到一定历史阶段的产物，是阶级社会特有的现象。在原始公社制度下，生产工具十分简陋，生产力水平极其低下，人们为了生存，不得不共同获得生活资料。这种集体劳动的结果，必然形成生产资料归集体所有；在分配方面是平均分配，共同消费，人与人之间的关系是平等的。那时没有私有制，没有剥削和阶级的划分，因此，也就不存在作为阶级专政工具的法，但却存在与当时经济基础相适应的社会组织和社会规范，即氏族组织和习惯。这些氏族习惯通过人们的自觉遵守、社会舆论以及氏族首领的威信来维持，并且具有有效的约束力。

二、法的产生

原始社会后期，生产工具的改进，特别是剩余产品的出现，为私有制的产生提供了物质基础。随着生产力的进一步发展，三次社会大分工以后，当时以氏族制度为主要形式的社会状况发生了巨大变化。氏族内部原来的血缘关系弱化或瓦解，氏族内部逐渐划分为富人和穷人，社会中出现了奴隶和奴隶主两个根本对立的阶级。在这种情况下，不仅需要新的制度代替氏族制度，而且需要新的社会习惯调整人们之间的关系。于是便产生了国家，与此同时，法也产生了，统治阶级为了实现其统治，不仅要借助国家这个暴力机器，还需要有一种反映统治阶级的意志和利益并以国家的强制力保证实施的行为规则，作为其实现统治的工具，这就是法。

法的产生是一个相当长的历史过程，最初的法表现为不成文的习惯法，后来才逐渐出现了成文法，而最早的成文法也大多是对习惯法的记载。

由此可见，法不是从来就有的，而是随着阶级的产生而产生。因此，它也必将随着阶级的消亡而失去它的存在价值。

第二节　法的概念和本质

一、法律的概念

据我国第一部字书《说文解字》记载，法的古体字是“灋”。“灋，刑也，平之如水故从水。”“廌，触不直者去之，故从去”，（这是远古时期沿袭的一种神判方式）。可见，法亦有刑之意，法与刑二字为通假字。从法的造字意图来看，法字就被赋予公平与正义的属性。

《说文解字》称，“律，均布也”。古代汉语中，法和律二字，有同义但也有区别，封建社会各个朝代的刑典一般都称为“律”。据载，秦汉时期，商鞅已将“法”“律”二字合为“法律”一词。19世纪末20世纪初，随着西方文化广泛传入中国，现代意义上的“法律”一词才真正确立。

法律的概念有广义和狭义之分。广义的法律是指法律的整体，是具有立法权的国家机关，依照法定程序，制定和颁布的规范性文件。狭义的法律，专指全国人民代表大会及其常务委员会所制定的法律。

二、法的本质

关于法的本质，有过数不清的争论，只有马克思主义运用科学的唯物史观对法的本质作出了真正科学的解释。

在阶级对立的社会中，法的本质首先表现为统治阶级的意志。在不同的历史时期，只有在阶级斗争中取得胜利，并且掌握了国家政权的统治阶级，才能将自己的意志通过法律的形式表现出来。这是法的最根本的属性。

其次，法是通过国家意志来体现统治阶级的意志。当统治阶级取得政权以后，将自己的意志上升为国家意志，使之具有普遍的约束力，成为人人都必须遵守的行为规则。

根据唯物史观，统治阶级的意志归根结底是由这一阶级的社会物质生活条件所决定的。这里讲的“社会物质生活条件”主要是指与一定生产力发展水平相适应的生产关系，也就是指社会经济基础。所以，法律也就是建立在一定社会经济基础之上的一个上层建筑，或者说，是社会上层建筑的一个组成部分。法的性质和发展由经济基础决定，反过来，法又对经济基础有能动作用，为经济基础服务。任何一种法能否对社会发展起促进作用，不仅要看它能否很好地为自己的经济基础服务，而且更要看它所服务的经济基础，即生产关系，能否促进社会生产力的发展。

并不是说，在法的发展过程中，经济是唯一的决定因素。除经济因素以外的各种因素，政治、思想、文化、历史、民族、宗教、习惯、地理环境等，在法的发展过程中，都有不同程度影响，它们与法的关系是极为错综复杂的。

总之，法是由国家制定或者认可，体现统治阶级的意志，以权利义务为调整机制并通过国家的强制力保证实施的调整行为关系的社会规范，法是统治阶级实现社会目标的工具。

三、法的特征

凡是规定人们可以做什么或不可以做什么的规则都称为社会规范，我们所熟知的社会规范有道德规范、乡规民约、宗教教义等。但法属于特殊的社会规范，我们将法与这些规范相比，可以看出法有以下特点：

（1）法是由国家制定或认可的社会规范。国家制定的法，通称为成文法或制定法，是指国家机关通过立法活动创制的新的规则。统治阶级对社会生活中已经存在的习惯或规则，通过国家机关依法认可具有法律效力后，即成为习惯法。法由不同的国家机关制定或认可，因而就有宪法、法律、行政法规、地方性法规之分，它们的法律效力或法律地位是不同的。法的国家意志性这一特征还表明法具有权威性、普遍性和统一性。权威性指法代表国家主权即最高权力的意志。普遍性和统一性则指法在主权所及范围内普遍有效并相互一致和协调。其他规范因不是国家制定或认可，所以不具有普遍性。

（2）法是通过规定人们的权利、义务来实现其调整功能。法律上的权利和义务与其他社会规范中的权利和义务相比，在内容、范围和保证实施的方式等方面，是有很大区别的。法通过规定人们的权利和义务实现其调节社会关系的目的。权利表现为法律允许人们做什么或不做什么；义务表现为应该做什么或不做什么。

法律上的权利和义务必须明确和具体，而宗教教义、道德规范等，内容比较原则、笼统，一般仅规定义务而无权利。

（3）法是由国家强制力保证实施的社会规范。任何社会规范都会有一定的力量保证其实施。规范的制定者不同，适用的范围不同，其保证实施的力度也不同。与其他社会规范相比较，由于法的制定者是国家，适用范围最广，保证实施的强制力最高。法的国家强制性就是指法依靠国家强制力保证实施、强迫人们遵守。不管人们的主观愿望如何，人们都必须遵守法，否则将受到国家强制力的干涉，受到相应的法律制裁。国家的强制力是法实施的最后保障手段。当然，国家强制力是一种必要的保证、威慑的力量，在守法的情况下是无须借助而且人们也感受不到国家强制力的。

（4）法在国家权力管辖范围内普遍有效，因而具有普遍性。法的普遍性，也称“法的普遍适用性”“法的概括性”，是指法作为一般的行为规范在国家权力管辖范围内具有普遍适用的效力和特性。具体而言，它包含两方面的内容：其一，法的效力对象的广泛性。在一国范围之内，任何人的合法行为都无一例外地受法的保护；任何人的违法行为，也都无一例外地受法的制裁。法不是为特别保护个别人的利益而制定，也不是为特别约束个别人的行为而设立。其二，法的效力的重复性。这是指法对人们的行为有反复适用的效力。在同样的情况下，法可以反复适用，而不仅适用一次。

（5）法是有严格的程序规定的规范，具有程序性。法是强调程序、规定程序和实行程序的规范。也可以说，法是一个程序制度化的体系或者制度化解决问题的程序。程序是社会制度化的最重要的基石。

四、法的作用

法的作用可以分为规范作用与社会作用。一方面，法律是调整人们行为或社会关系的规范，所以法律具有各种规范作用；另一方面，法律是一定的人们的意志的体现，反映了他们的利益要求，所以法律具有各种社会作用。法律的这两种作用之间的关系，是一种手段和目的的关系，法律的规范作用是手段，法律的社会作用是目的。

（一）法的规范作用

法的规范作用是法律自身表现出来的、对人们的行为或社会关系的可能影响。法律的规范作用根据其作用的具体对象、主体范围和方式的不同，可以分为：指引作用、评价作用、预测作用、强制作用和教育作用。

（1）指引作用。法的指引作用表现为：法律作为一种行为规范，为人们提供某种行为模式，指引人们可以这样行为、必须这样行为或不得这样行为，从而对行为者本人的行为产生影响。从另一个角度看，法律的指引作用是通过规定人们的权利和义务来实现的。因此，法对人们行为的指引，也相应有两种方式：①确定的指引。它是指人们必须根据法律规范的指示而行为：法律要求人们必须从事一定的行为，而为人们设定积极的义务；法律要求人们不得从事一定的行为，而为人们设定消极的义务。如果人们违反这种确定的指引，法律通过设定违法后果来予以处理，以此来保障确定性指引的实现。②有选择的指引。它的涵义是指：法律规范对人们的行为提供一个可以选择的模式，根据这种指引，人们自行决定是这样行为或不这样行为。这是一种按照权利性规则而产生的指引作用。法律的指引作用也可分为羁束的指引和非羁束的指引，这是根据国家权力行为的权限幅度所进行的划分；原则的指引和具体的指引，这是根据法律的构成要素所进行的分类。

（2）评价作用。法律的评价作用表现在：法律对人们的行为是否合法或违法及其程度，具有判断、衡量的作用。

任何社会规范，如道德规范、宗教规则、政策等，均具有一定的评价作用。但与其他社会规范相比，法律这种社会规范的评价作用具有概括性、公开性和稳定性，所以这种评价更客观、更明确、更具体。法律的评价作用的优越性，使法律起到了其他社会规范难以起到的维护社会秩序、促进社会发展的作用。

法律的评价作用可以分为专门的评价和一般的评价。专门的评价是经法律专门授权的国家机关、组织及其成员对他人的行为所作的评价，这种评价产生法律拘束力。一般的评价是普通主体以舆论的形式对他人行为所作的评价，不产生法律拘束力。

法律的评价作用同其指引作用是分不开的。如果说法律的指引作用可以视为法律的一种自律作用的话，那么法律的评价作用可以视为法律的一种律他作用。正因为法律能够指引人们的行为方向，才表明其是一种带有价值倾向和判断的行为标准。同理，也正因为法律具有对自己或他人的行为提供了判断是非曲直的标准，所以才具有指引人们行为的作用。而且法通过这些标准，影响人们的价值观念，达到引导人们行为的作用。

（3）预测作用。法律的预测作用表现在：人们可以根据法律规范的规定事先估计到当事人双方将如何行为及行为的法律后果，从而对自己的行为作出合理的安排。一般而言，它分为两种情况：①对如何行为的预测。即当事人根据法律规范的规定预计对方当事人将如何行为，自己将如何采取相应的行为。②对行为后果的预测。由于法律规范的存在，人们可以预见到自己的行为在法律上是合法的，还是非法的，在法律上是有效的，还是无效的，是会受到国家肯定、鼓励、保护或奖励的，还是应受法律撤销、否定或制裁的。法律具有预测作用是与法律的规范性、确定性特点相联系的。

（4）强制作用。法律的强制作用表现在：法律为保障自己得以充分实现，运用国家强制力制裁、惩罚违法行为。这种作用的对象是违法犯罪者的行为。

法律的强制作用是任何法律都不可或缺的一种重要作用，是法律的其他作用的保证。如果没有强制作用，法律的指引作用就会降低，评价作用就会在很大程度上失去意义，预测作用就会产生疑问，教育作用的实效就会受到影响。总之，法律失去强制作用，也就失去了法律的本性。

（5）教育作用。法律的教育作用表现在：通过法律的实施，法律规范对人们今后的行为发生直接或间接的诱导影响。这种作用的对象是社会一般成员的行为。法律具有这样的影响力，即把体现在规则和原则中的某种思想、观念和价值灌输给社会成员，使社会成员在内心中确立对法律的信念，从而达到使法的外在规范内在化，形成尊重和遵守的习惯。法律的教育作用主要是通过以下方式来实现的：①反面教育。即通过对违法行为实施制裁，对包括违法者本人在内的一般人均起到警示和警戒的作用。②正面教育。即通过对合法行为加以保护、赞许或奖励，对一般人的行为起到表率、示范作用。

（二）法的社会作用

法的社会作用是法律为实现一定的社会目的，尤其是维护一定阶级的社会关系和社会秩序而发挥的作用。如果说，法的规范作用是从法律自身来分析法律的作用，那么法的社会作用则是从法律的目的和本质的角度来考察法律的作用问题的。法的社会作用的基本方式有确认、调节、制约、引导、制裁等。

从马克思主义法学观点看，在阶级对立的社会中，法律的社会作用大体上表现在两个主要方面：

1. 法律在维护阶级统治方面的作用

法律的阶级统治作用是指法律在经济统治、政治统治、思想统治等方面的作用。马克思主义法学认为：在阶级对立社会中，社会的基本矛盾是对立阶级之间的冲突和斗争。为了维护自己的统治，掌握政权的统治阶级必然把阶级冲突和斗争控制在一定的秩序范围内，他们利用国家制定和实施法律，来使自己在社会生活中的统治地位合法化，使阶级冲突和矛盾保持在统治阶级的根本利益所允许的界限之内，建立有利于统治阶级的社会关系和社会秩序。

2. 法律在执行社会公共事务方面的作用

社会公共事务是相对于纯粹的政治活动而言的一类社会活动。其特征是：这些事务的直接目的并不表现为维护政治统治，而在客观上对全社会的一切成员均有利，具有“公益性”。法律在执行社会公共事务上的作用具体表现在这样一些方面：①维护人类社会的基本生活条件，包括维护最低限度的社会治安，保障社会成员的基本人身安全，保障食品卫生、生态平衡、环境与资源合理利用、交通安全等。②维护生产和交换条件，即通过立法和实施法律来维护生产管理、保障基本劳动条件、调节各种交易行为等。③促进公共设施建设，组织社会化大生产。即通过一系列法律来规划、组织像兴修水利、修筑道路桥梁以及开办工业、组织农业生产之类的活动，对这些活动实行管理。④确认和执行技术规范，包括执行工艺和使用机器设备的标准，规定产品、服务质量和标准，对高度危险品和危险作业的控制和管理，对消费者权益的保护等。⑤促进教育、科学和文化事业，如通过法律对人们的受教育权加以保护，鼓励兴办教育和奖励科技发明，保护人类优秀的文化遗产，要求政府兴办各种图书馆、博物馆、文化馆等文化设施。

第三节　法的制定与实施

一、法的制定与实施

（一）法的制定

法的制定是整个法制系统的一个不可或缺的重要环节和组成部分。法的制定是指具有立法权的国家机关，依照法定的职权和程序，创制、认可、修改或废止法律和规范性文件的专门活动。法的制定过程也是统治阶级将自己的意志上升为国家意识的过程，通常称为立法。

法的制定的指导思想，是贯彻立法活动整个过程中的理论基础和思想准则，它关系到立法活动的根本性、全局性和方向性的问题，它既是立法活动经验的理论概括和思维抽象，又是立法活动的思想指导和最高准则。

在社会主义初级阶段的立法指导思想应该是：马克思列宁主义、毛泽东思想和邓小平理论，中国共产党在社会主义初级阶段的基本路线和基本纲领为指导思想。

我国社会主义的立法，一般来说要遵循以下基本原则：

①实事求是，一切从实际出发的原则。②合宪性和法制统一原则。③总结国内实践和借鉴外国经验相结合的原则。④原则性和灵活性相结合的原则。⑤立足全局、统筹兼顾、适当安排的原则。⑥群众路线和专门机关工作相结合，民主与集中相结合的原则。⑦维护法的稳定性、连续性和严肃性与及时创、改、废相结合的原则。

（二）法的实施

法的实施是指法在社会生活中贯彻和实现，从而体现法的制定的价值。法的实施有两种方式：一是法律的适用；二是法律的遵守。法律的适用是指国家机关及其工作人员，依照法定的职权和程序，实现法律对于特定的社会关系加以调整的活动。法律的遵守是指人民群众在日常生活中根据法律规定规范自身行为。社会主义法律的适用必须遵循以事实为根据，以法律为准绳的原则。这不仅仅是司法机关所应遵循的基本原则，同样也是我国行政机关依法进行行政管理，对行政违法行为加以制裁时所必须遵守的基本原则。

第四节　法的渊源与法的效力

一、法的渊源

法的渊源即法的表现形式。通过对法的渊源的认识，帮助我们识别在各种复杂的社会规范中，哪些社会规范属于法的范畴。目前，我国采用的是以制定法为主的正式的法的渊源。其他如习惯、判例、法理等没有正式通过法律被赋予法律约束力的规范，都不是法。法的渊源主要有以下几种：

（一）宪法

宪法是国家的根本大法，是具有最高法律效力的法。宪法是规定国家的基本原则、基本制度、公民基本权利和基本义务等国家和社会最重要、最基本问题的法律。它是国家所有法律的依据，任何法律都不得与宪法规定的内容或原则相抵触。宪法的制定和修改也要经过最高权力机关依据特定的程序而进行。

（二）法律

法律是仅次于宪法的主要的法的渊源。它是由国家立法机关，依照法定程序制定和颁布的规范性文件。在我国，法律又分为基本法律和一般法律。基本法律是由国家的权力机关——全国人民代表大会制定和修改的法律；一般法律是由全国人民代表大会的常设机构——全国人民代表大会常务委员会制定和修改的法律。此外，全国人民代表大会及其常务委员会所作出的决议或决定，具有规范性内容的，也具有法律效力，属于法的渊源。

（三）行政法规、部门规章

行政法规是国家最高行政机关——国务院及其所属机构根据宪法和法律制定的规范性文件。

按照宪法赋予国务院的权力，国务院各部委等为了行使其最高行政职权所发布的带有规范性内容的决定或命令也属于法的渊源，被称为“部门规章”。

（四）地方性法规、地方政府规章

按照宪法和法律的规定，各省、自治区、直辖市人民代表大会和人民政府可以依照法律规定，在自己的职权范围内制定适合本地区实际情况的规范性文件，但不得与宪法、法律、行政法规相抵触，并报全国人民代表大会常务委员会备案。根据制定的机关不同，可以分为地方性法规和地方政府规章，也应属于法的渊源。

（五）国际条约

国际条约是我国同外国缔结的双边或多边条约、协定。国际条约对我国国内的组织和个人也具有约束力，因此也是法的渊源。

二、法的效力

法的效力从广义上讲是指法的约束力。狭义上的法的效力是指法的生效范围和适用范围。也就是说法适用的范围有多大和对什么人、什么时间有约束的力问题。一般可以分为：

（一）法的空间效力

法的空间效力是指法生效的地域范围。一般来说，一国法律适用于该国主权范围所及的全部意义上的领域，包括领土及内水、领海、领空及其领土范围以外的使领馆、停泊在境外的船舶和飞行器。

（二）法对人的效力

法对人的效力，指一国的法律对什么人生效的问题。我国现在采用的是以属地主义为基础，属人主义、保护主义为补充原则。根据我国法律，对人的效力包括：

1. 对中国公民的效力

中国公民和中国法人在中国境内均受中国法律的管辖，中国公民在中国境外原则上也要受中国法律的管辖。

2. 对外国人和无国籍人的效力

外国人在中国领域内除享有外交特权和豁免权的以外，都要适用中国法律。我国《宪法》第三十二条规定："中华人民共和国保护在中国境内的外国人的合法权利和利益，在中国境内的外国人必须遵守中华人民共和国的法律。"

（三）法的时间效力

法的时间效力是指法律何时生效和何时终止以及有无溯及力的问题。

1. 法生效的时间

（1）自法律公布之日起生效。

（2）由该法律规定具体生效时间。

（3）规定法律公布后符合一定条件时生效。

2. 法终止效力的时间

（1）新法公布实施生效后，原有的相同内容的法自行失去效力。

（2）新法中明文宣布原有的相同内容的法自新法生效之日起终止效力。

（3）有权的国家机关颁布决定、命令等专门的法律文件，宣布某法失效（废除或修改其中某些条款，使旧条款失效）。

（4）在法中明文规定该法的有效期限，期限届满时，该法即自行终止效力。

（5）某些法律因其历史任务业已完成，其所依据的特定条件已消失或其所调整的社会关系不复存在而自然失效。

3. 法的溯及力

法的溯及力，指法对其生效之前所发生的事件和行为，是否具有约束力的问题。如果有约束力，该法就有溯及力；如果没有，该法就不具有溯及力。一般来说，法仅仅适用于将来，没有溯及力，被称为"法不溯及既往"原则。

第五节　法的解释和法律关系

一、法的解释

法的解释是对法律条文所表述的法律规范的内容、含义以及所使用的概念、术语的理解和说明。有权进行法律解释的机关按照效力可分为：①立法解释即立法机关所作出的解释，包括全国人民代表大会常务委员会和省、自治区、直辖市人大常委会对宪法和法律条文需要进一步明确或补充规定所作的解释。其效力在法律解释体系中居于最高法律地位。②司法解释指由最高人民法院和最高人民检察院对具体运用法律的问题所作的解释。③行政解释是指由最高行政机关及其主管部门就其他法律的具体使用问题或本机关制定的法规所作出的解释。④其他解释，包括几个国家机关联合进行的解释。

由于人们认识上的差异，对法律的理解可能偏离立法者在法律文本中所发布的法律的文字含义，所以，法律解释必须遵循一定的原则。

第一，合法性原则。法律解释应该合乎法律的规定和基本精神。它包括三个方面的基本要求：①法律解释应该按照法定权限和程序进行，不得越权解释。②对低位阶法律的解释不得抵触高位阶的法律。③对法律概念和规则的解释与法律原则必须保持一致。

第二，合理性原则。合理性在此是指合乎情理、公理、道理。坚持合理性原则，要注意以下几点：①要符合社会现实和社会公理。②坚持尊重公序良俗。③顺应客观规律和社会发展趋势，尊重科学。④要以党的政策和国家政策为指导。

第三，法制统一原则。法律解释坚持法制统一原则，就是要求法律解释应该在法治的范围内进行。具体内容就是：①要将需要解释的法律规则、概念术语、技术性规定等方面的法律条款置于相应的法律、法规、条例中理解和把握，使解释活动从属于该法律文件的整体；将对个别法律部门有关规定的解释，纳入更高级的法律部门和整个法律体系全面掌握。②在法律解释过程中，要建立和贯彻规范化的解释技术。

第四，历史与现实相统一的原则。法律解释需要结合法律制定时的历史背景，深入了解立法意图，把握立法原意。

二、法律关系

法律关系是指法律规范在调整人们行为过程中形成的权利义务关系。法律关系由法律关系主体、法律关系内容（权利义务）和法律关系客体三个要素构成。

（一）法律关系主体

法律关系主体是法律关系的参加者，即在法律关系中，享有一定的权利和承担一定的义务的当事人。在每一个具体的法律关系中，都会存在属于权利义务相对应的双方：一方是权利的享有者，成为权利人；另一方是义务的承担者，成为义务人。在我国，能够参与法律关系的主体包括以下几类：自然人、法人、各种机构和社会组织、国家等。

（二）法律关系内容

法律关系内容就是法律关系主体之间的法律权利和法律义务。它是法律规范的指示内容在实际社会生活中的具体落实，是法律规范在社会关系中实现的一种状态。权利主体根据法律规定或约定有要求相对义务人为一定的行为或不为一定的行为的权利；义务主体有满足权利主体该项请求的义务。

（三）法律关系客体

法律关系客体是指法律关系主体之间的权利和义务所指向的对象。由于权利和义务的内容多种多样，法律关系客体的范围和种类也有着各种不同的表现形式。归纳起来主要有物、人身、精神产品、行为等类型。

三、法律责任

法律责任是指因违反了法定义务或合同义务，或不当行使法律权利、权力所产生的由行为人承担的不利后果。

法律责任是由特定法律事实所引起的对损害予以补偿、强制履行或接受惩罚的特殊义务。

法律责任的特点在于：①法律责任首先表示一种因违反法律上的义务（包括违约等）关系而形成的责任关系，它是以法律义务的存在为前提的。②法律责任还表示为一种责任方式，即承担不利后果。③法律责任具有内在逻辑性，即存在前因与后果的逻辑关系。④法律责任的追究是由国家强制力实施或者潜在保证的。

根据违法行为所违反的法律的性质，可以把法律责任分为民事责任、刑事责任、行政责任与违宪责任和国家赔偿责任。

【引例解析】

根据本章所学知识，我们知道，法是一种特殊的社会规范，它是专指拥有立法权的国家机关依照法定的职权和程序，制定或颁布适合全体社会成员的规范性文件的专有行为，其他任何机关、单位或者个人都无权进行该项活动。本案例中于涛受上司的指派撰写一个在本公司范围内适用的规则，虽然也表现为一定的行为规范，但它不具有法的基本特征。因此，将题目定为《宏安商业机器有限公司纪律奖惩管理法（草案）》是完全错误的。正确的写法应该是《宏安商业机器有限公司纪律奖惩管理办法（或制度）》。

作为文秘人员应当注意在制作规范性法律文件时的要求：首先，规范性文件名称的表达要正确、合法。不同的机关所制定的规范性文件，因为其效力和层次不同而有不同的名称，如法律、规章、规定、暂行条例、实施细则等。其次，规范性文件的内容要完整，要素应该齐全、完备，体例安排要规范、统一。最后，语言表述要概括、明确，语言的运用要做到准确、严谨和简明。

【实训内容】

1．阅读各类法律法规、单位规章制度、学生守则等规范性文件，熟知规章制度的格式和构成要素。

2．以本班为例，写一份《某某班级某某制度》。

【案例】

张女士在某美容院花 3000 余元办了一张有效期两年的会员卡。后因张女士工作暂时前往异地，遂将该卡转让给同事李女士。双方在共同办理过户手续时，美容院提出会员卡转让需交过户费、私人美容师指导测评费等费用。最后张女士、李女士转卡后卡中仅剩 300 余元。当她们与美容院工作人员提出异议时，美容院负责人拿出《会员卡使用须知》，其中最后一条明确规定“本美容院享有最终解释权”。

请问：美容院的“最终解释权”是否属于法的解释？是否有效？

分析：美容院对本单位制定的规章所谓的解释完全不同于法的解释。法的解释是特定的组织对特定的法律规定的意义的说明，是专门机关的专有活动。该美容院在本单位制定的《会员卡使用须知》中规定的解释权不具有法律效力。根据合同法规定，提供格式条款一方免除自己的责任、加重对方的责任、排除对方主要权利的，该条款无效。同时，我国商务部2006年9月制定的《零售商促销行为管理办法》中第六条也明确规定“零售商促销活动的广告和其他宣传，其内容应当真实、合法、清晰、易懂，不得使用含糊、易引起误解的语言、文字、图片或影像。不得以保留最终解释权为由，损害消费者的合法权益”。

因此，作为文秘人员在为本单位起草相关合同或规定时，应该依照有关法律的规定，谨慎运用“解释权”。

【思考与练习】

1．请说出法与道德、社团章程等其他社会规范的不同之处？

2．掌握法的渊源知识对文秘人员有何实际意义？

3．单位办公室主任让小张将一堆没有整理的资料进行整理，这些资料有本单位几年来的规章制度、司法解释、省市机关的规范性文件、法律、国务院部委规章、法学论文、法制新闻报道等。请问：小张在进行整理时如何分类以方便查阅？

4．请分析下列案例中是何种法律关系？并指出法律关系的各个要素：

（1）张某向邻居卢某借款4万元。

（2）甲公司与乙公司签订一份协议，将甲公司的一项科技成果转让给乙公司。

（3）小于大学毕业被某公司录用并与该公司签订一份劳动合同。

（4）李某夫妇在市区开办了一家小吃店，但没有及时办理相关手续，受到了工商、税务、卫生防疫部门的处罚。

第二章　宪法

【本章内容结构图】

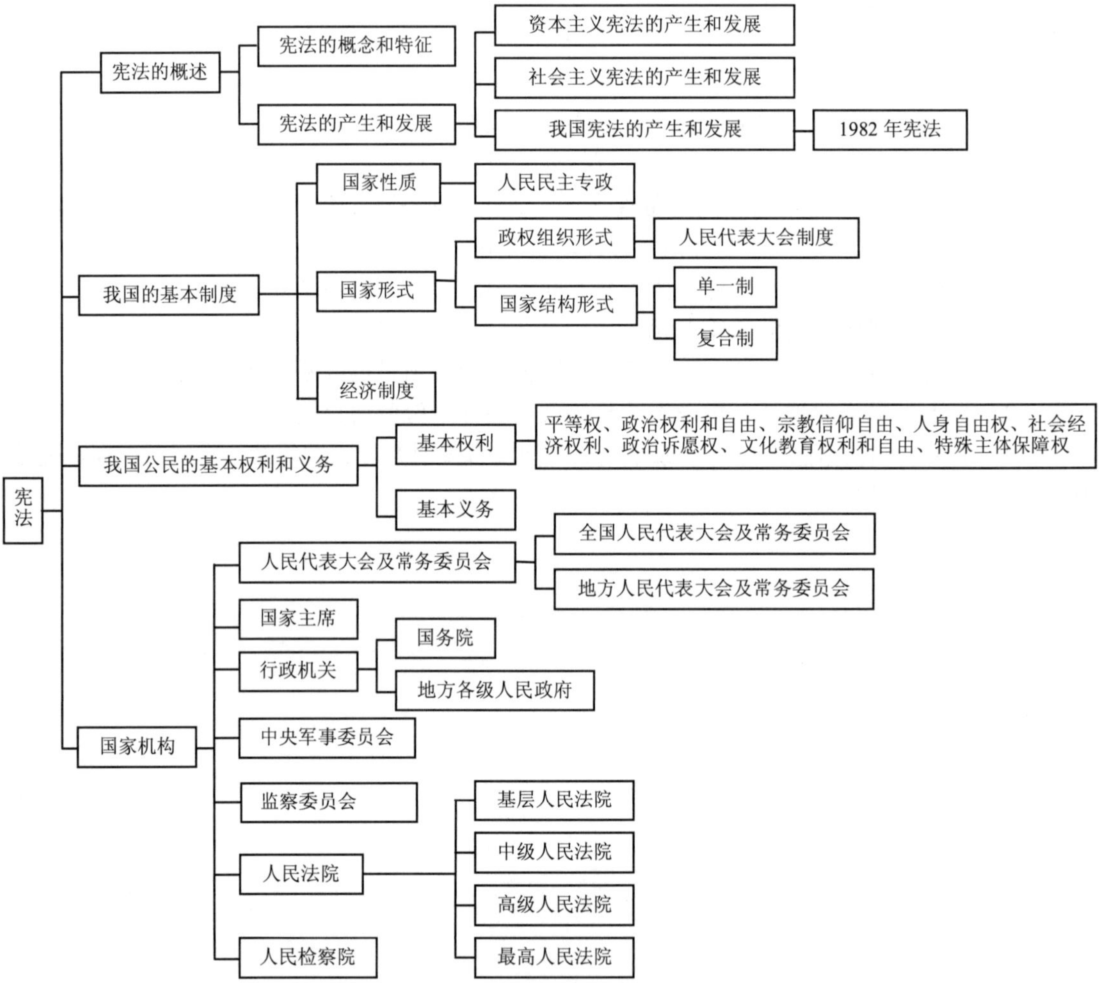

【引例】

王某就职于上海 SRT 酒店，后离开了该酒店，应聘于另外一家公司，恰巧这家公司的办公地点就在她原就职的 SRT 酒店内。当她欲前往公司上班而踏进该酒店时，却遭到了该酒店的拒绝。该酒店在其员工手册第九条中规定：“辞职、退职员工，6 个月内不得以任何理由进入该店。”而她新应聘的公司要求她在规定的期限内上班，如不能前来上班，应聘将失效。在这种情况下，王某如何运用公民基本权利的规定，来维护自己的权益？

第一节 宪法概述

一、宪法的概念和特征

（一）宪法的概念

维护现代国家社会秩序稳定的法律有很多，如民法、刑法、行政法、诉讼法等，但宪法在整个法律体系中居于最高的地位，是国家的根本法。马克思曾指出：“宪法——法律的法律。”

所谓宪法是规范民主施政规则的国家根本法，它是有关国家权力及其民主运行规则、国家基本政策以及公民基本权利与义务的法律规范的总称，它是阶级力量对比关系及现存社会经济结构要求的集中反映。

（二）宪法的特征

宪法作为特定国家法律体系中的重要组成部分，当然具有与一般法律相同的特征，然而，与其他法律相比，宪法又有自身的基本特征。

1. 宪法的内容具有根本性

我国《宪法》序言明确规定：“本宪法以法律的形式确认了中国各族人民奋斗的成果，规定了国家的根本制度和根本任务。”可见，宪法的内容涉及国家生活中根本性的问题，如经济制度、国家性质、国家结构、公民的基本权利和义务、国家机构、国家标志等。而普通法律一般只规定国家生活或社会生活某一方面或者某一领域内的事项和问题，如民法调整的是平等主体之间的财产和人身关系、刑法规定的是犯罪与刑罚的关系。

2. 宪法的效力具有最高性

宪法是国家的最高法律，是国家制定一切法律的依据，具有“母法”之称，任何普通法律、法规都不得与宪法的原则和精神相违背。一切个人和组织都必须以宪法为活动的最高准则，我国《宪法》规定：“全国各族人民、一切国家机关和武装力量、各政党和各社会团体、各企业事业组织，都必须以宪法为根本的活动准则。”《中国共产党章程》规定：“党必须在宪法和法律的范围内活动。”

3. 宪法制定和修改的程序具有特殊性

由于宪法的内容关系到一个国家的立国之本和治国安邦的根本大计，同一般法律相比就必须要求有更加严格的程序，以保持宪法的严肃性、权威性和稳定性。我国《宪法》规定：“宪法的修改，由全国人民代表大会常务委员会或者五分之一以上的全国人民代表大会代表提议，并由全国人民代表大会以全体代表的三分之二以上的多数通过。”而其他法律的修改只需全国人民代表大会代表的半数以上通过即可。

二、宪法的产生和发展

（一）资本主义宪法的产生和发展

17～18 世纪，英、法、美等国在资本主义发展的基础上，先后爆发了资产阶级革命。革命胜利后，取得政权的资产阶级将在革命过程中建立的民主制度以法律的形式予以确认，形成了各自的宪法。英国是世界上最早发生资产阶级革命的国家，英国宪法是人类历史上最早出现的宪法；法国宪法是欧洲大陆最先产生的宪法，且其宪政确定过程独具特点；美国宪法是世界上第一部成文宪法，其规范的精确与民主为世界各国立宪所效仿。这三个国家宪法的产生，标志着世界范围内宪法和宪政制度的最终确立。

从整体上看，资本主义宪法的发展经历了上升时期和帝国主义时期两个发展阶段。

（二）社会主义宪法的产生和发展

社会主义宪法是无产阶级革命的产物。1917 年以列宁为首的布尔什维克党领导俄国无产阶级和劳动群众，进行了著名的十月社会主义革命，推翻了地主资本家的反动统治，建立了世界上第一个无产阶级专政的社会主义国家。1918 年 7 月 10 日在第五次全俄苏维埃代表大会上，通过了《俄罗斯苏维埃社会主义共和国宪法》，这是世界上第一部社会主义宪法，这部宪法的颁布，具有重要的历史意义。

社会主义宪法经历了蓬勃发展阶段、意识形态化阶段和改革发展与大量转型阶段。

（三）我国宪法的产生和发展

1. 旧中国宪法的产生和发展

（1）地主买办阶级的伪宪法。它们是从清王朝末年、北洋军阀时期，一直到国民党反动派时期所炮制的伪宪法。如清王朝末年的《钦定宪法大纲》，北洋军阀时期的《中华民国约法》和《中华民国宪法》，国民党反动派时期的《中华民国训政时期约法》《五五宪草》和《中华民国宪法》等。这些宪法只不过是当时的统治者假借民主的招牌欺骗人民、抵制革命、维护专制独裁反动统治的手段。

（2）资产阶级民主共和国的宪法。1911 年以孙中山为代表的资产阶级革命派，发动了辛亥革命，推翻了清王朝，建立了中华民国，并于 1912 年制定颁布了《中华民国临时约法》。这是资产阶级宪法性文件，在当时具有进步意义，可惜胜利成果被袁世凯窃取了，辛亥革命以失败告终。事实证明，在旧中国，帝国主义和封建主义势力非常强大，资产阶级力量十分弱小，中国不可能实行资产阶级的宪政。

（3）新民主主义宪法性文件。从“五四”运动到新中国诞生的 30 年间，中国处于新民主主义革命时期。由于形势的发展与需要以及社会关系的不断变化，革命根据地在不同历史时期相继颁布了若干宪法性文件，其中最重要的有《中华苏维埃共和国宪法大纲》《陕甘宁边区施政纲领》和《陕甘宁边区宪法原则》。这些宪法性文件，对于巩固革命根据地的人民民主政权发挥了重要的作用，也为建国后制定宪法奠定了基础。

2. 新中国宪法的产生和发展

新中国成立后，我国先后颁布实施了 1 个宪法性文件和 4 部宪法，即 1949 年《中国人民政治协商会议共同纲领》（简称《共同纲领》）、1954 年宪法、1975 年宪法、1978 年宪法和 1982 年宪法。

（1）《共同纲领》。它是新中国成立初期团结全国人民共同建设国家的政治基础和政策纲领，对于巩固人民政权，加强法制建设，维护人民权利，恢复和发展国民经济有着重要的指导意义。它虽然不是一部正式的宪法，但是起到了临时宪法的作用。

（2）1954 年宪法。这是我国历史上第一部社会主义类型的宪法。它全面科学地总结了建国以来的革命和建设经验，通篇贯穿了社会主义和民主的原则，坚持了原则性和灵活性相结合、本国经验和国际经验相结合、领导智慧和群众智慧相结合，对推动我国社会主义革命和建设起了巨大的作用。

（3）1975 年宪法。这是在十年动乱的特殊历史条件下制定的，受到了“左”倾错误的影响和“四人帮”反革命集团的严重干扰。“以阶级斗争为纲”作为宪法指导思想，把“四大”即大鸣、大放、大字报、大辩论规定为公民的基本权利，与1954年宪法相比，1975年宪法在指导思想、宪法规范、宪法内容及内在的逻辑结构等方面有很大的倒退。

（4）1978年宪法。这是在我国社会主义革命和建设进入一个新时期之际制定的。它继承了1954年宪法中的民主和社会主义基本原则，提出了我国要实现的目标，反映了各族人民长期的愿望。由于“左”的影响没有肃清，因此还不完善，在1979年、1980年进行了两次修改，仍不能适应新时期的需要。

（5）1982年宪法。它是我国现行宪法，也是至今最好的一部宪法，由第五届全国人民代表大会第五次会议于1982年12月4日通过。但随着改革开放的深入和社会主义建设事业的发展，我国在政治、经济、文化等领域发生了巨大的变化。为了适应这一变化，全国人民代表大会对1982年宪法作了五次修改，即1988年4月第七届全国人民代表大会第一次会议通过的2条修正案；1993年3月第八届全国人民代表大会第一次会议通过的9条修正案；1999年3月第九届全国人民代表大会第二次会议通过的6条修正案；2004年3月第十届全国人民代表大会第二次会议通过的14条修正案；2018年3月第十三届全国人民代表大会第一次会议通过的21条修正案。

第二节　我国的基本制度

一、国家性质

国家性质，是指国家的阶级本质，即国体，它反映的是在一个国家里各个阶级在国家政治生活中的地位，其中哪个阶级是统治阶级，哪个阶级是被统治阶级。

我国《宪法》规定：“中华人民共和国是工人阶级领导的，以工农联盟为基础的人民民主专政的社会主义国家。”宪法序言还规定：“工人阶级领导的，以工农联盟为基础的人民民主专政，实质上即无产阶级专政。”这些规定充分表明：我国的国体是人民民主专政，其实质就是无产阶级专政。

我国人民民主专政的国体具有以下特点：

（1）人民民主专政是对人民民主和对敌人专政的有机结合。人民民主专政包含在人民内部实行民主和对敌人实行专政的两方面内容。对人民实行民主是指国家的一切权力属于人民，在人民内部实行民主集中制，人民当家作主，管理国家事务、管理经济和文化事务、管理社会事务。对敌人实行专政，就是在保障人民民主权利的同时，坚持对敌人实行统治和镇压，统治剥削阶级和敌对分子、镇压他们的反抗和破坏。我国《宪法》规定：“国家维护社会秩序，镇压叛国和其他危害国家安全的犯罪活动，制裁危害社会治安、破坏社会主义经济和其他犯罪的活动，惩办和改造犯罪分子。”同时，对外必须抵御和防止外来侵略，保卫国家。

（2）人民民主专政必须由工人阶级领导。人民民主专政必须由工人阶级领导，这是工人阶级的特性及其所担负的历史使命决定的。而工人阶级的领导主要是通过自己的政党——中国共产党的领导来实现的。党的领导主要是路线、方针、政策的领导。中国近现代历史的发展证明，只有坚持中国共产党的领导，才能保证社会主义事业的蓬勃发展。

（3）人民民主专政必须以工农联盟为基础。工农联盟是工人阶级和农民阶级的联盟，是我国的政权基础，这是由我国的基本国情决定的。我国是一个农业人口占绝大多数的国家，农民问题始终是中国革命和建设事业的根本问题，中国工人阶级和农民阶级在根本利益上的一致性决定了建立工农联盟的可能性。在改革开放的新形势下，只有依靠并巩固工农联盟，才能加快现代化建设的步伐。

（4）爱国统一战线是人民民主专政的重要组成部分。在中国共产党的领导下，建立广泛的爱国统一战线，是我国革命和建设的一条成功经验，是取得胜利的法宝之一。现行宪法把统一战线表述为“由中国共产党领导的，有各民主党派和各人民团体参加的，包括全体社会主义劳动者、社会主义事业的建设者、拥护社会主义的爱国者、拥护祖国统一和致力于中华民族伟大复兴的爱国者的广泛的爱国统一战线”。统一战线的组织形式是中国人民政治协商会议，基本方针可以概括为“十六字方针”，即“长期共存、互相监督、肝胆相照、荣辱与共”。

二、国家形式

国家形式就是一国统治阶级实现国家权力的形式，主要包括国家政权组织形式和国家结构形式。

（一）国家政权组织形式

国家政权组织形式即政体，指统治阶级组织国家政权机关，实现国家权力的形式。政体与国体密切相关，政权组织形式从属于国家性质，反映国家本质，国家性质决定着政权组织形式。因此，不同类型、不同性质的国家，都要根据具体情况建立与之相适应的政权组织形式。

我国《宪法》规定：“国家的一切属于人民，人民行使国家权力的机关是全国人民代表大会和地方各级人民代表大会。国家行政机关、监察机关、审判机关、检察机关都由人民代表大会产生，对它负责，受它监督。”由此可见，人民代表大会制度就是我国的政权组织形式。

所谓人民代表大会制度是指国家的一切权力属于人民，人民依照法定的程序和民主集中制原则选出自己所信任的代表组成全国人民代表大会和地方各级人民代表大会，再以各级人民代表大会为基础，组成对它负责、受它监督的各级其他国家机关，组成统一协调的国家政权机关体系，共同行使国家权力，实现人民当家作主的一种政权制度。人民代表大会制度和人民代表大会有着不可分割的联系，人民代表大会是人民代表大会制度中核心的部分，但是人民代表大会制度的含义更加广泛，它包括以人民代表大会为核心的所有国家政权机关的组织形式，更包括这些机关的组织和职权以及各个政权机关之间、各个政权机关同人民之间关系的一系列制度和原则。人民代表大会制度是我国根本的政治制度，而人民代表大会则是我国的权力机关。

人民代表大会制度是以民主集中制为原则，由人民直接或间接选举的代表组成全国和地方的各级权力机关——人民代表大会。我国的各级人民代表实行的是兼职工作制，除了少数被选为人民代表大会常委会的专职委员外，大部分是兼职代表，这种设置有利于代表与选民保持密切的联系，听取人民的心声。

（二）国家结构形式

国家结构形式，是指国家整体与其组成部分之间、中央政权与地方政权之间的相互关系。目前世界上的国家结构形式可分为单一制和复合制两种。单一制国家是由若干不享有独立主权的行政区域单位组成的统一主权的国家。单一制国家全国只有一部宪法、一个最高立法机关、一个中央政府、一套完整的司法系统；在对内关系中，各地方政府都接受中央政府的统一领导；在对外关系中，国家是一个独立的国际法主体，公民具有统一的国籍。复合制国家结构形式，如联邦制。联邦制国家是由两个以上的成员国（邦、州、共和国）组成统一的国家。联邦和其成员单位可以分别行使一定的国家权力，这种权力由联邦宪法规定；联邦制国家有统一的联邦宪法和法律，设有联邦立法机关、联邦政府和司法机关，有统一的或联合的武装力量以及统一的联邦国籍；各成员单位为了行使自己保留的那部分国家权力，有适用于其管辖区域内的宪法和法律，有自己的立法机关、政府机关和司法系统；公民除享有联邦国籍外，还享有各成员国的国籍；有些联邦制国家的成员单位还享有一定的外交权。

1. 我国的国家结构形式

我国《宪法》序言规定："中华人民共和国是全国各族人民共同缔造的统一的多民族国家。"根据宪法规定，我国国家的组成部分包括三类：第一类是一般的行政区域，第二类是民族区域自治地方，第三类是特别行政区。

《宪法》第四条和《民族区域自治法》第二条规定："各民族自治地方都是中华人民共和国不可分离的部分。"《香港特别行政区基本法》第一条规定："香港特别行政区是中华人民共和国不可分离的部分。"《澳门特别行政区基本法》第一条规定："澳门特别行政区是中华人民共和国不可分离的部分。"《宪法》序言也规定"台湾是中华人民共和国的神圣领土的一部分。完成统一祖国的大业是包括台湾同胞在内的全中国人民的神圣职责。"这些表明我国是一个统一的多民族国家。

我国实行多民族的单一制国家结构形式，是由多方因素决定的。

（1）长期实行单一制的历史传统。我国自秦汉以来，在漫长的历史发展进程中，除较短时间处于分裂状态外，一直实行统一的中央集权制。特别是自元朝以后的700年，我国再没有出现大的分裂局面，长期的历史传统决定了我国有建立统一的主权国家的政治基础和政治心理。

（2）民族分布和民族成分状况。我国有 56 个民族，这些民族在长期的共同生活中，形成了"大杂居，小聚居"的状况。而且，在全国总人口中，汉族人口占绝大多数，其他少数民族的人口只占全国总人口的1/10。这种客观的情况便于适用单一制国家结构形式。

（3）现代化建设的客观要求。汉族人口约占全国总数的 91.02%，少数民族人口约占8.98%，少数民族分布的地区广泛，其自治区域面积约占到全国总面积的40%。这些地区的自然资源丰富，但经济文化比较落后，实行单一制国家结构形式，有利于互相帮助，互相支援，互相繁荣，协调发展。

（4）国际环境的复杂多变。帝国主义、霸权主义和反动势力长期以来破坏我国民族关系，从未停止分裂民族团结和迫害国家统一的活动，实行单一制的国家结构形式，有利于加强各民族的团结，共同对付反动势力的挑衅和破坏，保证国家的统一和安全。

2. 我国的行政区划

行政区划是"行政区域划分"的简称。它是指在一个国家内，兼顾地理条件、历史传统、风俗习惯、经济联系、民族分布等因素，把国家领土分成层次不同、大小不等的若干区域的制度。因此，行政区划是人为的，而非自然形成的。统治阶级通过对国家领土进行某种划分，实现其对国家有效管理的目的。

根据我国《宪法》的规定，我国现行行政区划如下：

（1）一般行政区划。全国第一级分为省、直辖市，第二级为县、市，第三级为乡、镇。

（2）市也有三级，即省级市（中央直辖市）、地级市、县级市，较大的市可划分为若干个市辖区，并形成市管县的体制。这是分四级（省、市、县、乡）的一种制度。

（3）民族自治地方。民族区域自治是解决民族问题的基本制度。基本形式为：自治区，自治州，自治县。

（4）特别行政区。这是“一国两制”方针在宪法上的体现，是根据香港、澳门、台湾的特殊情况设定的。特别行政区享有高度的自治权、行政管理权、立法权、独立的司法权和终审权等，特别行政区保持原有资本主义制度和生活方式不变，原有的法律基本不变。

三、经济制度

经济制度，是指一国通过宪法和法律调整以所有制形式为核心的各种基本经济关系的规则、原则和政策的总和。我国《宪法》规定：“中华人民共和国的社会主义经济制度的基础是生产资料的社会主义公有制，即全民所有制和劳动群众集体所有制。”这就说明社会主义公有制是我国经济制度的基础。

（一）社会主义公有制是我国经济制度的主体

我国现阶段的生产资料社会主义公有制，主要有两种基本的形式，即全民所有制和劳动群众集体所有制。全民所有制经济又称国有经济，是国民经济的主导力量。国家保障国有经济的巩固和发展。劳动群众集体所有制是我国社会主义公有制的一个重要组成部分。国家保护城乡集体经济组织的合法权利和利益，鼓励、指导和帮助集体经济的发展。

（二）多种所有制经济共同发展是我国社会主义初级阶段经济制度的特征

《宪法》规定：“国家在社会主义初级阶段，坚持公有制为主体、多种所有制经济共同发展的基本经济制度。”现阶段，我国的非公有制经济主要包括三大类：①个体经济，是指城乡劳动者依法占有少量的生产资料，以个人及其家庭成员的劳动为基础，从事生产经营活动的一种经济形式。②私营经济，是指私人占有生产资料，使用雇工 8 人以上，以营利为目的从事生产经营活动的一种经济制度。③外商投资经济，是指中外合资经营企业、中外合作经营企业和外资企业，俗称“三资企业”。这些企业都遵守我国的法律，它们的合法权益和利益受我国法律保护。

（三）以按劳分配为主体的分配制度

《宪法》规定：“社会主义公有制消灭了人剥削人的制度，实行各尽所能，按劳分配的原则。”这表明按劳分配是我国社会主义制度下最主要的分配原则。同时《宪法》还规定：“国家在社会主义初级阶段，坚持按劳分配为主体，多种分配方式并存的分配制度。”这表明除了按劳分配形式外，法律也保护其他合法的分配形式。如个体劳动者和私营企业主在法律范围内的非劳动所得，虽然带有剥削性质，但只要是合法收益，国家应依法予以承认和保护。此外，公民购买债券、股票所获的收益及承包租赁所获非劳动收益，只要法律允许，应予以保护。

第三节　我国公民的基本权利和义务

一、公民及公民基本权利和义务的概念

公民，通常是指具有某个国家的国籍的自然人。我国《宪法》规定：“凡是具有中华人民共和国国籍的人都是中华人民共和国公民。”

公民和人民是两个不同的概念。公民是法律概念，它的范围包括一切具有中国国籍的人；人民是政治概念，它的范围只包括不属于敌人的人。人民在不同的历史时期有着不同的内容，在现阶段则是指全体社会主义劳动者、社会主义事业的建设者、拥护社会主义的爱国者、拥护祖国统一和致力于中华民族伟大复兴的爱国者。

公民的基本权利和基本义务就是宪法规定的公民享有的最主要的权利和履行的最主要的义务，又称宪法权利和宪法义务。公民的基本权利和义务是统一而不可分割的。

二、公民的基本权利

（一）平等权

平等权是指宪法赋予公民的在法律地位上不受歧视的权利。我国《宪法》规定："中华人民共和国公民在法律面前一律平等。"公民在法律面前一律平等，是我国公民的一项基本权利，也是社会主义法治的一项基本原则。公民的平等权包括公民地位平等、各民族平等和男女平等。所有公民一律平等地享有宪法和法律规定的权利；平等地履行宪法和法律规定的义务；平等地受法律的保护；平等地受法律的制裁。任何人都不得有超越于宪法和法律之上的特权。

（二）政治权利和自由

政治权利和自由是宪法规定的公民参与国家政治运作和社会政治生活，表达和实现个人政治愿望的权利。依据我国《宪法》规定，公民的政治权利和自由主要有：①选举权和被选举权。《宪法》规定："中华人民共和国年满 18 周岁的公民，不分民族、种族、性别、职业、家庭出身、宗教信仰、教育程度、财产状况、居住期限，都有选举权和被选举权，但是依照法律被剥夺政治权利的人除外。"②政治自由。《宪法》规定："中华人民共和国公民有言论、出版、集会、结社、游行、示威的自由。"

（三）宗教信仰自由

公民有信仰宗教与不信仰宗教的自由；有信仰这种宗教的自由，也有信仰那种宗教的自由；在同一宗教中，有信仰这个教派的自由，也有信仰那个教派的自由；有过去信仰宗教而现在不信仰宗教的自由，也有过去不信仰宗教而现在信仰宗教的自由。为此，我国《宪法》规定："中华人民共和国公民有宗教信仰自由。""国家保护正常的宗教活动。任何人不得利用宗教进行破坏社会秩序，损害公民身体健康，妨碍国家教育制度的活动。"

（四）人身自由权

人身自由权是公民参加社会生活和从事正常生活的最起码的条件。其内容包括：①公民的人身自由不受侵犯。《宪法》规定："任何公民非经人民检察院批准或者人民法院决定，并由公安机关执行，不受逮捕。禁止非法拘禁和以其他方式非法剥夺或者限制公民的人身自由，禁止非法搜查公民身体。"②公民的人格尊严不受侵犯。1982 年宪法对此作了专条规定："中华人民共和国公民的人格尊严不受侵犯。禁止用任何方法对公民进行侮辱，诽谤和诬告陷害。"③公民的住宅不受侵犯。公民的住宅不受侵犯是指任何机关、团体或者个人，非经法律许可，不得强行侵入、搜查或者查封公民的住宅。禁止非法搜查或者非法侵入公民的住宅。公安机关、检察机关为了搜集犯罪证据，需要搜查时，必须严格依据法律规定的程序进行。④公民的通信自由和通信秘密受法律保护。《宪法》规定："中华人民共和国公民的通信自由和通信秘密受法律的保护。除因国家安全或者追查刑事犯罪的需要，由公安机关或者检察机关依照法律规定的程序对通信进行检查外，任何组织或者个人不得以任何理由侵犯公民的通信自由和通信秘密。"

（五）社会经济权利

社会经济权利是公民依法享有的经济物质利益方面的权利，是公民实现基本权利的物质上的保障。主要包括以下内容：①私有财产权。2004 年宪法修正案规定："公民的合法的私有财产不受侵犯，国家依照法律规定保护公民的私有财产权和继承权。""国家为了公共利益的需要，可以依照法律规定对公民的私有财产实行征收或者征用并给予补偿。"②劳动权。《宪法》规定："中华人民共和国公民有劳动的权利和义务。"③休息权。《宪法》规定："中华人民共和国劳动者有休息的权利。""国家发展劳动者休息和休养的设施，规定职工的工作时间和休假制度。"④物质帮助权。《宪法》规定："中华人民共和国公民在年老、疾病或者丧失劳动能力的情况下，有从国家和社会获得物质帮助的权利。国家发展为公民享受这些权利所需要的社会保险、社会救济和医疗卫生事业。"

（六）政治诉愿权

政治诉愿权是公民依照宪法规定而享有的提出政治诉求和进行政治监督的权利。其包括：批评、建议、申诉、控告、检举和取得赔偿的权利。《宪法》规定："中华人民共和国公民对于任何国家机关和国家工作人员，有提出批评和建议的权利；对于任何国家机关和国家工作人员的违法失职行为，有向有关国家机关提出申诉、控告或者检举的权利，但是不得捏造或者歪曲事实进行诬告陷害。""由于国家机关和国家机关工作人员侵犯公民权利而受到损失的人，有依照法律规定取得赔偿的权利。"

（七）文化教育权利和自由

文化教育权利和自由包括受教育和进行科学研究、文化艺术创作和其他文化活动的自由。①受教育权。《宪法》规定："中华人民共和国公民有受教育的权利和义务。"②进行科学研究、文化艺术创作和其他文化活动的自由。国家对于从事教育、科学、技术、文学、艺术和其他文化事业的公民和有益于人民的创造性工作，给以鼓励和帮助。

（八）特殊主体保障权

除一切公民普遍享有的权利和自由外，对具有特定情况的公民设置专条，给予特殊保护的权利。①保护妇女的合法权益。《宪法》规定："中华人民共和国妇女在政治的，经济的，文化的，社会的和家庭的生活等方面享有同男子平等的权利。国家保护妇女的权利和利益，实现男女同工同酬，培养和选拔妇女干部。"②保护婚姻、家庭、母亲、儿童和老人。《宪法》规定："婚姻、家庭、母亲、儿童受国家的保护。""禁止破坏婚姻自由，禁止虐待老人、妇女和儿童。"③保护华侨、归侨和侨眷的正当权益。《宪法》规定："中华人民共和国保护华侨的正当权利和利益，保护归侨和侨眷的权利和利益。"这一规定对于团结广大华侨、归侨、侨眷，鼓励他们以极大的热情投入到祖国统一和社会主义现代化建设具有积极意义。

三、公民的基本义务

（一）维护国家统一和各民族团结

我国是统一的多民族国家。国家统一与各民族团结是进行社会主义现代化建设的重要保障。《宪法》规定："中华人民共和国公民有维护国家统一和全国各民族团结的义务。""中华人民共和国各民族一律平等。国家保障各少数民族的合法的权利和利益，维护和发展各民族的平等团结互助和谐关系。禁止对任何民族的歧视和压迫，禁止破坏民族团结和制造民族分裂的行为。"

（二）遵守宪法和法律，保守国家秘密，爱护公共财产，遵守劳动纪律，遵守公共秩序，尊重社会公德

宪法和法律是全国各族人民意志和利益的集中体现。每个公民都必须把自觉遵守宪法和法律，维护宪法和法律尊严作为自己应尽的职责。国家秘密关系到国家的安危，严守国家秘密，维护国家的安全和利益，是每个公民都必须严格履行的一项基本义务。公共财产是巩固国家政权，使国家日益繁荣富强的物质基础，因而所有公民都必须爱惜和维护国家和集体的财产。公民遵守劳动纪律，对于保障社会化生产的正常进行，提高劳动效率，保护劳动者的安全生产具有重要意义。公共秩序和社会公德也是保证人民正常生活和工作，谋求社会正常运行的重要条件，因此，每个公民都有义务自觉维护正常的公共秩序，尊重社会公德。

（三）维护祖国的安全、荣誉和利益

《宪法》规定："中华人民共和国公民有维护祖国的安全、荣誉和利益的义务，不得有危害祖国的安全、荣誉和利益的行为。"维护祖国的安全、荣誉和利益，是爱国主义的具体表现，也是每一个公民的神圣职责。

（四）保卫祖国、依法服兵役和参加民兵组织

《宪法》规定："保卫祖国，抵抗侵略是中华人民共和国每一个公民的神圣职责。""依照法律服兵役和参加民兵组织是中华人民共和国公民的光荣义务。"保卫祖国、抵抗一切外来侵略，是我们每一个公民的神圣职责，而依法服兵役和参加民兵组织是公民直接履行这一义务的实际行为。依据我国兵役法规定，我国实行义务兵役制为主体的义务兵与志愿兵相结合、民兵与预备役相结合的兵役制度，我国公民，不分民族、种族、性别、职业、家庭出身、宗教信仰和教育程度，都有义务服兵役，但是依照法律被剥夺政治权利的人除外。

（五）依法纳税

《宪法》规定："中华人民共和国公民有依照法律纳税的义务。"纳税行为本身具有无偿性、固定性、强制性、平衡性的基本特征。根据税收法定的原则，是否纳税和纳税多少应考虑社会成员纳税能力的大小，合理的税收可以调节个人收入的分配水平，在一定程度上缓解收入分配不公的矛盾，从而达到稳定和巩固国家政权的目的。

（六）其他方面的义务

除了上述列举的义务外，我国宪法还结合某些公民的基本权利规定了相应的基本义务：公民有劳动的义务；公民有受教育的义务；夫妻双方有实行计划生育的义务；父母有抚养教育未成年子女的义务；成年子女有赡养扶助父母的义务等。

第四节 国家机构

一、国家机构概述

（一）国家机构的概念

国家机构是国家为了实现政治统治和政治管理的职能，依照宪法和法律的规定而设立的各类国家机关的总和。我国的国家机构，是巩固人民民主专政，建设社会主义物质文明和精神文明，实现社会主义现代化的重要工具。根据我国现行宪法的规定，从纵向看，国家机构分为中央国家机关和地方国家机关；从横向看，国家机构则包括立法机关、行政机关、司法机关和军事机关等。

（二）国家机构的组织与活动原则

1. 民主集中制原则

《宪法》规定："中华人民共和国的国家机构实行民主集中制的原则。"民主集中制是民主与集中的辩证统一，即在民主基础上的集中，在集中指导下的民主。根据民主集中制原则，在国家权力机关同人民群众的关系方面，各级权力机关均由人民选举产生，并对人民负责，受人民监督。在国家权力机关同其他国家机关的关系方面，其他国家机关均由国家权力机关产生，对它负责，受它监督。在中央和地方国家机关的关系方面，遵循下级服从上级，地方服从中央的原则，充分发挥中央和地方的两个积极性。

2. 社会主义法治原则

社会主义法治是指以反映广大人民群众根本意志和利益的法律为依据来治理国家，形成一种稳定有序的社会状态。法治是相对人治而言的。我国《宪法》规定："中华人民共和国实行依法治国，建设社会主义法治国家。"国家机构的社会主义法治原则的内容包括立法、执法、守法和法律监督四个方面，即一切国家机关都要做到"有法可依，有法必依，执法必严，违法必究。"

3. 联系群众，为人民服务的原则

密切联系群众原则意味着一切国家机关和国家工作人员必须依靠人民的支持，经常保持同人民的密切联系，倾听人民的意见和建议，接受人民的监督，努力为人民服务。为人民服务是党的宗旨在国家生活中的体现，是对国家机关和国家机关工作人员的基本要求，贯彻这一要求，有利于加强廉政建设，提高工作效率，反对官僚主义。

4. 责任制原则

我国现行宪法规定，一切国家机关必须实行工作责任制。责任制原则是指国家机关及其工作人员行使职权、履行职权均应对其后果负责。责任制原则是我国国家机关活动的普遍原则。行政机关、审判机关、检察机关等都要向权力机关负责，而后者要向人民负责。根据我国国家机关性质的不同，责任制分为集体负责制和个人负责制两种形式。

5. 精简和效率原则

《宪法》规定："一切国家机关实行精简的原则，实行工作责任制，实行工作人员的培训和考核制度，不断提高工作质量和工作效率，反对官僚主义。"坚持这一原则，有利于克服机构臃肿、人浮于事、职责不清、互相推诿等官僚主义现象。选拔精干人员，建立高效机制。

二、国家机构体系及其职能

（一）人民代表大会及其常务委员会

1. 全国人民代表大会及其常务委员会

全国人民代表大会是最高国家权力机关，是国家立法机关，行使立法权，在国家机构体系中居于最高地位。它由各省、自治区、直辖市、特别行政区和军队选举的代表组成，每届任期五年。

全国人民代表大会的职权包括：修改宪法，监督宪法的实施；制定和修改基本法律；选举、决定和罢免最高国家领导人；决定国家重大问题；最高监督权；其他应当由全国人大行使的职权。

全国人民代表大会常务委员会是全国人民代表大会的常设机关，是全国人民代表大会闭会期间经常行使国家权力的机关，也是行使国家立法权的机关。全国人民代表大会常务委员会由委员长、副委员长若干人、秘书长、委员若干人组成。每届任期同全国人民代表大会相同，委员长、副委员长连任不得超过两届。

全国人民代表大会常务委员会的主要职权有：解释宪法、监督宪法的实施；行使国家立法权及解释法律；国家生活中某些重大问题的决定权；对最高国家领导人员的任免权；对其他国家机关工作行使监督权；全国人大授予的其他职权。

2. 地方各级人民代表大会及其常务委员会

地方各级人民代表大会是地方国家权力机关，同全国人民代表大会一起构成了我国国家权力机关体系，本级的地方国家行政机关、监察机关、审判机关、检察机关都由它产生，对它负责，受它监督。

地方各级人民代表大会的职权包括：保证宪法，法律，行政法规的贯彻和执行；决定地方性重大事务；选举和罢免本级国家机关的负责人；监督权；省、自治区、直辖市和较大的市的人民代表大会可以制定地方性法规；其他有关职权。

县级以上地方各级人民代表大会设立常务委员会。它们是本级人民代表大会的常设机关，是地方国家权力机关的组成部分，它从属于本级人民代表大会，对本级人民代表大会负责并报告工作。

（二）中华人民共和国主席

中华人民共和国主席是对外代表国家的独立的中央国家机关，依法与全国人大常委会结合行使国家元首职权，国家主席由全国人民代表大会选举产生，从属于全国人民代表大会，每届任期五年。有选举权和被选举权的年满45周岁的中华人民共和国公民可以被选为国家主席、副主席。

国家主席的主要职权有：公布法律权；发布命令权；任免权；外交权；荣典权。

（三）行政机关

1. 国务院

国务院，即中央人民政府，是最高国家行政机关，是最高国家权力机关的执行机关。国务院对全国人民代表大会及其常务委员会负责并报告工作。由总理、副总理若干人、国务委员若干人、各部部长、各委员会主任、审计长、秘书长组成。国务院每届任期五年，总理、副总理、国务委员连任不得超过两届。国务院实行总理负责制。

国务院的职权包括：根据宪法和法律，规定行政措施，制定行政法规，发布决定和命令；向全国人民代表大会和全国人民代表大会常委会提出议案；对所属各部、委和地方各级行政机关的领导，监督权；对全国各项行政工作的管理权；对行政人员的任免，奖惩权；国家最高权力机关授予的其他职权。

2. 地方各级人民政府

地方各级人民政府是地方各级国家权力机关的执行机关，是地方各级国家行政机关。其地位从属于本级地方国家权力机关，由本级人民代表大会产生，对本级人民代表大会及县以上的本级人民代表大会常委会负责并报告工作，作为地方国家行政机关，还要对上一级国家行政机关负责并报告工作。

（四）人民法院和人民检察院

1. 人民法院

中华人民共和国人民法院是国家的审判机关。人民法院独立行使审判权，任何公民有权拒绝人民法院以外的机关、团体或个人的非法审判。我国人民法院实行四级两审终审制。“四级”是指我国的人民法院分为四级，即最高人民法院，高级人民法院，中级人民法院和基层人民法院；“两审终审”即每一案件须经两级人民法院审理方为终审判决的制度。

最高人民法院对全国人民代表大会和全国人民代表大会常务委员会负责并报告工作，最高人民法院院长每届任期五年，连任不得超过两届。地方各级人民法院对本级人民代表大会及其常务委员会负责并报告工作。

2. 人民检察院

中华人民共和国人民检察院是国家的法律监督机关。最高人民检察院对全国人民代表大会和全国人民代表大会常务委员会负责并报告工作，最高人民检察院检察长每届任期五年，连任不得超过两届。地方各级人民检察院对本级人民代表大会及其常务委员会负责并报告工作。

人民检察院的职权包括：法纪监督；侦察监督；支持公诉和审判监督；监所监督。

（五）中央军事委员会

中华人民共和国中央军事委员会领导全国武装力量，它从属于全国人民代表大会，对全国人民代表大会负责。中央军事委员会由主席、副主席若干人、委员若干人组成，每届任期五年，实行主席负责制。

（六）监察委员会

中华人民共和国监察委员会是国家的监察机关，设立国家监察委员会和地方各级监察委员会。国家监察委员会对全国人民代表大会和全国人民代表大会常务委员会负责，地方各级监察委员会对产生它的国家权力机关和上一级监察委员会负责。监察委员会由主任、副主任若干人、委员若干人组成。监察委员会主任每届任期五年，连续任职不得超过两届。

【引例解析】

上海 SRT 酒店的做法严重违反了我国宪法关于公民基本权利的规定，侵犯了公民的人身自由权。《宪法》第三十七条规定，禁止非法拘禁和以其他方式非法剥夺或者限制公民的人身自由。该酒店的员工手册第九条“辞职、退职员工，6 个月内不得以任何理由进入该店”的规定，违宪应被取消。

【实训内容】

1. 制作一张我国国家机构关系图表。
2. 查找 1～2 个影响较大的维权案例。

【案例】

2006 年，福建省漳州市出台的一项规定引起了广泛争议，即经漳州市政府办审核公布的 2005 年漳州市民营企业前 100 名的控股企业主的子女（外商子女也参照本规定执行），中考可享受加 20 分的照顾。漳州市教育局负责人在接受媒体采访时说：“这是市委市政府的决定，主要考虑到漳州市民营经济发展相对滞后，工业立市进程缓慢，此举是为了鼓励民营企业，为他们创造一个良好的投资环境。”制定政策的当地部门表示，民营企业将会成为推动漳州市经济发展的最大推动力。既然纳税大户为社会作出了很大贡献，社会为何不能投桃报李?

请问：你认为对纳税大户子女中考加分是否符合宪法规定?

分析：福建省漳州市出台的对纳税大户子女中考加分的规定，是不合法的。首先，此事涉及公民基本权利，应由法律规定，地方法规、部门规章以及规范性文件不能进行创设性规定，因此，漳州市及其教育部门无权出台此类政策。再者，对纳税大户子女加分严重破坏了受教育权的平等性。我国《宪法》第三十三条规定：“中华人民共和国公民在法律面前一律平等”，当然其中也包括公民受教育权的平等。

【思考与练习】

1. 2004年宪法修正案中“人权入宪”的历史意义是什么?

2. “一国两制”的现代意义。

3. 如何理解我国现行宪法上的基本权利的保障方式?

4. 如何正确理解我国国家机关的组织与活动原则?

5. 1995年12月至1996年1月初，张华所在的白云区都拉乡都拉村进行村民委员会主任换届选举。在换届选举期间，张华为竞选村民委员会主任成功，先后用人民币贿赂刘某某、邱某某、彭某某等六名选民，共计贿赂人民币金额950元。同时，在换届选举前夕，张华还经常在其家中设宴招待选民，采取请村民吃喝的手段，让选民为其投票或拉选票。仅1996年1月5日（换届选日），张华在家中摆酒席就达三十桌，并在宴请中明确告知选民选谁或不选谁。经此次换届选举，张华当选为白云区都拉乡都拉村村民委员会主任。

请问：作为普通公民，选举权是否被侵犯?

第三章　行政法

【本章内容结构图】

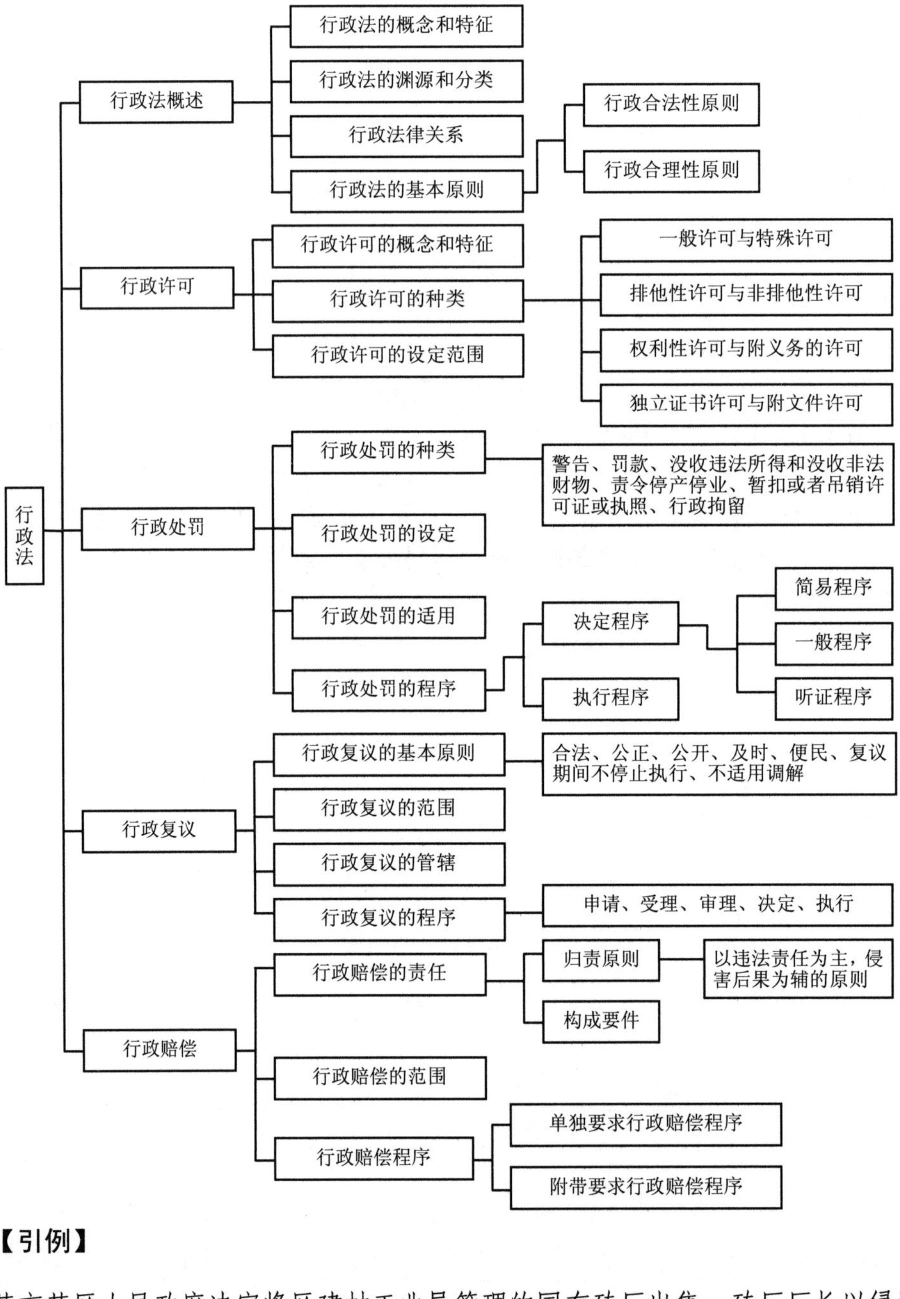

【引例】

某市某区人民政府决定将区建材工业局管理的国有砖厂出售，砖厂厂长以侵犯其经营自主权为由提出行政复议申请。假设你是该国有砖厂的厂长秘书，厂长派你来处理此事，你应向国有资产管理局、市经济贸易局、市人民政府哪一个行政机关提起行政复议，为什么？

第一节 行政法概述

一、行政法的概念和特征

行政法，是调整行政主体行使行政职权而产生的特定社会关系的法律规范的总称。行政法作为一个独立的法律部门，与其他普通部门法无论是在形式上还是在内容上都有显著的不同。

1. 行政法在形式上的特征

（1）没有一部统一的法典。由于公共利益、个人利益非常广泛，公共利益与个人利益间的关系极为复杂并且总是处于迅速变化之中，因而很难制定一部统一的、包罗万象的行政法典。

（2）形式多样，数量庞大。大量的行政法规、地方性法规和行政规章，大多属于行政法的范畴。因此，行政法从数量和规模上来看，比其他部门法庞大。

（3）实体法规范与程序法规范相互交织。行政程序性规范不是集中在自成体系的行政程序法文件中，而是散见于以行政实体性规范为主的众多法律文件中。

2. 行政法在内容上的特征

（1）行政法内容具有广泛性、确定性和技术性。现代国家的行政活动领域十分广泛，政府职能几乎无所不在，但行政法的调整对象及其范围是确定的，即始终是以行政关系为调整对象。由于行政活动有很多是面向未来的创设性活动，或者是对特定专业领域进行管理的活动，从而具有较强的专业技术性。

（2）行政法律规范的内容具有易变性。相对于其他法律，行政法内容最易变动，这是由于行政法所涉及的社会生活范围不但广泛，而且内容也非常的具体，经常处于变动之中。

（3）行政法具有很强的命令性与服从性。由于行政法规定行政主体的主导地位，因而具有强烈的服从性与命令性。

二、行政法的渊源和分类

（一）行政法的渊源

行政法的渊源也就是行政法的外部表现形式。我国行政法的渊源主要有以下几种：①宪法；②法律；③行政法规；④地方性法规；⑤自治条例和单行条例；⑥行政规章；⑦有权法律解释；⑧国际条约和行政协定。

（二）行政法的分类

依据不同的标准，可将行政法分成不同的种类。常见的行政法分类主要有以下几种：

（1）以行政法的作用为标准，将行政法分为行政组织法、行政行为法、行政监督法和行政救济法。行政组织法是规范行政主体的设置、编制、职责等内容的行政法；行政行为法是规范行政主体行使行政职权的活动的行政法；行政监督法是规范特定行政主体对于一般行政主体的行为如何进行检查督促的行政法；行政救济法则是规定如何对违法、不当或其他行政行为造成的后果进行补救的行政法。

（2）以行政法调整的范围为标准，将行政法分为一般行政法和特别行政法。一般行政法是对一般行政关系进行调整的法律；特别行政法是对特别行政关系进行调整的法律。这里所说的“一般”与“特别”，是一对相互对应、可以从多方面理解的概念。如适用于全国范围内各行政领域的《中华人民共和国行政处罚法》是一般法，那么只适用于公安行政管理领域的《中华人民共和国治安管理处罚法》则是特别法。

（3）以行政法规范的性质为标准，将行政法分为实体行政法和程序行政法。实体行政法是规范行政法律关系当事人在行政法律中的资格、地位、能力和责任等实际性权利义务的行政法。程序行政法则是规范如何实现行政实体法所规定的权利义务的行政法，如行政诉讼法、行政程序法等。

三、行政法律关系

行政法律关系，是经过行政法规范调整的，因实施国家行政权而发生的行政主体之间，行政主体与行政相对人之间的权利与义务关系。

（一）行政法律关系的构成要素

1. 行政法律关系主体

行政法律关系主体是在具体的行政法律关系中享有权利、承担义务的当事人，包括行政主体和行政相对人。作为行政法律关系当事人的一方是国家行政机关及法律、法规授权的组织，也叫行政主体；当事人的另一方，即公民，法人和其他组织，也叫行政相对人。

2. 行政法律关系客体

行政法律关系客体即行政法律关系主体的权利义务所指向的对象，它包括人身、行为和财物。行政法律关系的客体是行政法律关系内容的表现形式，没有它，内容就无法体现，从而影响行政法律关系的成立。

3. 行政法律关系的内容

行政法律关系的内容是行政法律关系主体所享有的权利和所承担的义务的总和。由于行政法律关系主体被分为行政主体与行政相对人，行政法律关系的内容随之也表现为行政主体的职权和职责，以及行政相对人的权利与义务。

（二）行政法律关系的产生、变更和消灭

行政法律关系的产生、变更和消灭是以相应的行政法律规范的存在为前提条件，以特定的法律事实的出现为直接原因的。

1. 行政法律关系的产生

行政法律关系的产生是指行政法律关系主体之间在行政法上的权利与义务的实际构成。如公民年满 18 周岁，就产生了兵役主管部门和公民间征兵与服兵役的行政法律关系。

2. 行政法律关系的变更

行政法律关系的变更是指行政法律关系产生后、消灭前，行政法律关系要素的变更。具体有两种情形：一是一方当事人发生了变化，如某行政主体被合并到另一行政主体之中或分立为一个新主体时；二是内容发生变化，如税率的提高或降低。

3. 行政法律关系的消灭

行政法律关系的消灭是指原当事人之间权利和义务的消灭。消灭主要分为三种情形：一是一方或双方当事人消灭；二是行政法律关系中的权利与义务的消灭。如被处以行政罚款的公民，在其按规定缴纳罚款后，原处罚关系消灭；三是行政法律关系客体的消灭，如作为客体的

文物的消灭，使文物保护行政法律关系也归于消灭。

四、行政法的基本原则

所谓行政法的基本原则是指贯穿于行政法律关系之中，指导行政法的立法与实施的根本原则和基本准则。

1. 行政合法性原则

行政合法性原则是依法行政基本原则中最重要的一个原则，是指行政主体行使行政权必须依照法律，符合法律，不得与法律相抵触。其内容包括：①行政权力的取得必须有法律依据。行政机关只能在法定职权范围内行事，任何机关不能行使没有法律依据的行政行为。②行政权力的运用必须依据法律，遵守法律，不能与法律相抵触。③违法行为必须予以追究。违法必究，要求违法行使行政职权的行为受到法律追究，承担相应的法律责任。

2. 行政合理性原则

行政合理性原则指行政机关适用法律的活动，特别是在行使自由裁量权时，必须符合立法目的，做到客观、适当、公正，符合理性。这一原则要求：①正当性。行政主体作出行政行为，在主观上必须出于正当的动机，在客观上必须符合正当的目的。②平衡性。行政主体在选择作出某种行政行为时，必须注意权利与义务。要考虑个人所受损害与社会所获利益、个人利益与国家集体利益之间的平衡。③情理性。行政主体作出行政行为时，必须符合客观规律，合乎情理。不能要求行政相对人承担其无法履行或违背情理的义务。

第二节　行政许可

一、行政许可的概念和特征

行政许可，是指行政主体依据行政相对人的申请，经依法审查，准予其从事特定活动的行为。行政许可作为一种具体行政行为，具有以下特征：

（1）行政许可是依申请的行政行为。依申请行政行为是与依职权行政行为相对应的一种行政行为。行政相对人申请是行政行为作出的前提。

（2）行政许可的内容是国家一般禁止的活动。行政许可以一般禁止为前提，以个别解禁为内容。为适应社会生活和生产的需要，对符合特定条件者解除禁止，允许其从事某项特定活动，享有特定权利和资格。许可是对禁止的解除，没有法律的一般禁止，便不存在行政许可。

（3）行政许可是行政赋权行为。行政许可不同于行政处罚和行政强制措施，它不是对相对人科以义务的行为，而是免除被许可人某种不作为的义务，使其可以行使某种权利或者获得行使某种权利的资格。

（4）行政行为是要式行政行为。行政许可应遵循一定的法定程序，并应以正规的文书、格式、日期、印章等形式予以批准和证明。这种明示的书面许可是行政许可在形式上的特点，实践中最常见的是许可证和执照。

二、行政许可的种类

根据不同的标准，可将行政许可作如下分类：

（1）以许可的范围为标准，分为一般许可和特殊许可。一般许可，是指只要符合法定的条件，就可向主管行政机关提出申请，对申请人并无特殊限制的许可，如驾驶许可、营业许可等。特殊许可，是指除必须符合一般条件外，还对申请人予以特别限制的许可，如持枪许可、烟草专卖许可等。

（2）以许可享有的程度为标准，分为排他性许可和非排他性许可。排他性许可，指某个人或某组织获得该项许可后，其他任何个人或组织都不能再申请获得该项许可，如专利许可、商标许可等。非排他性许可，是可以为所有具备法定条件者申请、获得的许可，如驾驶执照、营业执照等。

（3）以许可是否附有附加义务为标准，分为权利性许可和附义务的许可。权利性许可，是指行政许可获得者可以根据自己的意志决定是否行使该许可所赋予的权利和资格的行政许可方式，如持枪许可、护照、驾驶证、营业执照等。附义务的许可，指行政许可获得者必须同时承担一定时期内从事该项活动的义务，否则要承担一定法律责任的行政许可方式，如专利许可、建设用地许可、商标许可等。

（4）以许可的书面形式及其能否单独使用为标准，分为独立证书许可和附文件许可。独立证书许可，是指单独的许可证便已表明持证人被许可的活动范围、方式、时间等，无需其他文件加以补充说明的行政许可，如入境检疫证、持枪证、特种工具购买证、护照等。附文件许可，指必须附加文件予以说明被许可的活动范围、方式、时间等的行政许可，如专利许可、商标许可、建设许可、对动植物及其产品入境的海关许可等，附加文件是该类行政许可中不可缺少的组成部分。

三、行政许可的设定范围

所谓行政许可的设定范围，就是根据设定行政许可应当遵循的价值取向，确定在立法上什么事项可以设定行政许可，什么事项不能设定行政许可。行政许可法按照设定行政许可应当遵循经济和社会发展规律，有利于发挥公民、法人或者其他组织的积极性、主动性，维护公共利益和社会秩序，促进经济、社会和生态环境协调发展的基本要求，对设定行政许可的范围作了两个方面的规定。

（一）可以设定行政许可的事项

（1）直接涉及国家安全，公共安全，经济宏观调控，生态环境保护以及直接关系人身健康，生命财产安全等特定活动，需要按照法定条件予以批准的事项。如药品、食品等直接关系人身健康、生命财产安全的产品、物品的生产经营活动。

（2）有限自然资源开发利用，公共资源配置以及直接关系公共利益的特定行业的市场准入等，需要赋予特定权利的事项。如国有土地使用权的出让。

（3）提供公共服务并且直接关系公共利益的职业、行业，需要确定具有特殊信誉、特殊条件或者特殊技能等资格、资质的事项。如律师、会计师、医师，建筑施工企业、医院等职业、行业的资质、资格。

（4）直接关系公共安全、人身健康、生命财产安全的重要设备、设施、产品、物品，需要按照技术标准、技术规范，通过检验、检测、检疫等方式进行审定的事项。如电梯安装的检测、出入境卫生检疫。

（5）企业或者其他组织的设立等，需要确定主体资格的事项。

（6）法律、行政法规规定的其他事项。

（二）可以不设定行政许可的事项

行政许可法规定，在可以设定许可的事项中通过下列方式能够予以规范的，可以不设行政许可。

（1）公民、法人或者其他组织能够自主决定的。只要是作为社会成员的公民、法人或者其他组织能够自主决定的事情，政府或自律组织不要去干预。

（2）市场竞争机制能够有效调节的。在社会主义市场经济体制下，应当充分发挥市场在资源配置中的基础性作用，政府就不需要用行政许可的方式去管理。

（3）行业组织或者中介机构能够自律管理的。自律管理一般成本比较低、效率比较高。随着社会主义市场经济体制的完善，现行的许多资质资格的许可、产品质量的许可等，将退出行政许可的范围，由行业组织或者中介机构的自律管理来代替。

（4）行政机关采用事后监督等其他行政管理方式能够解决的。行政许可作为一种事前监督管理的方式，其主观性强，运作的成本高、风险也大。因此，即使需要政府管理的事项，也应当优先考虑采用事后监督管理的方式，行政机关采用事后监督等其他行政管理方式能够解决的，可以不设行政许可。

第三节　行政处罚

一、行政处罚的概念和种类

行政处罚，是指特定的行政主体依法对违反行政法律规范而尚未构成犯罪的行政相对人所给予的行政制裁。

为了规范行政处罚的种类，《行政处罚法》明确列举了下列 7 种行政处罚。

（1）警告。警告是行政机关对有违法行为的公民、法人或者其他组织提出警告，使其认识所应负责任的一种处罚。警告一般适用于那些违反行政管理法规较轻微、对社会危害程度不大的行为。

（2）罚款。罚款是行政机关依法强制违反行政法的公民、法人或者其他组织，在一定期限内缴纳一定数量货币的处罚行为。罚款是一种财产罚。罚款是一种适用范围比较广泛的行政处罚。

（3）没收违法所得和没收非法财物。没收违法所得和没收非法财物是指国家行政机关依法将行为人的违法所获得的财物或非法财物强制无偿收归国有的一项行政处罚措施。没收是一种较为严厉的财产罚。

（4）责令停产停业。责令停产停业是指国家行政机关对违反行政管理法规的企业或个体经营户，依法在一定期限内剥夺其从事某项生产或经营活动权利的行政处罚，属于行为罚的一种。由于责令停产停业的处罚将直接影响企业的生产与经营利益，因此对比较严重的行政违法行为才适用。

（5）暂扣或者吊销许可证、暂扣或者吊销执照。暂扣或者吊销许可证、执照是指国家行政机关，对违反行政管理法规的公民、法人或者其他组织依法实行暂时扣留其许可证或执照，剥夺其从事某项生产或经营活动权利的行政处罚。这是一种比责令停产停业更为严厉的一种行为能力罚。

（6）行政拘留。行政拘留是指公安机关对于违反治安管理法律规范的公民，在短期内限制其人身自由的一种处罚措施。行政拘留的期限为 1 日以上 15 日以下。行政拘留是限制公民人身自由的一种人身自由罚，也是行政处罚中最严厉的处罚之一。

（7）法律、行政法规规定的其他行政处罚。

二、行政处罚的设定

行政处罚的设定，是指在其他规范性文件尚无对行政处罚作出规定条件下，该规范性文件率先对给予行政处罚的行为、种类、幅度作出规定。

根据《行政处罚法》规定，行政处罚的设定规则如下：①法律的设定权。法律可以设定各种行政处罚。限制人身自由的行政处罚，只能由法律设定。②行政法规的设定权。行政法规可以设定除限制人身自由以外的行政处罚。③地方性法规的设定权。地方性法规可以设定除限制人身自由、吊销企业营业执照以外的行政处罚。④国务院部门规章的设定权。尚未制定法律、行政法规的，可以设定警告和一定数量的罚款的行政处罚。⑤地方政府规章的设定权。可以设定警告和一定数量的罚款的行政处罚。⑥其他规范性文件的禁止性规定。为了从立法上规范行政处罚，除《行政处罚法》规定的法律、行政法规、地方性法规、部门规章、地方规章可以设定行政处罚外，其他规范性文件不得设定行政处罚。

三、行政处罚的适用

行政处罚的适用，是指实施行政处罚的主体，在认定行为人违法的基础上，依法决定对行政相对人是否给予行政处罚以及给予何种行政处罚的行政执法过程。行政处罚在适用时应遵循以下原则：

1. 行政处罚与责令纠正并行

行政机关实施行政处罚时，应责令当事人改正或者限期改正违法行为。行政机关不能一罚了事，而是要通过阻止、矫正行政违法行为，责令违法当事人改正违法行为，恢复被侵害的管理秩序。

2. 一事不再罚款

《行政处罚法》规定的对违法当事人的同一违法行为，不得给予两次以上的罚款的行政处罚，对限制行政机关的随意性，限制和杜绝乱罚款、滥罚款现象，做到公正处罚，使违法行为与行政处罚相适应，保护当事人的合法权益，都具有很大作用。

3. 行政处罚折抵刑罚

行政处罚折抵刑罚是当行政处罚与刑罚发生竞合时的解决办法。违法行为构成犯罪，人民法院判处拘役或者有期徒刑时，行政机关已经给予当事人行政拘留的，应当依法折抵相应刑期。违法行为构成犯罪，人民法院判处罚金时，行政机关已经给予当事人罚款的，应当折抵相应罚金。

4. 行政处罚的追责时效

违法行为在 2 年内未被发现的，不再给予行政处罚。法律另有规定的除外。前款规定的期限，从违法行为发生之日起计算，违法行为有连续或者继续状态的，从行为终了之日起计算。

四、行政处罚的程序

行政处罚的程序，是指享有行政处罚决定权和执行权的机关或组织作出行政处罚决定，对行政违法者实施行政处罚的具体方式、方法和步骤。其基本程序是由行政处罚的决定程序和执行程序两部分组成的。决定程序是整个行政处罚程序的关键，是保障正确实施行政处罚的前提条件。

（一）行政处罚决定程序

（1）简易程序。也称当场处罚程序，是指国家行政机关或法律法规授权的组织对符合法定条件的行政处罚事项，当场作出行政处罚决定的处罚程序。《行政处罚法》规定："违法事实确凿并有法定依据，对公民处以50元以下，对法人或者其他组织处以1000元以下罚款或者警告的行政处罚的，可以当场作出行政处罚决定。"简易程序的内容有：表明身份，确认违法事实，说明处罚理由和依据，制作行政处罚决定书，交付行政处罚决定书和备案。

（2）一般程序。又称为普通程序，是指除法律特别规定应当适用简易程序和听证程序的以外，行政处罚通常所应适用的程序。一般程序适用的范围广，且程序严格、复杂，其基本步骤是：立案，调查，处理决定，制作处罚决定书，说明理由并告知权利，当事人陈诉和申辩，正式裁决，送达行政处罚决定书。

（3）听证程序。行政法上的听证，是指行政机关为了合理有效地制作、实施行政决定，公开举行由全部利害关系人参加的听证会。听证的目的在于广泛听取各方面的意见，通过公开、合理的程序形式，使行政处罚建立在合法适当的基础上，避免违法或不当的行政决定给行政相对人带来不利或不公正的影响。《行政处罚法》规定："在作出责令停产停业、吊销许可证或者执照、较大数额罚款等行政处罚决定之前，应当告知当事人有要求举行听证的权利；当事人要求听证的，行政机关应当组织听证。"但限制人身自由的行政处罚不适用听证程序。

（二）行政处罚执行程序

行政处罚执行程序，是指有关国家机关保证行政处罚决定所确定的当事人的义务得以履行的程序。没有行政处罚的执行，行政处罚决定就没有任何意义。

行政处罚决定依法作出后，当事人应当在行政处罚决定的期限内予以履行。当事人对行政处罚决定不服申请行政复议或者提起行政诉讼的，行政处罚不停止执行，法律另有规定的除外。作出罚款决定的行政机关应当与收缴罚款的机构分离，除依法当场收缴的罚款外，作出行政处罚决定的行政机关及其执法人员不得自行收缴罚款。行政处罚执行程序的内容包括三方面：

（1）专门机构收缴罚款。应遵循以下程序：送达行政处罚决定书，催交，收受罚款，上交国库。

（2）当场收缴罚款。适用范围包括三种情形：①20元以下罚款；②不当场收缴事后难以执行的；③在边远、水上、交通不便地区，当事人向指定的银行缴纳罚款确有困难的，经当事人提出的。执行人当场收缴的罚款，应当自收缴罚款之日起2日内，交至行政机关；在水上当场收缴的罚款，应当自抵岸之日起2日内交至行政机关；行政机关应当在2日内将罚款缴付指定的银行。

（3）执行保障措施。《行政处罚法》规定了三种执行保障措施：①到期不缴纳罚款的，每日按罚款数额的3%加以罚款。②根据法律规定，将查封、扣押的财物拍卖或者将冻结的存款划拨抵缴罚款。③申请人民法院强制执行。

第四节　行政复议

一、行政复议的概念和基本原则

（一）行政复议的概念

行政复议，是指行政相对人不服行政主体的具体行政行为，依法向行政复议机关提出申请，请求重新审查并纠正原具体行政行为，行政复议机关据此对原具体行政行为是否合法，适当进行审查并作出行政复议决定的法律制度。对于行政机关来说，行政复议是行政机关系统内部自我监督的一种重要形式；对于行政相对人来说，行政复议是对其被侵犯的权益的一种救济手段或途径。

（二）行政复议的基本原则

行政复议的基本原则是贯穿行政复议全过程，对行政复议具有普遍指导意义的行为准则。

（1）合法原则。行政复议机关处理复议案件必须以事实为依据，以法律为准绳。审查引起争议的具体行政行为是否有法律、法规依据，是否属于超越职权，是否属于滥用职权或者是否违反法定程序等。

（2）公正原则。行政复议机关要平等地对待参加复议的各方当事人，排除各种可能造成不平等或偏见的因素，严格依照事实和法律，作出公正的裁决，纠正违法或不当行政行为，维护合法行政行为，兼顾相对方利益和行政效率。

（3）公开原则。行政机关在作出与相对人利益相关的行政行为时，要通过一定的程序让相对人参与和了解。在行政复议活动中，公开原则不仅体现为行政复议决定公开，还要求行政复议的过程公开，允许当事人参与。

（4）及时原则。及时原则是行政效率原则的具体要求。作为一种权利救济手段，行政复议具有一定的司法性，需要体现公正的要求；但作为一种行政行为，行政复议也要符合行政行为的特点，即要符合行政效率的要求。

（5）便民原则。行政复议活动应尽可能做到方便行政相对人行使复议申请权，简化复议程序，节省行政相对人的时间、金钱和精力。

（6）复议期间不停止执行原则。行政主体所作行政决定在被证实违法之前，都应推定为公共利益的体现。行政决定只有在违背公共利益时，并且经代表公共利益的被申请人和行政复议机关决定，才能停止执行。

（7）不适用调解原则。如果在行政复议中进行调解，则只能构成对公共利益的讨价还价和对公共权力的抛弃或转让。因此，除行政赔偿外，复议机关审理复议案件不适用调解。

二、行政复议的范围

行政复议的范围，是指行政机关受理行政复议案件的范围，也是行政相对人可以通过行政复议获得救济的范围。

（一）具体行政行为

具体行政行为是指行政机关针对特定的公民、法人或者其他组织作出的影响其权益的行为。申请人对下列具体行政行为不服的，可以申请行政复议：①行政处罚行为；②行政强制行为；③侵犯法定经营自主权行为；④行政许可行为；⑤不履行法定职责行为；⑥行政给付行为；⑦违法要求履行义务行为；⑧行政确权行为；⑨农业承包合同行为；⑩其他侵犯其合法权益的具体行政行为。

（二）抽象行政行为

抽象行政行为是指行政机关针对不特定的对象作出的具有普遍约束力的决定和命令的行为。《行政复议法》规定："公民、法人或者其他组织对行政机关的具体行政行为申请行政复议时，认为其所依据的某些抽象行政行为不合法，可以一并向行政复议机关提出对该行政行为的审查申请。"

（三）行政复议的排除

行政复议的排除范围有：①不服行政机关作出的行政处分或其他人事处分决定；②不服行政机关对民事纠纷作出的调解或其他处理。

三、行政复议的管辖

行政复议的管辖是指不同行政复议机关之间受理复议案件的权限和分工。确定行政复议的管辖，既要考虑到方便当事人行使申诉权，又要有利于上级行政机关对下级行政机关的监督。

（1）对县级以上地方各级人民政府工作部门作出的具体行政行为不服的复议，其复议机关为该部门的本级人民政府或其上一级主管部门。

（2）对海关、金融、国税、外汇管理等实行垂直领导的行政机关和国家安全机关的具体行政行为不服的，向上一级主管机关申请行政复议。

（3）对地方各级人民政府的具体行政行为不服的，向上一级地方人民政府申请行政复议，对省、自治区人民政府依法设立的派出机关所属的县级地方人民政府的具体行政行为不服的，向该派出机关申请行政复议。

（4）对国务院部门或者省、自治区、直辖市人民政府的具体行政行为不服的，向作出该具体行政行为的国务院部门或者省、自治区、直辖市人民政府申请复议。

四、行政复议的程序

根据《行政复议法》的规定，行政复议程序分为申请、受理、审理、决定和执行 5 个阶段。

（一）申请与受理

行政复议申请一般采取书面形式，若采取口头形式，复议机关工作人员应将申请要求记录下来，制作成书面材料。复议申请自知道该具体行政行为之日起 60 日内提出，但法律规定超过 60 日的除外。因不可抗力或者其他正当理由耽误法定申请期限的，申请期限自障碍消除之日起继续计算。

行政复议机关收到行政复议申请后，应当在 5 日内进行审查，对不符合本法规定的行政复议申请，决定不予受理，并书面告知申请人；对符合本法规定的，但是不属于本级机关受理的行政复议申请，应当告知申请人向有关行政复议机关提出。行政复议机关决定不予受理或受理后超过行政复议期限不作回答的，公民、法人或者其他组织可以自收到不予受理决定书之日起或者行政复议期满之日起 15 日内，依法向人民法院提起行政诉讼。

（二）审理

行政复议机关自申请受理之日起 7 日内，将行政复议申请书副本或者行政复议申请笔录复印件发送被申请人。被申请人应当自收到申请书副本或者行政复议申请笔录复印件之日起10日内，提出书面答复，并提交当初作出具体行政行为的证据、依据和其他有关材料。

行政复议采取以书面审理为主，其他方式为辅的审理方式。《行政复议法》规定：“行政复议原则上采取书面审查的办法，但是申请人提出要求或者行政复议机关负责法制工作的机构认为有必要时，可以向有关组织和人员调查情况，听取申请人、被申请人和第三人的意见。”

（三）决定与执行

1. 决定

行政复议机关对被申请人作出的具体行政行为进行审查后，按下列规定作出行政复议决定：①具体行政行为认定事实清楚、证据确凿、适用依据正确、程序合法、内容适当的，决定维持。②被申请人不履行法定职责的，决定其在一定期限内履行。③主要事实不清、证据不足的、适用依据错误、违反法定程序、超越或滥用职权、具体行政行为明显不当的，决定撤销、变更或者确认该具体行政行为违法。

行政复议机关应当自受理申请之日起60日内作出行政复议决定，但是法律规定的行政复议期限少于60日的除外。情况复杂，不能在规定期限内作出行政复议决定的，经行政复议机关的负责人批准，可以适当延长，并告知申请人和被申请人，但是延长期限最多不超过30日。行政复议机关作出行政复议决定，应当制作行政复议决定书，并加盖印章。行政复议决定书一经送达，即发生法律效力。

2. 执行

被申请人应当履行行政复议决定，被申请人不履行或者无正当理由拖延履行行政复议决定的，行政复议机关或者有关上级行政机关应当责令其限期履行。申请人逾期不起诉又不履行行政复议决定的，或者不履行最终裁决的行政复议决定的，按照下列规定分别处理：①维持具体行政行为的行政复议决定，由作出具体行政行为的行政机关依法强制执行，或者申请人民法院强制执行；②变更具体行政行为的行政复议决定，由行政复议机关依法强制执行，或者申请人民法院强制执行。

第五节　行政赔偿

一、行政赔偿的概念

行政赔偿，是指行政主体及其行政工作人员在行使行政职权过程中，因有违反国家赔偿法规定的侵犯公民、法人或者其他组织的合法权益的情形，并造成了损害，由国家给予赔偿的法律制度。《行政诉讼法》规定：“行政机关或者行政机关工作人员作出的具体行政行为侵犯公民、法人或者其他组织的合法权益造成损害的，由该行政机关或者该行政机关工作人员所在的行政机关负责赔偿。”这一规定的目的之一，就是要使公民、法人或者其他组织被行政机关或者行政机关工作人员侵犯的合法权益得到恢复和赔偿，促进依法行政。

二、行政赔偿责任

（一）行政赔偿的归责原则

行政赔偿的归责原则确定了行政赔偿的责任依据。我国《国家赔偿法》规定：“国家机关和国家机关工作人员行使职权，有本法规定的侵犯公民、法人和其他组织合法权益的情形，造成损害的，受害人有依照本法取得国家赔偿的权利。”根据这一规定，我国的行政赔偿的归责原则是以违法责任为主，侵害后果为辅的原则。

（二）行政赔偿责任的构成要件

（1）行政侵权行为。行政侵权行为是构成行政赔偿责任的首要条件。行政侵权行为具有以下三个要素：①实施行政侵权行为的人必须是国家行政机关的公务员或者其他被授权或委托行使行政管理职能的人员；②行政侵权行为必须是执行行政职务的行为；③行政侵权行为必须是违法侵犯公民、法人或其他组织的合法权益造成损害的行为。

（2）损害事实。这是指当事人的合法权益受到了行政侵权行为的客观损害。确定损害事实时应注意：损害必须是已经发生的、确实存在的损害；受损害的权益必须是合法的、受法律保护的权益；损害事实包括物质损害事实、人身损害事实和精神损害事实。

（3）侵权行为与损害结果之间有因果关系。侵权行为与损害事实之间是一种直接因果关系，即行为与结果之间存在着逻辑上的直接的关系。

三、行政赔偿的范围

行政赔偿的范围是指国家对行政机关及其工作人员在行使职权时对受害人所遭受的哪些损害应予赔偿。它是行政赔偿制度的核心问题，既涉及国家在多大范围内对行政行为负担赔偿责任，更决定着受害人对哪些事项享有索赔的权利。

（一）对侵犯人身权的行政赔偿

行政机关及其公务员在行使行政职权时有下列侵犯人身权情形之一的，受害人有取得赔偿的权利：①违法拘留或违法采取限制公民人身自由的行政强制措施的；②非法拘禁或以其他方法剥夺公民人身自由的；③以殴打、虐待等行为或者唆使、放纵他人以殴打、虐待等行为造成公民身体伤害或者死亡的；④违法使用武器、警械造成公民身体伤害或者死亡的；⑤造成公民身体伤害或死亡的其他违法行为。

（二）对侵犯财产权的行政赔偿

行政机关及其公务员在行使行政职权时有下列侵犯财产权情形之一的，受害人有取得赔偿的权利：①违法实施罚款、吊销许可证和执照、责令停产停业、没收财物等行政处罚的；②违法对财产采取查封、扣押、冻结等行政强制措施的；③违法征收、征用财产的；④造成财产损害的其他违法行为。

（三）国家不予赔偿的情形

根据我国《国家赔偿法》的规定，属于下列情形之一的，国家不承担赔偿责任：①行政机关工作人员与行使职权无关的个人行为；②因公民、法人或其他组织自己的行为致使损害发生的；③法律规定的其他情形。

四、行政赔偿程序

《国家赔偿法》规定：“赔偿请求人要求赔偿应当先向赔偿义务机关提出，也可以在申请行政复议和提起行政诉讼时一并提出。”因此，行政赔偿的程序有两种：一种是单独要求行政赔偿的程序；一种是附带要求行政赔偿的程序。

行政赔偿义务机关收到申请书之后，经审查认为赔偿申请符合条件的，应通知赔偿请求人，并在收到申请书之日起 2 个月内作出处理决定，逾期不予赔偿或赔偿请求人对赔偿数额有异议的，请求人可以自期间届满之日起 3 个月内向人民法院提起行政赔偿诉讼。

赔偿义务机关赔偿损失后，应当责令有故意或重大过失的工作人员或受委托的组织或个人承担部分或全部赔偿费用，对有故意或重大过失的责任人员，有关机关应当依法给予行政处分；构成犯罪的，应依法追究刑事责任。

【引例解析】

《行政复议法》第十三条规定："对地方各级人民政府的具体行政行为不服的，向上一级地方人民政府申请行政复议。对省、自治区人民政府依法设立的派出机关所属的县级地方人民政府的具体行政行为不服的，向该派出机关申请行政复议。"据此，本题中针对区人民政府的具体行政行为，厂长秘书应以其上一级人民政府即市级人民政府为复议机关提出行政复议申请。

【实训内容】

1．制作一张我国行政机关机构设置图表。

2．以所给材料，撰写一份听证申请书。

案例：南昌市国税稽查局组成检查小组对某从事防盗门生产的个体业主进行了实地检查。在检查过程中，当事人极不配合，竟然拨打 110 报警，企图阻挠检查工作。检查小组通过对当事人经营期间纳税情况检查和询问，依据所取得的证据材料，2010 年于 4 月 14 日送达《税务行政处罚事项告知书》，4 月 17 日送达《税务处理决定书》和《税务行政处罚决定书》。当事人收到文书后，于 4 月 17 日下午提出了听证申请，稽查局依法接受了其听证要求。

假设你是某从事防盗门生产的个体业主，请你来撰写一份听证申请书。

【案例】

1997 年 4 月 15 日下午，某镇人民政府工作人员刘某等在执行职务时，向附近某商店售货员孙某问路。孙某很不高兴地回答："我不知道！你们滚出去！"刘某对孙某的行为不满，与孙某发生口角，进而相互抓扯、厮打，双方身体都受到一定伤害。孙某住院治疗 7 天，花去医疗费 320 元。

请问：假设你是售货员孙某，能否要求某镇人民政府承担行政赔偿责任？

分析：《国家赔偿法》第五条规定："行政机关工作人员与行使职权无关的个人行为，国家不承担赔偿责任。"该规定已非常明确地将行政机关工作人员的个人行为排除在国家赔偿范围之外。本案中，刘某向孙某问路的行为发生在刘某执行职务的途中，问路以及由此引起的互殴与刘某执行职务虽有事实上的牵联关系，但无法律上的因果关系，不能认为刘某的殴打行为是行使职权的行为，因此所引起的纠纷属于一般民事纠纷，国家不承担赔偿责任。

【思考与练习】

1．联系实际说明行政合理性原则的含义及要求。

2．简述行政许可的含义和特征。

3．举例说明行政处罚简易程序。

4．如何理解行政复议的基本原则？

5．联系实际说明行政赔偿的条件。

6．某县人民政府为确保其辖区内白水乡的水利复修工程如期竣工，根据上级口头指示，作出如下决定：白水乡凡有劳动能力者除在校学生外，都必须上堤参加水利复修工程。违者每一劳动力缺工一天，罚款 50 元。罚款达 200 元者，可以强行收缴，并拘留 10 天。该乡以此决定为依据，对农民张某作出罚款 300 元，当场收缴，并拘留 10 天的行政处罚决定。

请问：假设张某向你咨询此事，你认为某县人民政府的决定是否合法？

7．某省卫生厅向全省所有医院下发文件，规定凡是在本省医院销售的药品，必须在该省卫生厅办理“登记”手续，否则医院不得采购。某药品生产企业将其刚投入试产的新药报到卫生厅备案，结果卫生厅要求其提交营业执照等资质文件十余种，并指出其中的 3 份资质文件不合格，不能办理登记手续，也不能在该省的医疗机构销售。

请问：如果你是药品生产企业的经理助理，应建议领导如何处理？

8．2001 年 10 月 6 日，吴某到厂长办公室要求分房。厂长刘某以要出去开会为由令吴某离开。吴某不从，刘某遂不耐烦，并向外推吴某。吴某在后退中无意将办公桌撞倒，打破茶杯。刘某见状大怒，向公安机关报警。公安干警赶到后，不容吴某分辩将其带到派出所。第二天，某市 A 区公安分局以吴某妨碍公务为由，作出对其行政拘留 10 日的处罚。吴某不服提请复议，市公安局维持原裁决。被处罚后，吴某仍然不服，提起行政诉讼，请求法院撤销行政处罚决定，并要求公安机关赔偿损失。

请问：假设你是吴某，你认为某市 A 区公安分局的行为是否符合行政合法性原则的要求？

第四章　刑法

【本章内容结构】

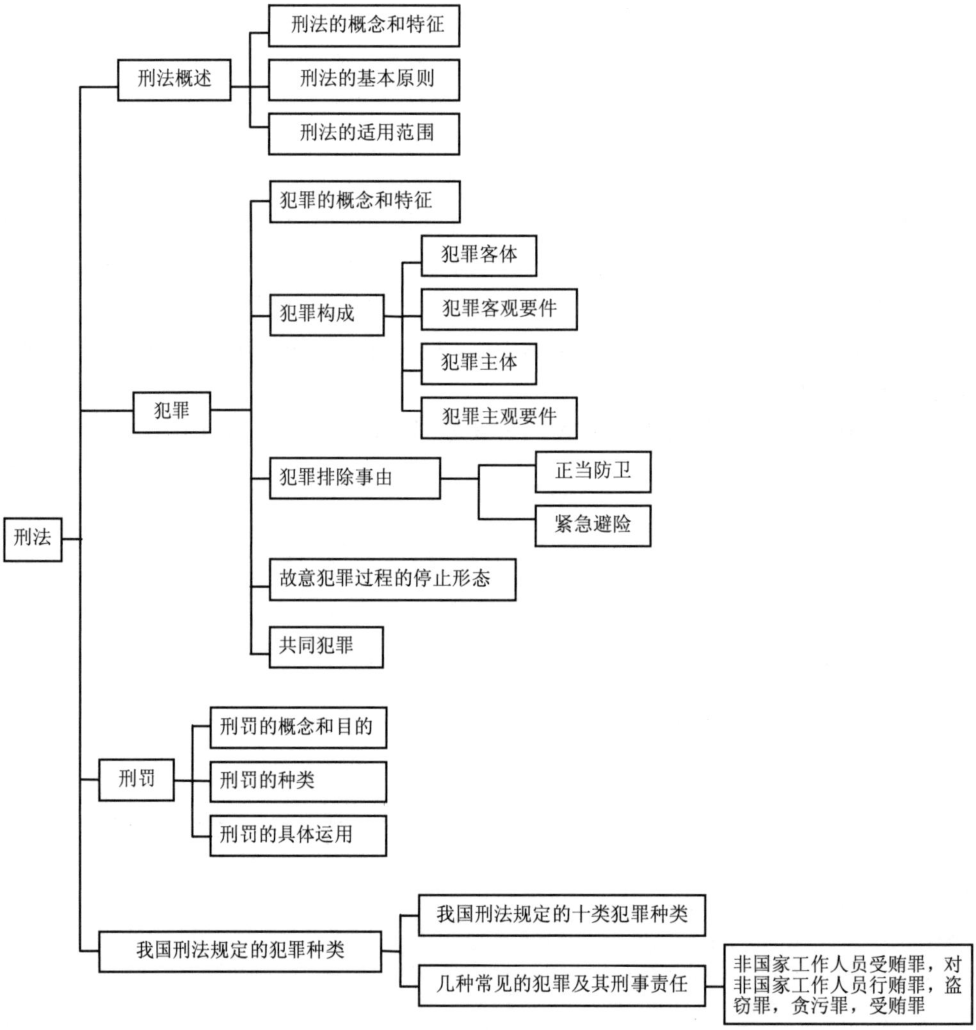

【引例】

联华超市供货商陈某与超市有着多年的合作关系。最近他受好友林某之托，希望能将一批谎称是因某商场倒闭而积压的假烟通过联华超市低价销售。所列货品清单主要包括：金芒果、玉溪、云烟、黄鹤楼、芙蓉王、中华等共计十一个假冒伪劣名牌香烟。在周末例会上销售部经理王某认为最近受到金融危机的影响，超市销售不旺，为争取更高的利润，同意了陈某的要求。秘书黄莉莉为会议做了全程记录。她根据自己所掌握的法律知识，认为此事有些蹊跷，因为烟草属于国家专卖产品，所有在超市上货的名烟都要有烟草专卖局的销售许可证，而这批名烟没有任何手续。再者这批名烟质量如何，供货商也没有提供证明文件。由于会上秘书黄莉莉没有发言权，只能在会后来到王经理的办公室说明了自己的担忧。但王经理认为，这批名烟即便是假冒产品，超市也只是销售者，出了问题往供货方身上一推，产品大不了下架就行了；况且自己也是从工作考虑，又没有拿陈某和林某的任何好处。黄莉莉仍然坚持自己的意见，她决定下午向总经理汇报例会情况的时候，一定要说服总经理撤销上午销售这批来路不明香烟的决定。

请问：秘书黄莉莉的做法是否正确？如果你是黄莉莉，你准备怎样和总经理陈述自己的观点？

第一节　刑法概述

一、刑法的概念和任务

（一）刑法的概念

刑法是以国家名义规定何种行为是犯罪和应给犯罪人以何种刑罚处罚，以有效对付犯罪和积极预防犯罪的法律。

刑法有广义刑法与狭义刑法之分。广义刑法是指一切规定犯罪、刑事责任和刑罚的法律规范的总和，包括刑法典、单行刑法以及非刑事法律中的刑事责任条款。狭义刑法是指刑法典。即《中华人民共和国刑法》，以下简称《刑法》。

（二）刑法的任务

我国《刑法》第二条规定：“中华人民共和国刑法的任务，是用刑罚同一切犯罪行为作斗争，以保卫国家安全，保卫人民民主专政的政权和社会主义制度，保护国有财产和劳动群众集体所有的财产，保护公民私人所有的财产，保护公民的人身权利、民主权利和其他权利，维护社会秩序、经济秩序，保障社会主义建设事业的顺利进行。”

二、刑法的基本原则

刑法本身所具有的，贯穿于刑法始终，必须得到普遍遵循的具有全局性、根本性的准则，就是刑法的基本原则。我国刑法明文规定了三个基本原则。

（一）罪刑法定原则

我国《刑法》第三条规定：“法律明文规定为犯罪行为的，依照法律定罪处刑；法律没有明文规定为犯罪行为的，不得定罪处刑。”即“法无明文规定不为罪”“法无明文规定不处罚”。

（二）平等适用刑法原则

我国《刑法》第四条规定：“对任何人犯罪，在适用法律上一律平等。不允许任何人有超越法律的特权。”即刑法面前人人平等。

（三）罪行相适应原则

我国《刑法》第五条规定：“刑罚的轻重，应当与犯罪分子所犯罪行和承担的刑事责任相适应。”即刑罚的轻重应与犯罪的轻重相适应。

三、刑法的适用范围

刑法的适用范围即刑法的效力，其主要解决刑法在什么地方、对什么人和在什么时间内具有效力的问题，包括刑法的空间效力和时间效力。

（一）刑法的空间效力

刑法的空间效力就是要解决刑法在什么地域、对什么人适用的问题。即刑法在什么样的空间范围有效，是以一定的地域为准则，还是以一定范围的公民为准则，还是以保护一定范围的利益为准则等，从而有了所谓的属地管辖原则、属人管辖原则、保护管辖原则和普遍管辖原则。

1. 属地管辖原则

刑法对国内犯基本适用原则是属地管辖原则，即一个国家对发生在本国领域内的犯罪人，不管行为人是谁，都适用本国刑法。

我国《刑法》第六条规定：“凡在中华人民共和国领域内犯罪的，除法律有特别规定的以外，都适用本法。”

凡在中华人民共和国船舶或者航空器内犯罪的，也适用本法。

犯罪的行为或者结果有一项发生在中华人民共和国领域内的，就认为是在中华人民共和国领域内犯罪。

对于本原则的理解要掌握以下几点：

（1）“领域”是指我国国境以内的全部区域，包括领陆、领水和领空。

（2）“法律有特别规定”是指享有外交特权和豁免权的外国人在我国领域内犯罪的，通过外交途径解决，而不适用我国刑法。

（3）犯罪行为具有多种因素，采取属地管辖原则要求以一定的具体标准确定犯罪是否发生在本国领域、本国船舶或航空器内。我国刑法采取的标准是，犯罪的行为或者结果有一项发生在中华人民共和国领域内、船舶或航空器内的，就认为是在中华人民共和国领域内犯罪。

2. 属人管辖原则

我国《刑法》第七条规定：“中华人民共和国公民在中华人民共和国领域外犯本法规定之罪的，适用本法，但是按本法规定的最高刑为三年以下有期徒刑的，可以不予追究。”

中华人民共和国国家工作人员和军人在中华人民共和国领域外犯本法规定之罪的，适用本法。

在这里的属人管辖原则是属于积极的管辖原则，即本国公民在国外犯罪也适用本国刑法。

3. 保护管辖原则

我国《刑法》第八条规定：“外国人在中华人民共和国领域外对中华人民共和国国家或者公民犯罪，而按本法规定的最低刑为三年以上有期徒刑的，可以适用本法，但是按照犯罪地的法律不受处罚的除外。”

该条的适用有严格的条件限制，必须同时符合以下三个条件：

（1）所犯之罪必须侵犯了中华人民共和国国家或者公民的利益。

（2）所犯之罪按我国刑法规定的最低刑为三年以上有期徒刑。

（3）所犯之罪按照犯罪地的法律也应受刑。

4. 普遍管辖原则

我国《刑法》第九条规定：“对于中华人民共和国缔结或者参加的国际条约所规定的罪行，中华人民共和国在所承担条约义务的范围内行使刑事管辖权的，适用本法。”

在这里的“罪行”是指国际犯罪，如毒品罪、劫持民用航空器罪、恐怖主义犯罪、战争罪、灭绝种族罪等。而且这些犯罪只有在前三个原则都不能适用的情况下才能适用。

（二）刑法的时间效力

刑法的时间效力所解决的问题是，刑法何时起至何时止具有适用效力，其包括生效时间、失效时间与溯及既往的效力。

1. 刑法的生效时间

自公布之日起生效；公布后间隔一段时间生效。

2. 刑法的失效时间

由立法机关明文宣布原有法律效力终止或者废止；新法的实施使原有法律自然失效。

3. 刑法的溯及力

刑法的溯及力是指刑法生效以后，对于其生效以前未经审判或者判决尚未确定的行为是否适用的问题。如果适用，就是有溯及力；如果不适用，就是没有溯及力。我国刑法对其溯及力的规定，遵循“从旧兼从轻”的原则。具体而言，即以下几种情况分别对待：

（1）旧法规定为犯罪，而新法规定为不犯罪的行为，有溯及力，即不认定为犯罪。

（2）旧法当时规定为不是犯罪，而新法规定为犯罪，没有溯及力，即不认为犯罪。

（3）旧法与新法皆规定为犯罪，但旧法处罚较轻的，没有溯及力，适用旧法处罚。

（4）旧法与新法皆规定为犯罪，但新法处罚较轻的，有溯及力，适用新法处罚。

第二节　犯罪

一、犯罪的概念和特征

（一）犯罪的概念

我国《刑法》第十三条规定：“一切危害国家主权、领土完整和安全，分裂国家、颠覆人民民主专政的政权和推翻社会主义制度，破坏社会秩序和经济秩序，侵犯国有财产或者劳动群众集体所有的财产，侵犯公民私人所有的财产，侵犯公民的人身权利、民主权利和其他权利，以及其他危害社会的行为，依照法律应当受刑罚处罚的，都是犯罪，但是情节显著轻微危害不大的，不认为是犯罪。”这一犯罪概念是对各种犯罪现象的理论概括，它不仅揭示了犯罪的法律特征，而且阐明了犯罪的社会政治内容，从而为区分罪与非罪的界限提供了原则标准。

（二）犯罪的特征

根据《刑法》第十三条的规定以及刑法理论，犯罪是具有社会危害性、刑事违法性与应受刑罚处罚性的行为。据此，犯罪具有以下三个特征：

1. 社会危害性

犯罪的社会危害性是指犯罪对国家和人民利益所造成的危害。如果某种行为根本不可能对社会造成危害，刑法就没必要把它规定为犯罪，也不会对它进行惩罚。某种行为虽然具有一定的社会危害性，但是情节显著轻微危害不大的，也不认为是犯罪。

我国《刑法》第十三条揭示了犯罪的社会危害性的各个方面的表现。概括起来它表现在以下四个方面：

（1）危害人民民主专政的政权。

（2）危害国家所有和劳动群众集体所有的财产。

（3）侵犯公民的人身权利、民主权利和其他权利。

（4）破坏社会主义的社会秩序和经济秩序。

2. 刑事违法性

刑事违法性是指触犯刑律，即某一个人的行为符合刑法分则所规定的犯罪构成要件。刑事违法性是犯罪的法律特征，是对犯罪行为的否定的法律评价。在罪刑法定原则下，没有刑事违法性，也就没有犯罪。因此，刑事违法性是犯罪的基本特征。

从刑法规范与其他法律规范的关系来看，刑事违法性表现为两种情况：一是直接违反刑法规范，二是违反其他法律规范但因情节严重进而违反了刑法规范，故单纯违反其他法律而没有违反刑法的行为，不具有刑事违法性。

3. 应受刑罚处罚性

应受惩罚性是犯罪的重要特征，它表明国家对于具有刑事违法性和法益侵害性的行为的刑罚惩罚。犯罪是适用刑罚的前提，刑罚是犯罪的法律后果。如果一个行为不应受刑罚惩罚，也就意味着它不是犯罪。应受惩罚性并不是刑事违法性和法益侵害性的消极的法律后果，它对于犯罪的立法规定与司法认定具有重要意义。在立法上，应受惩罚性对于立法机关将何种行为规定为犯罪具有制约作用。某种行为，只有当立法机关认为需要动用刑罚加以制裁的时候，才会在刑法上将其规定为犯罪，给予这种行为否定的法律评价。在司法上，应受惩罚性对于司法机关划分罪与非罪的界限也具有指导意义。根据《刑法》第十三条关于犯罪概念的特殊规定，某种行为情节显著轻微的不认为是犯罪。这些不认为是犯罪的行为，也是没有必要予以刑罚惩罚的行为。因此，是否具有应受惩罚性也是犯罪的重要特征。

犯罪的以上三个基本特征是紧密结合的。一定的社会危害性是犯罪的最基本的属性，是刑事违法性和应受处罚性的基础。社会危害性如果没有达到违反刑法、应受刑罚处罚的程度，也就不构成犯罪。因此，这三个特征都是必要的，是任何犯罪都必然具有的。

二、犯罪构成

犯罪构成是指依照我国刑法规定，决定某一具体行为的社会危害性及其程度，为该行为构成犯罪所必需的一切客观和主观要件的有机统一，是使行为人承担刑事责任的根据。任何一种犯罪的成立都必须具备四个方面的构成要件，即犯罪主体、犯罪主观方面、犯罪客体和犯罪客观方面。

（一）犯罪客体

1. 犯罪客体的概念

犯罪客体是指我国刑法所保护而为犯罪行为所侵犯的社会关系。社会关系就是人们在生产和共同生活活动过程中所形成的人与人之间的相互关系。社会关系有物质的社会关系和思想的社会关系之分，它们都有可能受到犯罪行为的侵犯而成为犯罪客体。

犯罪客体是犯罪构成的必要要件。没有一个犯罪是没有犯罪客体的。犯罪之所以具有社会危害性，首先是由其所侵犯的犯罪客体决定的。一个行为不侵犯任何客体，不侵犯任何社会关系，就意味着不具有社会危害性，也就不能构成犯罪。

2. 犯罪客体的分类

在刑法学中，通常把犯罪客体分为三种，即一般客体、同类客体、直接客体。这三者是按照犯罪所侵犯的社会关系的范围所作的不同层次的概括，是一般与特殊、整体与部分的关系。

（1）犯罪的一般客体。

一般客体，是指一切犯罪所共同侵犯的客体，即我国刑法所保护的整个社会主义社会关系。犯罪的一般客体体现了一切犯罪的共性，据此，可以把犯罪视为一个整体，提出犯罪的共同本质，阐明犯罪的社会危害性以及我国刑法同犯罪作斗争的社会政治意义。

（2）犯罪的同类客体。

同类客体，是指某一类犯罪所共同侵犯的客体，即刑法所保护的社会主义社会关系的某一部分或者某一方面。例如，危害国家安全罪的同类客体是国家主权、领土完整和安全等；侵犯财产罪的同类客体是公、私财产关系；破坏社会主义市场经济秩序罪的同类客体是社会主义市场的经济秩序，如此等等。我国刑法正是按照犯罪的同类客体把社会上形形色色的犯罪分为十大类。

（3）犯罪的直接客体。

直接客体，是指某一种犯罪所直接侵犯的具体的社会主义社会关系，即刑法所保护的社会主义社会关系的某个具体部分。例如，杀人罪的直接客体是他人的生命权利；伤害罪的直接客体是他人的健康权利，等等。直接客体是每一个具体犯罪的构成的必要要件，是决定具体犯罪性质的重要因素。它对于立法上建立每个具体犯罪构成，从而规定相应的量刑幅度；对于司法工作正确定罪量刑，都具有十分重要的意义。

（二）犯罪的客观要件

1. 犯罪的客观要件概述

犯罪的客观要件，是指刑法规定的、构成某种犯罪的行为在客观上的诸事实特征。即犯罪行为实施过程中的诸客观事实特征，包括犯罪的行为，犯罪的结果、行为与结果之间的因果关系，以及犯罪的方法、犯罪的对象、犯罪的时间、犯罪的地点等内容。犯罪的客观要件是犯罪构成的必要要件，它主要揭示犯罪是通过什么样的方法、手段、在什么时空条件下针对什么样的对象实施的，又造成了什么样危害结果。

2. 危害行为

（1）危害行为的含义。

危害行为是指行为人在自己的意识和意志支配下实施的危害社会的、触犯刑法的行为。犯罪首先表现为人的一种有社会危害性的行为，没有危害社会的行为，就没有犯罪。

（2）危害行为的特征。

1）危害行为是人有意识和有意志的行为。无意识和不受意志控制的行为不能认为是刑法意义上的人的行为。

2）危害行为是人危害社会的行为。

3）危害行为是为刑法所禁止的行为。

（3）危害行为的表现形式。

1）作为：也称积极的危害行为，是指行为人以积极的行动实施刑法所禁止的行为，即不应为而为之。

2）不作为：也称消极的危害行为，是指行为人以消极的方式不去实施其应当实施的行为，即应为而不为之。不作为行为构成犯罪应具备三个条件：

第一，行为人必须负有应当履行的特定义务。如由法律明文规定的义务；由职务和业务要求的义务；由行为人的先前行为，而使法律保护的利益处于危害状态时产生的义务。

第二，行为人具有履行义务的可能性。

第三，行为人并没有履行其应当履行、能够履行的义务。

3. 危害结果

危害结果是指危害社会的行为对犯罪客体造成的损害。

危害结果在刑法中具有重要意义：危害结果的有无是过失犯罪能否成立的客观基础；危害结果的大小是认定罪与非罪的一个依据；在具有物质内容的故意犯罪中，物质性结果的出现与否，是既遂、未遂相区别的一个标志；在结果加重犯中，严重结果的有无，是应否加重刑事责任的客观依据；危害结果的轻重是量刑轻重的重要标准。

4. 危害行为与危害结果之间的因果关系

（1）刑法上因果关系的概念。

我国刑法理论一般认为，刑法上的因果关系是危害行为与危害结果之间的一种引起与被引起的关系。

（2）刑法上因果关系的特点。

1）因果关系具有纯粹的客观性。即不以人的意志转移而转移。

2）因果关系具有相对的特定性。即应当从客观世界普遍联系的一系列因果环节中，选择一个特定因果关系的环节予以研究。

3）因果关系具有时间的顺序性。即危害行为在先，危害结果在后，两者不能颠倒。

4）因果关系具有内在的联系性。即危害行为在特定的条件下，是危害结果发生的直接原因，危害行为中包含了发生危害结果的可能性。

5）因果关系具有一定的复杂性。即在一因多果，多因一果的情况下，应当认真分清其中的主次关系。

5. 犯罪客观要件的其他要素

犯罪客观要件的其他要素包括犯罪的方法，犯罪的对象、犯罪的时间、犯罪的地点等内容。在一般情况下，这些要素对于犯罪的成立与否，并不起着决定的作用，也不是这些犯罪构成所必需的。但是在刑法有明文规定的某些具体犯罪中，则具有决定犯罪能否成立的意义。

（三）犯罪主体

1. 犯罪主体的概述

一般来说，犯罪主体是指刑法规定的实施犯罪并且承担刑事责任的人（包括自然人与单位）。

根据刑法的规定，犯罪主体分为两类，即自然人犯罪主体与单位犯罪主体。

2. 自然人犯罪主体

自然人犯罪主体的一般要件是：达到刑事责任年龄，具有刑事责任能力。但某些犯罪除了要求行为人具有这两个条件外，还必须具有特殊身份。

（1）刑事责任年龄。

1）刑事责任年龄概念：刑事责任年龄是指法律规定行为人对自己的犯罪行为负刑事责任必须达到的年龄。

2）刑事责任年龄的规定：

第一，完全不负刑事责任年龄阶段。

根据我国刑法的规定，不满十四周岁是无责任能力年龄阶段。因此，不满十四周岁的人不管实施何种法益侵害行为，都不负刑事责任。

第二，相对负刑事责任年龄阶段。

根据我国《刑法》第十七条第二款的规定：“已满十四周岁不满十六周岁的人；犯故意杀人、故意伤害致人重伤或者死亡、强奸、抢劫、贩卖毒品、放火、爆炸、投毒罪的，应当负刑事责任。” 因此，已满十四周岁不满十六周岁是相对负刑事责任年龄阶段。

第三，完全负刑事责任年龄阶段。

根据我国《刑法》第十七条第一款的规定：“已满十六周岁的人犯罪，应当负刑事责任。”因此，已满十六周岁是完全负刑事责任年龄阶段。

除了上述规定外刑法还规定：已满十四周岁不满十八周岁的人犯罪，应当从轻或者减轻处罚；因不满十六周岁不予刑事处罚的，责令他的家长或者监护人加以管教，必要的时候，也可以由政府收容教养；实施犯罪时的年龄，一律按照公历的年、月、日计算。过了周岁生日，从第二天起，为已满周岁。

（2）刑事责任能力。

1）刑事责任能力概念：刑事责任能力，是指行为人对自己行为的辨认能力与控制能力。辨认能力，是指行为人认识自己特定行为的性质、结果与意义的能力。控制能力，是指行为人支配自己实施或者不实施特定行为的能力。

2）刑事责任能力认定中需要注意的问题：

第一，对于无责任能力的判断，应同时采用医学标准与心理学标准。即首先判断行为人是否患有精神病，其次判断是否因为患有精神病而不能辨认或者不能控制自己的行为。前者由精神病医学专家鉴定，后者由司法工作人员判断。

第二，间歇性精神病人在精神正常的时候犯罪的，应当负刑事责任。即间歇性精神病人实施行为的时候，如果精神正常，具有辨认控制能力，就应当追究其刑事责任；反之，如果实施行为的时候，精神不正常，不具有辨认控制能力，该行为便不成立犯罪，因而不负刑事责任。

第三，尚未完全丧失辨认或者控制自己行为能力的精神病人犯罪的，应当负刑事责任，但是可以从轻或者减轻处罚。

第四，醉酒的人犯罪应当负刑事责任。

第五，又聋又哑的人或者盲人犯罪，可以从轻、减轻或者免除处罚。

（3）特殊身份。

特殊主体是指具有某种特定身份、对其犯罪主体资格有重要影响的犯罪主体。

根据我国刑法分则的规定，特殊身份主要包括以下几类：

1）以特定公职为内容的特殊身份，如国家工作人员、司法工作人员、税务机关工作人员等。

2）以特定职业为内容的特殊身份，如航空工作人员、铁路职工、医务人员等。

3）以特定法律义务为内容的特殊身份，如纳税人、扣缴义务人等。

4）以特定法律地位为内容的特殊身份，如证人、鉴定人、翻译人等。

5）以持有特定物品为内容的特殊身份，如依法配备公务用枪的人员等。

6）以参与某种活动为内容的特殊身份，如投标人、公司发起人等。

7）以患有特定疾病为内容的特殊身份，如严重性病患者等。

8）以居住地和特定组织成员为内容的特殊身份，如境外的黑社会组织成员等。

3. 单位犯罪

单位犯罪是指单位中的法定代表人或者其内部成员为了单位的整体利益，以单位的名义，在社会活动过程中所实施的危害社会，触犯刑法，应当受刑罚处罚的行为。

单位犯罪主体的范围包括公司、企业、事业单位、机关、团体。

单位犯罪的成立条件是：单位成立的合法性，行为活动的整体性，符合分则的规定性。

单位犯罪的处罚原则是两罚制，即对单位处罚金，对直接负责或责任人员处刑罚。

（四）犯罪主观要件

1. 犯罪主观要件概述

犯罪的主观要件，是指犯罪主体对其实施的危害行为及其导致的危害结果所抱有的心理态度。它包括两种罪过（故意和过失）与犯罪的目的。犯罪的主观要件是犯罪构成的必要要件，它主要说明犯罪是在行为人什么样的心理状态支配下实施的，行为人又怎样对待犯罪结果的。

2. 犯罪故意

（1）故意的概念：我国《刑法》第十四条规定："明知自己的行为会发生危害社会的结果（认识因素），并且希望或者放任这种结果发生（意志因素），因而构成犯罪的，是故意犯罪。"

（2）故意的种类。

1）直接故意：明知自己的行为会发生危害社会的结果，并且希望这种结果发生的心理态度。

认识因素：明知自己的行为会发生危害社会的结果（明知自己［行为的内容与危害性质、明知会发生某种危害结果、某些犯罪还要求行为人认识到刑法规定的特定事实）。

意志因素：希望这种结果发生。

2）间接故意：行为人明知自己的行为可能发生危害社会的结果，并且放任这种结果发生的心理态度。所谓放任，是指行为人对于危害结果的发生，虽然没有希望、积极地追求，但也没有阻止、反对，而是放任自流，听之任之，任凭、同意它的发生。

间接故意包括三种情况：①为了追求一个合法的目的而放任一个危害社会的结果发生；②为了追求一个非法的目的而放任另一个危害社会的结果的发生；③在突发性案件中不计后果，动辄捅刀子的情形。

3）直接故意和间接故意的区别。

第一，认识因素有所不同，直接故意包括明知可能和明知必然两种情况，间接故意只有明知可能一种情形。

第二，对危害结果发生的意志因素明显不同。间接故意是放任结果发生，即听之任之、满不在乎，容忍、同意危害结果的发生；直接故意的意志因素是希望结果发生或明知道必然发生的情况下放任结果发生。

第三，特定危害结果发生与否，对两种故意及其支配之下的行为定罪的意义也不同。

第四，直接故意的主观恶性大于间接故意。

3. 犯罪过失

（1）过失的概念：应当预见自己的行为可能发生危害社会的结果，因为疏忽大意而没有预见，或者已经预见而轻信能够避免的心理状态。

（2）过失的种类。

1）疏忽大意的过失：应当预见自己的行为可能发生危害社会的结果，因为疏忽大意而没有预见。前提是行为人能够（应当）预见。应当预见的内容是：法定的危害结果。

2）过于自信的过失：已经预见行为可能发生危害社会的结果而轻信能够避免，以致发生这种结果的心理状态。过于自信的过失是有认识的过失，而疏忽大意是无认识的过失。

3）过于自信的过失与间接故意的异同。

相同：两者都认识到危害结果发生的可能性，都不希望危害结果发生。

区别：（意志上）间接故意放任危害结果发生，结果的发生符合行为人的意志，过于自信的过失是不希望危害结果的发生，结果的发生违背了行为人的意志；（认识上）间接故意的主观上考虑避免结果的发生，客观上也没采取措施；过于自信过失则考虑到可避免危害结果的发生。

（3）过失与故意的异同。

1）相同：都是罪过的形态；都是认识因素与意志因素的统一，都说明行为人对社会关系的保护持相反态度。

2）不同：认识因素与意志因素的内容不同，过失所反映的主观恶性小；过失犯罪均以发生危害结果为要件；过失犯罪，法律有规定的才负刑事责任；过失犯罪的刑罚较故意轻。

三、犯罪排除事由

（一）犯罪排除事由概念

犯罪排除事由是指行为虽然在客观上造成了一定损害结果，表面上符合某些犯罪的客观要件，但实际上没有犯罪的社会危害性，并不符合犯罪构成，依法不成立犯罪的事由。从客观上看，造成了一定的损害结果，表面上符合某些犯罪的客观要件，但实质上没有社会危害性；从主观上看，是行为人在日常生活上的故意实施的，但行为人根本不具有刑法意义上的故意与过失。

犯罪排除事由种类有：正当防卫、紧急避险、执行命令、履行职责和经权利人同意的行为。

（二）正当防卫

1. 正当防卫概念

正当防卫是指为了使国家、公共利益、本人或者他人的人身和其他权利免受正在进行的不法侵害，对正在实施不法侵害的行为人所采取的还击行为。刑法中规定正当防卫，对于鼓励人民群众，同犯罪作斗争，威慑犯罪分子具有重要作用。正当防卫是我国公民的一项正当权利，又是每个公民应尽的道德义务。对于负有特定职责的人员来说，正当防卫还是一项法定义务。

2. 正当防卫应具备的条件

（1）正当防卫必须是为了保卫合法权益才能实施，这是正当防卫的目的条件。

（2）正当防卫必须是针对不法侵害才能实施，这是正当防卫的前提条件。

（3）正当防卫必须是针对正在进行的不法侵害才能实施，这是正当防卫的时间条件。

（4）正当防卫必须是针对不法侵害人本人才能实施，这是正当防卫的对象条件。

（5）正当防卫不能超出必要限度造成不应有的损害，这是正当防卫的限度条件。

3. 防卫过当的认定及刑事责任

防卫过当是指防卫行为明显超过必要限度造成不应有的重大损害的行为。

防卫过当应负刑事责任，但是应当酌情减轻或者免除处罚。

（三）紧急避险

1. 紧急避险的概念

紧急避险是指为了使国家、公共利益、本人或者他人的人身和其他权利免受正在发生的危险，不得已而采取的损害另一较小合法利益，以保护较大合法利益的行为。刑法中规定紧急避险，对于鼓励公民同违法犯罪活动和其他危害作斗争，增强人们之间团结互助精神，有着积极的作用。

2. 紧急避险的要件

（1）必须针对正在发生的紧急危险。如果人的行为构成紧急危险，必须是违法行为。

（2）所采取的行为应当是避免危险所必需的。

（3）所保全的必须是法律所保护的权利。

（4）不可超过必要的限度，就是说，所损害的利益应当小于所保全的利益。紧急避险不负法律责任。在职务上、业务上负有特定责任的人，不得在发生与其特定责任有关的危险时实行紧急避险。

3. 避险过当及其刑事责任

《刑法》第二十一条第二款规定："紧急避险超过必要限度造成不应有的损害的，应当负刑事责任，但是应当减轻或者免除处罚。"在刑法理论上，把紧急避险超过必要限度而造成不应有的危害的行为，称为避险过当。避险过当不是一个罪名，在追究其刑事责任时，应当在确定其罪过形式的基础上，以其所触犯的我国刑法分则有关条文定罪量刑。在避险过当的罪过形式中，大多数是疏忽大意的过失，在少数或个别情况下，可能由间接故意或过于自信的过失构成避险过当。由于避险过当在主观上是出于保全合法权益的动机和目的，在客观上发生在紧迫的情况下。因此，对于避险过当应当减轻或者免除处罚。

（四）紧急避险与正当防卫的异同

1. 相同点

（1）目的相同。二者都是为了保护国家、公共利益、本人或者他人的人身、财产和其他权利。

（2）前提相同。二者都必须是合法权益正在受到侵害时才能实施。

（3）责任相同。二者超过法定的限度造成相应损害后果的，都应当负刑事责任，但应减轻或免除处罚。

2. 不同点

（1）危险的来源不同。正当防卫的危险来源是人的不法侵害行为；而紧急避险的危险来源比较广泛，可以是不法侵害，也可以是自然灾害、动物的侵袭。在遭遇到人的不法侵害时，如果行为人是对不法侵害人进行反击，属于正当防卫的范畴；如果为了躲避不法侵害，而损害第三人（不法侵害之外的人）利益的，属于紧急避险的范畴。

（2）紧急避险必须是出于迫不得已，而正当防卫无此要求。

（3）对主体的要求不同。紧急避险要求主体不能有特定的身份（如警察、军人或消防队员等）。而正当防卫就没有这样的要求。任何人均有正当防卫的权利。

（4）避险保护的是合法利益，损害的也是合法的利益（第三者的利益），在这种情况下法律怎么样选择，两害相权取其轻，避险所保护的利益必须要大于避险行为所损害的第三者的利益，如果等于或者小于所损害的利益，避险就没有意义，法律也就没有保护的必要。

（5）实施对象不同。正当防卫只能对不法侵害人实施，而紧急避险必须是向第三者实施。

四、故意犯罪过程的停止形态

（一）犯罪形态的概念

犯罪形态，是指故意犯罪在其发展过程中，由于某种原因出现结局所呈现的状态，包括完成形态和未完成形态。完成形态是刑法分则明确规定的，完全符合犯罪构成要件的形态，是犯罪的一般形态。未完成形态是不完全符合犯罪构成要件，是对犯罪构成要件的修正，是由分则和总则共同确定的，是犯罪的特殊形态，它包括犯罪预备、未遂和中止。

（二）犯罪既遂

1. 犯罪既遂概念

犯罪的既遂是指行为人所实施的行为已经齐备了刑法分则对某一具体犯罪所规定的全部构成要件。

2. 犯罪既遂的形式

（1）行为犯，也称举止犯，是指行为人只要实施了刑法规定的某种行为，即已构成既遂的犯罪。

（2）结果犯。结果犯是指行为人所实施的犯罪行为，必须发生了法定的结果，才构成既遂的犯罪。

（3）结果加重犯。结果加重犯是指行为人实施的犯罪行为，导致了基本犯罪构成结果以外的严重结果的犯罪。

（4）危险犯。危险犯是指行为人实施的犯罪行为，足以造成某种危害结果的特别危险状态而构成既遂的犯罪。

既遂犯的刑事责任，根据刑法分则对所触犯法条规定的法定刑直接处罚。

（三）犯罪预备

1. 犯罪预备的概念

《刑法》第二十二条第一款规定：“为了犯罪，准备工具、制造条件的，是犯罪预备。”

犯罪预备，是指直接故意犯罪的行为人为了实施某种能够引起预定危害结果的犯罪实行行为，准备犯罪工具，制造犯罪条件的状态。

2. 犯罪预备的特征

（1）客观特征。

1）行为人已经开始实施犯罪的预备行为，即为犯罪的实行和完成创造便利条件的行为。犯罪预备不同于犯意表示。犯意表示是指以口头、文字或其他方式对犯罪意图的单纯表露。

2）行为人尚未着手犯罪的实行行为，即犯罪活动在具体犯罪实行行为着手前停止下来。

（2）主观特征。

1）行为人进行犯罪预备活动的意图和目的，是为了顺利着手实施和完成犯罪。

2）犯罪在实行行为尚未着手时停止下来，是由于行为人意志以外的原因所致，即是被迫而非自愿在着手实行行为前停止犯罪。

3. 处罚原则

我国《刑法》第二十二条第二款规定：“对于预备犯应当追究刑事责任。”同时考虑到犯罪预备行为毕竟尚未着手实行犯罪，还没有实际造成社会危害，刑法又规定，对于预备犯，可以比照既遂犯从轻、减轻处罚或者免除处罚。

（四）犯罪未遂

1. 犯罪未遂概念

犯罪的未遂，是指已经着手实行犯罪，由于犯罪分子意志以外的原因而未得逞的行为。

2. 犯罪未遂特征

（1）行为人已经着手实行犯罪，是指行为人开始实施刑法犯罪未遂分则规定的作为某种具体犯罪构成要件的行为。

（2）犯罪没有得逞，指犯罪的直接故意内容没有完全实现，没有完成某一犯罪的全部构成要件。

（3）犯罪未得逞是由于行为人意志以外的原因。行为人意志以外的原因，是指行为人没有预料到或不能控制的主客观原因。

犯罪未遂根据犯罪行为实行终了与否为标准，可以分为实行终了的未遂与未实行终了的未遂；根据实际上能否构成既遂为标准，可以分为能犯的未遂与不能犯的未遂。对于未遂犯，可以比照既遂犯从轻或者减轻处罚。

（五）犯罪中止

1. 犯罪中止的概念

《刑法》第二十四条第一款规定："在犯罪过程中，自动放弃犯罪或者自动有效防止犯罪结果发生的，是犯罪中止。"

2. 犯罪中止的特征

（1）行为人主观上具有中止犯罪的决意。行为人在客观上能够继续犯罪和实现犯罪结果的情况下，自动作出的不继续犯罪或不追求犯罪结果的选择。

（2）行为人客观上实施了中止犯罪的行为。第一，中止行为是停止犯罪的行为，是使正在进行的犯罪中断的行为。第二，中止行为既可以作为的形式实施，也可以不作为的形式实施。第三，中止行为以不发生犯罪结果为成立条件，但这种结果，是行为人主观追求的和行为所必然导致的结果。

（3）犯罪中止必须发生在犯罪过程中，而不能发生在犯罪过程之外。

（4）犯罪中止必须是有效地停止了犯罪行为或者有效地避免了危害结果。

3. 中止的处罚

我国《刑法》第二十四条第二款规定："对于中止犯，没有造成损害的，应当免除处罚；造成损害的，应当减轻处罚。"

五、共同犯罪

（一）共同犯罪概念

我国《刑法》第二十五条规定："共同犯罪是指二人以上共同故意犯罪。"

（二）共同犯罪成立条件

（1）在犯罪客体方面，必须有共同的犯罪客体，即各共同犯罪人的犯罪行为指向同一个犯罪客体。

（2）在犯罪的客观方面，各共同犯罪人之间不论有无分工或者如何分工，都必须有共同的犯罪行为，在结果发生的场合，其每个人的行为同危害结果之间都有因果关系。

（3）在犯罪的主体方面，必须是二人以上达到法定刑事责任年龄具有刑事责任能力的自然人或者（法人）单位。

（4）在犯罪的主观方面，必须具有共同犯罪的故意。

（三）共同犯罪的形式

（1）根据各共同犯罪人之间对所要实施的共同犯罪事先有无通谋为标准，可以分为事前有通谋的共同犯罪和事前无通谋的共同犯罪两种。

（2）根据共同犯罪内部对所实施的犯罪行为有无分工为标准，可以分为简单的共同犯罪和复杂的共同犯罪。

（3）根据共同犯罪能否任意形成为标准，可以分为任意的共同犯罪和必要的共同犯罪。

（4）根据共同犯罪有无组织形式为标准，可以分为一般的共同犯罪和集团犯罪。

（四）共犯人的分类及其刑事责任

1. 主犯

（1）主犯的概念。

《刑法》第二十六条规定："组织领导犯罪集团进行犯罪活动或者在共同犯罪中起主要作用的，是主犯。"

（2）主犯的种类。在犯罪集团中起组织、领导、策划、指挥作用的首要分子；在聚众犯罪中起组织、策划、指挥作用的首要分子；在犯罪集团或一般共同犯罪中起主要作用的犯罪分子。

（3）主犯的刑事责任。对组织、领导犯罪集团的首要分子，按照集团所犯的全部罪行处罚。对于首要分子以外的主犯，应当按照其所参与的或者组织、指挥的全部犯罪处罚。

要注意任何共同犯罪都必定有主犯的存在；共同犯罪中主犯可以是一个，也可以是几个；主犯既可以是实行犯，也可以是教唆犯；主犯与首要分子的相互关系。

2. 从犯

（1）从犯的概念。

《刑法》第二十七条规定："在共同犯罪中起次要或者辅助作用的，是从犯。"

（2）从犯的种类。

1）在共同犯罪中起次要作用的犯罪分子。

2）在共同犯罪中起辅助作用的犯罪分子。

（3）从犯的刑事责任。

对于从犯，应当从轻、减轻处罚或者免除处罚。

3. 胁从犯

（1）胁从犯的概念。

《刑法》第二十八条规定："被胁迫参加犯罪的是胁从犯。完全受强制或欺骗的，不能认定为胁从犯。"

（2）胁从犯的刑事责任。

对于胁从犯，应当按照他的犯罪情节减轻处罚或者免除处罚。

4. 教唆犯

（1）教唆犯的概念。

《刑法》第二十九条规定："教唆犯是故意引起他人实施犯罪意图的犯罪分子。"

（2）教唆犯的构成条件。在主观方面，应当具有教唆他人实施犯罪的故意，一般是直接故意，个别情况下也可以是间接故意；在客观方面，应当具有教唆他人犯罪的教唆行为，即须有引起他人实行犯罪意图和决心的教唆行为。

（3）认定教唆犯应注意的问题。

1）教唆行为已在刑法分则中列为构成某种具体犯罪的要件时，对教唆者不应再以教唆犯论。如策动叛变罪中的“策动”行为。

2）被教唆者实施了教唆以外的犯罪，教唆者对教唆以外之罪不负责任。

3）既教唆，又与被教唆者一起实施犯罪，对这种教唆者应按共同犯罪中的实行犯论处，同时参考其教唆情节来确定刑事责任。

4）被教唆者没有犯被教唆的罪，是教唆的未遂，对教唆者只能以单独犯罪（未遂）论处。

5）被教唆者实施了教唆之罪，不论造成什么程度的后果，教唆犯都应对此承担刑事责任。

（4）教唆犯的刑事责任。对教唆犯的处罚，应当按照他在共同犯罪中所起的作用论处；被教唆者没有实施被教唆之罪的，对于教唆犯可以从轻或减轻处罚；教唆不满十八周岁的人犯罪的，应当从重处罚。

第三节　刑罚

一、刑罚的概念和目的

（一）刑罚的概念

刑罚是指国家统治者和管理者用以惩罚犯罪的一种强制方法。我国刑罚是国家审判机关依法对犯罪分子适用的强制方法。

（二）刑罚的目的

刑罚的目的，是指国家对犯罪分子适用刑罚的目的，也就是人民法院对犯罪分子适用刑罚追求的社会效果。这一目的的主要内容是预防犯罪、减少犯罪，并为最终消灭犯罪创造条件。刑罚目的主要通过一般预防和特殊预防两方面的活动予以实现。特殊预防，是指通过对犯罪分子适用刑罚改造他们，预防他们重新犯罪。一般预防，是指通过对犯罪分子适用刑罚，警戒社会上不稳定的、可能实施犯罪的分子，并教育广大人民群众积极参与预防和制止犯罪。特殊预防与一般预防两者关系十分密切，同等重要，不可偏废。

二、刑罚的种类

我国刑罚分主刑和附加刑。

主刑是基本的刑罚方法，只能独立适用，不能附加适用。对一个罪只能适用一个主刑，不能同时适用两个或两个以上的主刑。附加刑又称从刑，既可以独立适用又可以附加于主刑适用。对一个罪可以适用一个附加刑，也可以适用数个附加刑。

（一）主刑

我国《刑法》规定的主刑有 5 种：管制、拘役、有期徒刑、无期徒刑、死刑。

（1）管制：管制是指对犯罪人不实行关押，但限制其一定自由，由公安机关依靠群众监督执行的刑罚方法。是我国刑罚种类之一，属于主刑的一种。管制是最轻的主刑，是我国独创的一种刑罚。

（2）拘役：拘役是剥夺犯罪人短期人身自由，就近实行强制劳动改造的刑罚方法。在我国刑罚体系中，拘役是介于管制与有期徒刑之间的一种主刑。

（3）有期徒刑：有期徒刑，是剥夺犯罪分子一定期限的人身自由，实行强制劳动改造的刑罚方法。有期徒刑是剥夺自由刑的主刑，其刑罚幅度变化较大，从较轻犯罪到较重犯罪都可以适用。所以，在我国刑罚体系中，有期徒刑居于中心地位。

（4）无期徒刑：无期徒刑是介于有期徒刑和死刑之间的一种严厉的刑罚。无期徒刑是剥夺犯罪分子终身自由，并强制劳动改造的刑罚方法。

（5）死刑：也称为极刑、处决，世界上最古老的刑罚之一，指行刑者基于法律所赋予的权力，结束一个犯罪人生命的刑罚方法。而适用这种剥夺生命的刑罚方法的犯罪人通常都在当地犯了严重罪行。尽管这“严重罪行”的定义时常有争议，但在现时保有死刑的国家中，一般来说，“蓄意杀人”必然是犯人被判死刑的其中一个重要理由。

（二）附加刑

我国刑法规定的附加刑有 4 种：罚金、剥夺政治权利、没收财产和驱逐出境。

（1）罚金：它是指由人民法院判决的、强制犯罪分子向国家缴纳一定数额的金钱，从经济上对犯罪分子实行制裁的刑事处罚。罚金的适用对象是经济犯罪、财产犯罪和某些故意犯罪。

（2）剥夺政治权利：是指剥夺犯罪人参加国家管理和政治活动权利的刑罚方法。剥夺政治权利是一种资格刑，它以剥夺犯罪人的一定资格为内容。我国刑法中的剥夺政治权利，是以剥夺政治权利这种资格为内容的，具有明显的政治性。

（3）没收财产：根据《中华人民共和国刑法》第三章第八节，以及分则的相关规定，没收财产主要适用于犯罪所得巨大或者特别巨大的犯罪，是没收犯罪分子个人所有财产的一部分或者全部的刑罚，但没收全部财产的，应当对犯罪分子及其扶养的家属保留必需的生活费用。与此同时，在判处没收财产的时候，不得没收属于犯罪分子家属所有的或者应有的财产。另外，没收财产前犯罪分子所负的正当债务，需要以没收的财产偿还的，经债权人请求，应当偿还。

（4）驱逐出境：驱逐出境是指强迫犯罪的外国人离开中国境内的刑罚方法，对于犯罪的外国人，可以独立适用或者附加适用驱逐出境。

三、刑罚的具体运用

（一）刑罚裁量

1. 量刑

量刑，是指人民法院对犯罪分子裁量决定刑罚的一种审判活动。量刑是在定罪的基础上，解决对犯罪分子是否需要判刑，应判何种刑罚，多长刑期的问题。它是全部审判活动的重要组成部分，它对于实现刑法任务和刑罚目的，有重要意义。量刑依据包括量刑的事实依据和法律依据两类。

2. 自首和立功

（1）自首是指犯罪后自动投案，向公安、司法机关或其他有关机关如实供述自己的罪行的行为。我国刑法规定，自首的可以从轻或减轻处罚。其中，犯罪较轻的可以免除处罚。

（2）立功是指犯罪分子有揭发他人犯罪行为，查证属实的，或者提供重要线索，从而得以侦破其他案件的行为。立功可以从轻或者减轻处罚；有重大立功表现的，可以减轻或者免除处罚。

（二）刑罚的执行

1. 缓刑

缓刑是指对于被判处拘役、三年以下有期徒刑，根据其犯罪情节和悔改表现不致再危害社会的犯罪分子，确定一定考验期限暂缓执行原判刑罚的一种刑罚制度。缓刑不是一种刑罚方法，而是一种刑罚执行制度。

2. 减刑

减刑是指对于被判处管制、拘役、有期徒刑或者无期徒刑的犯罪分子，因其在刑罚执行期间确有悔改或者立功表现，而适当减轻原判刑罚的刑罚制度，包括将原判较重的刑种减为较轻的刑种和将原判较长刑期减为较短刑期。减刑的意义在于及时鼓励犯罪分子继续加速改造，使其早日成为有益于社会之人。

3. 假释

假释是指对于被判处有期徒刑、无期徒刑的犯罪分子，在执行一定刑期以后，因确有悔改表现，不致再危害社会，而有条件地予以提前释放的一种刑罚制度。

第四节　我国刑法规定的犯罪种类

一、我国刑法规定的犯罪种类

（一）危害国家安全罪

危害国家安全罪，是指故意危害中华人民共和国国家安全的行为。

（二）危害公共安全罪

危害公共安全罪，是指故意或者过失地实施危害不特定多数人的生命、健康或者重大公私财产安全的行为。

（三）破坏社会主义市场经济秩序罪

破坏社会主义市场经济秩序罪，是指违反国家市场经济管理法规，干扰国家市场经济的管理活动，破坏社会主义市场经济秩序，使国家经济的发展遭受严重损害的行为。

（四）侵犯公民人身权利、民主权利罪

侵犯公民人身权利、民主权利罪，是指故意或过失地侵犯公民人身权利及与人身直接有关的其他权利以及民主权利，依法应受刑事处罚的行为。

（五）侵犯财产罪

侵犯财产罪，是指故意非法占有、挪用、毁坏公私财物的行为。

（六）妨害社会管理秩序罪

妨害社会管理秩序罪，是指妨害国家机关对社会的管理活动，破坏社会秩序，情节严重的行为。

（七）危害国防利益罪

危害国防利益罪，是指危害作战、军事行动、国防建设和国防管理秩序，拒绝或者逃避履行国防义务的行为。

（八）贪污贿赂罪

贪污罪，是指国家工作人员利用职务上的便利，非法占有、挪用公共财物从而损害国家职务廉洁性的行为；贿赂罪是指为谋取非法利益向国家机关工作人员或者单位提供财物和其他利益的行为。

（九）渎职罪

渎职罪，是指国家机关工作人员滥用职权、玩忽职守或者徇私舞弊，妨害国家机关的正常活动，致使公共财产或国家人民利益遭受重大损失的行为。刑法规定的渎职罪包括：滥用职权罪，玩忽职守罪，故意泄露国家秘密罪，过失泄露国家秘密罪，徇私枉法罪，枉法裁判罪，滥用管理公司、证券职权罪，徇私舞弊不征、少征税款罪，徇私舞弊出售发票、抵扣税款、出口退税罪，国家机关工作人员签订、履行合同失职罪等33个罪名。

（十）军人违反职责罪

军人违反职责罪，是指中国人民解放军的现役军人、执行军事任务的预备役人员以及执行军事任务的其他人员，违反职责，危害国家军事利益，依法应受刑法处罚的行为。

二、几种常见的犯罪及其刑事责任

（一）生产、销售伪劣商品罪

1. 生产、销售伪劣商品罪的概念

生产、销售伪劣商品罪是指以非法牟利为目的，在从事工商业活动中，违反国家产品质量管理法规，生产、销售伪劣商品，严重损害用户和消费者利益，危害社会主义市场经济秩序，应受到刑法处罚的犯罪行为。

2. 特征

（1）本罪的主体资格是产品的生产者和销售者，包括自然人和单位。

（2）本罪的主观要件绝大多数为故意，个别的不排除过失。

（3）本罪的客观要件表现为在产品中掺杂掺假，以假充真，以次充好或者以不合格产品冒充合格产品的行为。

（4）本罪的客体是产品质量管理秩序和消费者的合法权益。

3. 处罚

犯本罪，按《刑法》第一百四十条和第一百五十条规定处罚。

（二）非国家工作人员受贿罪

1. 非国家工作人员受贿罪的概念

非国家工作人员受贿罪是指公司、企业或者其他单位的工作人员利用职务上的便利，索取他人财物或者非法收受他人财物，为他人谋取利益，且数额较大的行为。属妨害对公司、企业管理秩序罪的一种。

2. 特征

（1）侵犯的客体是国家对公司、企业以及非国有事业单位、其他组织的工作人员职务活动的管理制度。

（2）客观方面表现为利用职务上的便利，索取他人财物或非法收受他人财物，为他人谋取利益，数额较大的行为。

（3）犯罪主体是特殊主体，即公司、企业或者其他单位的工作人员。

（4）主观方面表现为故意，即公司、企业、其他单位人员故意利用其职务之便接受或索取贿赂，为他人谋取利益。

3. 认定

（1）构成公司、企业、其他单位人员受贿罪必须是受贿数额较大的，不足较大数额的按一般受贿行为处理。数额较大的具体界限：索取或者收受贿赂五千元至两万元的，属于数额较大；索取或者收受贿赂十万元以上，属于数额巨大。

（2）公司、企业、其他单位人员在法律、政策许可的范围内，通过自己的劳动换取合理报酬的，不属于利用职务便利上的受贿。

（3）公司、企业、其他单位人员接受亲朋好友的一般礼节性馈赠，而没有利用职务上的便利为亲朋好友谋取利益的，不成立本罪。

（4）在正常的市场交易行为中，取得符合《中华人民共和国反不正当竞争法》规定的折扣、佣金是正当业务行为；而违反国家规定，收受各种名义的回扣、手续费，为个人所有的，应认定为公司、企业、其他单位人员受贿罪。

4. 处罚

我国《刑法》第一百六十三条规定："犯公司、企业、其他单位人员受贿罪，受贿数额较大的，处 5 年以下有期徒刑或者拘役；受贿数额巨大的，处 5 年以上有期徒刑，可以并处没收财产。"

（三）对非国家工作人员行贿罪

1. 对非国家工作人员行贿罪的概念

对非国家工作人员行贿罪是指为谋取不正当利益，给予公司、企业或其他单位的工作人员以财物、数额较大的行为。

本罪客观上必须是给予公司、企业或其他单位的工作人员以数额较大的财物。主体既可以是自然人也可以是单位。主观方面必须出于故意，并且是为了谋取不正当利益。

2. 处罚

我国《刑法》规定："为谋取不正当利益，给予公司、企业的工作人员以财物，个人行贿数额在一万元以上的，单位行贿数额在二十万元以上的，应予追诉。"

（四）假冒注册商标罪

1. 假冒注册商标罪的概念

假冒注册商标罪是指违反国家商标管理法规，未经注册商标所有人许可，在同一种商品上使用与其注册商标相同的商标，情节严重的行为。

2. 特征

（1）该罪的犯罪主体为一般主体，即任何企业事业单位或者个人假冒他人注册商标，情节达到犯罪标准的即构成本罪。

（2）该罪侵犯的客体为他人合法的注册商标专用权，以及国家商标管理秩序。

（3）该罪主观方面为故意，且以营利为目的。过失不构成本罪。

（4）该罪的客观方面为行为人实施了刑法所禁止的假冒商标行为，且情节严重。

3. 处罚

我国《刑法》规定："犯本罪的，处 3 年以下有期徒刑或者拘役，并处或单处罚金；情节特别严重的，处 3 年以上 7 年以下有期徒刑，并处罚金。单位犯本罪的，对单位判处罚金，并对其直接负责的主管人员和其他直接责任人员依照上述规定处罚。"

（五）侵犯商业秘密罪

1. 侵犯商业秘密罪的概念

侵犯商业秘密罪是指采取不正当手段，获取、使用、披露或者允许他人使用权利人的商业秘密，给商业秘密的权利人造成重大损失的行为。

侵犯商业秘密罪侵犯的客体既包括国家对商业秘密的管理制度，又包括商业秘密的权利人享有的合法权利。犯罪主体是一般主体，既包括自然人，也包括单位。客观上实施了侵犯商业秘密的行为，并且给权利人造成了重大损失。本罪的主观方面只能是故意，即行为人有意识地通过多种手段侵犯商业秘密。过失不构成本罪。

2. 处罚

违反本法规定侵犯商业秘密的，监督检查部门应当责令停止违法行为，可以根据情节处以一万元以上二十万元以下的罚款。

（六）盗窃罪

1. 盗窃罪的概念

盗窃罪是指以非法占有为目的，窃取他人占有的、数额较大的财物，或者多次盗窃的行为。

2. 犯罪构成

（1）客体要件。

本罪侵犯的客体是公私财物的所有权。侵犯的对象是国家、集体或个人的财物，一般是指动产而言，但不动产上之附着物，可与不动产分离的，例如，田地上的农作物，山上的树木、建筑物上之门窗等，也可以成为本罪的对象。另外，能源如电力、煤气也可成为本罪的对象。

（2）客观要件。

本罪在客观方面表现为行为人具有窃取数额较大的公私财物或者多次窃取公私财物的行为。

所谓窃取，是指行为人违反被害人的意志，将他人占有的财物转移为自己或第三者（包括单位）占有。需要注意以下几个问题：

1）窃取行为虽然通常具有秘密性，其原意也是秘密窃取，但盗窃不能限定在秘密窃取上，否则会造成处罚的不公正。

2）窃取行为是排除他人对财物的支配，建立新的支配关系的过程，如果只是单纯地排除他人对财物的支配，则不是盗窃。窃取的手段与方法没有限制，即使用了欺骗方法，但是没有到达让被害人基于认识错误处分财产的程度，也是盗窃。

3）窃取是一种通过平和方式将他人占有的财物转移第三人占有的过程，如果手段中含有暴力成分，就不能定为盗窃。

4）要成立盗窃，需要窃取公私财物数额较大，或者多次窃取公私财物。

（3）主体要件。

本罪主体是一般主体，凡达到刑事责任年龄（十六周岁）且具备刑事责任能力的人均能构成。

（4）主观要件。

本罪在主观方面表现为直接故意，且具有非法占有的目的。

3. 认定

（1）本罪与非罪的界限。

盗窃公私财物虽已达到“数额较大”的起点，但情节轻微，并具有下列情形之一的，可不作为犯罪处。

1）已满十六周岁不满十八周岁的未成年人作案的。

2）全部退赃、退赔的。

3）主动投案的。

4）被胁迫参加盗窃活动，没有分赃或者获赃较少的。

5）其他情节轻微、危害不大的。

（2）盗窃既遂与未遂。

盗窃行为已经使被害人丧失了对财物的控制时，或者行为人已经控制了所盗财物时，都是既遂。被害人的失控与行为人的控制通常是统一的，被害人的失控意味着行为人的控制。但二者也存在不统一的情况，即被害人失去了控制，但行为人并没有控制财物，对此也应认定为盗窃既遂，因为本法以保护合法权益为目的，既遂与未遂的区分到底是社会危害性的区别。就盗窃罪而言，其危害程度的大小不在于行为人是否控制了财物，而在于被害人是否丧失了对财物的控制。因此，即使行为人没有控制财物，但只要被害人失去了对财物的控制的，也成立盗窃既遂，没有理由以未遂论处。例如，行为人以不法占有为目的，从火车上将他人财物扔到偏僻的轨道旁，打算下车后再捡回该财物。又如，行为人以不法占有为目的，将他人放在浴室内的金戒指藏在隐蔽处，打算日后取走。在这种情况下，即使行为人后来由于某种原因没有控制该财物，但因为被害人丧失了对财物的控制，也应认定为盗窃既遂，而不能认定为未遂。

4. 处罚

我国《刑法》第二百六十四条规定，盗窃公私财物，数额较大或者多次盗窃、入户盗窃携带凶器盗窃、扒窃的，处三年以下有期徒刑、拘役或者管制，并处或者单处罚金；数额巨大或者有其他严重情节的，处三年以上十年以下有期徒刑，并处罚金；数额特别巨大或者有其他特别严重情节的，处十年以上有期徒刑或者无期徒刑，并处罚金或者没收财产。

（七）贪污罪

1. 贪污罪的概念

贪污罪是指国家工作人员利用职务上的便利，侵吞、盗窃、骗取或者以其他方法非法占有公共财物的行为。

2. 特征

（1）侵犯的客体是国家工作人员从政的廉洁性和公共财产的所有权。在国家或集体组织保管、使用或者运输中的私人财产，也应视为公共财物。

（2）客观要件表现为行为人利用职务上便利，侵吞、盗窃、骗取或者其他方法非法占有公共财物的行为。

（3）本罪的主体是特殊主体，即只能由国家工作人员构成。

国家工作人员，是指在国家机关中从事公务的人员。国有公司、企业、事业单位、人民团体中从事公务的人员和国家机关、国有公司、企业、事业单位委派到非国有公司、企业、事业单位、社会团体从事公务的人员，以及其他依照法律从事公务的人员，以国家工作人员论。

（4）主观要件表现为故意，并且有非法占有公共财物的目的。

3. 处罚

犯本罪，按《刑法》第三百八十三条规定处罚。

（八）受贿罪

1. 受贿罪的概念

受贿罪是指国家工作人员或者其他从事公务的人员，利用职务上的便利，索取他人财物的，或者非法收受他人财物为他人谋取利益的行为。

2. 特征

（1）侵犯的客体是国家工作人员等从事公务的廉洁性。

（2）客观要件表现为行为人利用职务上的便利，非法索取或收受他人财物的行为。

（3）本罪的主体是特殊主体，即只能由国家工作人员、集体经济组织工作人员或其他从事公务的人员构成，法人也可构成本罪主体。

（4）主观要件表现为故意。

3. 处罚

犯本罪，按《刑法》第三百八十六条规定处罚。

（九）渎职罪

1. 渎职罪的概念

渎职罪是指国家工作人员利用职务上的便利，滥用职权，违法乱纪或者不依法履行职责，玩忽职守，侵害国家机关的正常活动和应有声誉，致使国家、集体和人民的利益遭受重大损失的行为。

2. 特征

（1）侵犯的客体是国家机关、企事业单位的正常活动。

（2）客观要件表现为利用职务上的便利，实施亵渎职责的行为，其行为形式，有的表现为作为形式，有的表现为不作为形式。

（3）本罪的主体是特殊主体，以负有一定的职责为必要条件。

（4）主观要件一般是故意，但有的罪可以由过失构成。

3. 处罚

渎职罪的刑法条文从第三百九十七条至第四百一十九条，共二十三个条文，有三十三个罪名。

根据渎职罪的主体类型，可以划分为三小类犯罪：

（1）一般国家工作人员的渎职罪。

（2）司法工作人员的渎职罪。

（3）特定部门工作人员的渎职罪。

【引例解析】

秘书黄莉莉的做法非常正确。因为发挥参谋助手的作用是现代秘书的一项重要职能。随着市场经济的不断完善，领导的正确决策和科学管理，需要符合法治社会的基本要求。为此，秘书不但需要掌握综合全面的法律知识，还要有善于运用法律知识解决问题的能力。特别是善于提供有关法律规定的基本原则和基本原理的信息，供领导参考，为领导的决策服务。

黄莉莉应该跟总经理说明销售假冒伪劣产品同样是犯罪行为。按照刑法的规定，生产、销售假冒伪劣产品罪是指以非法牟利为目的，在从事工商业活动中，违反国家产品质量管理法规，生产、销售伪劣商品的行为。生产、销售假冒伪劣产品，严重损害了消费者利益，危害了社会主义市场经济秩序，是应受到刑法处罚的犯罪行为。本罪的主体包括产品的生产者和销售者。客观上表现为以假充真，以次充好。如果超市不把好进货关，让这批假烟通过超市销售，就构成了犯罪，那样企业将会面临更大的危机。所以，请求领导重新考虑这项销售计划，做到诚实信用、合法经营。

【实训内容】

撰写一份刑事案件的报案材料。

案情：2007 年 5 月 12 日晚 23 时许，宝信钢铁公司晨安选矿厂治安巡逻人员发现该厂外墙边散落着几件本厂的重要设备，有支轮轴、浓缩机紧张器丝母、套筒、尾轮轴各一件。而在不远处的围墙上一个人正坐在墙上吸烟。巡逻人员即刻上前将此人控制。

经初步询问，此人是赵某，男，24 岁，本市人。他承认这些设备是他潜入五车间厂房内盗得的，共计 9 件。赵某把盗得的备件运到厂围墙边，又从围墙一一扔出墙外，打算一起运走销赃。正当他干到一半，坐在墙上休息时，被该厂巡逻人员当场抓获，赃物被缴。其所盗财产价值人民币约 12000 余元。

厂保安队长向厂部报告了该盗窃事件，并拨打了 110 报警电话。当地派出所将赵某带走做进一步处理，并让厂里出一份报案材料。现厂办主任要求办公室秘书小刘来完成这项工作。假设你是小刘，请你根据案发过程，撰写一份报案材料。

【案例】

2000 年 12 月 2 日，某市国有外贸进出口公司职员甲某在做清洁工作时见财务室的柜子没有锁，财务人员也不在室内，周围也没有人，于是从柜子中取出空白支票一张并盖好印章。次日，贾某填好支票到银行以支取贷款的名义在支票上签上了本公司采购员李某的名字，支取人民币现金 2 万元。

请问：甲某的行为应如何定性，为什么？

分析：甲某的行为构成盗窃罪。我国《刑法》第二百六十四条规定："行为人以非法占有为目的，秘密窃取公私财物数额较大或者多次盗窃公私财物的，构成盗窃罪。"在本案中，甲某以非法占有为目的，窃取本单位放在财务室柜子内的空白转账支票一张，并加盖印章，到银行兑现 2 万元，其行为特征是采取秘密的手段，且盗窃数额远远超过数额较大的犯罪起点（按照司法解释对盗窃罪的数额标准作了规定：个人盗窃公私财物"数额较大"，以 1000 元至 3000 元为起点），符合盗窃罪的特征，已构成盗窃罪。

【思考与练习】

1. 我国刑法对溯及力问题是如何规定的？
2. 简述犯罪的概念与特征。
3. 如何理解作为与不作为？
4. 简述直接故意与间接故意的关系。
5. 简述正当防卫的概念与构成要件。
6. 简述紧急避险的概念与构成要件，它与正当防卫有哪些异同？
7. 公司、企业人员受贿罪与受贿罪的区别和联系是什么？
8. 如何理解盗窃罪的本质特征？
9. 王某在案发前是某电子公司计划部物流中心负责人，其职责范围是设备资材购买审核、废旧物资处理的投标权和废旧物资的处理销售。2003 年 4 月至 2005 年 6 月间，王某利用职务之便促成李某、任某与该电子公司签订合同，先后四次收受两人贿赂共计十万元。请根据犯罪构成理论，分析王某犯罪行为的各个主客观要件。并说说掌握刑法中犯罪构成理论知识对提升秘书职业能力有何重要意义？

10．高远应聘为本市百货商业广场有限公司的行政部秘书。最近几个月来，百货商业广场有限公司业绩出现了很不正常的下跌，当月销售收入较上月份下跌 23.63%。经内部调查，发现是前不久被辞退的公司员工李某擅自将公司的供货商名称、地址、商品进货价格、购销价格、公司经营业绩及会员客户通讯录等资料，从公司中心服务器上下载到自己使用的终端机，并秘密复制，在其离开公司到另一个 S 商场任职时，将这些资料以 2 万元的现金“卖给”竞争对手 S 商场造成的严重后果。当得知真实情况后，总经理非常震怒，马上叫高远给他拿来法律或是什么规定来，看看该如何处理此事。

如果你是高远，你该给总经理看哪部法律的哪些规定？同时就公司应从哪些方面加强管理，防止类似事件的再次发生，提出自己的意见和建议？

第五章　民法

【本章内容结构图】

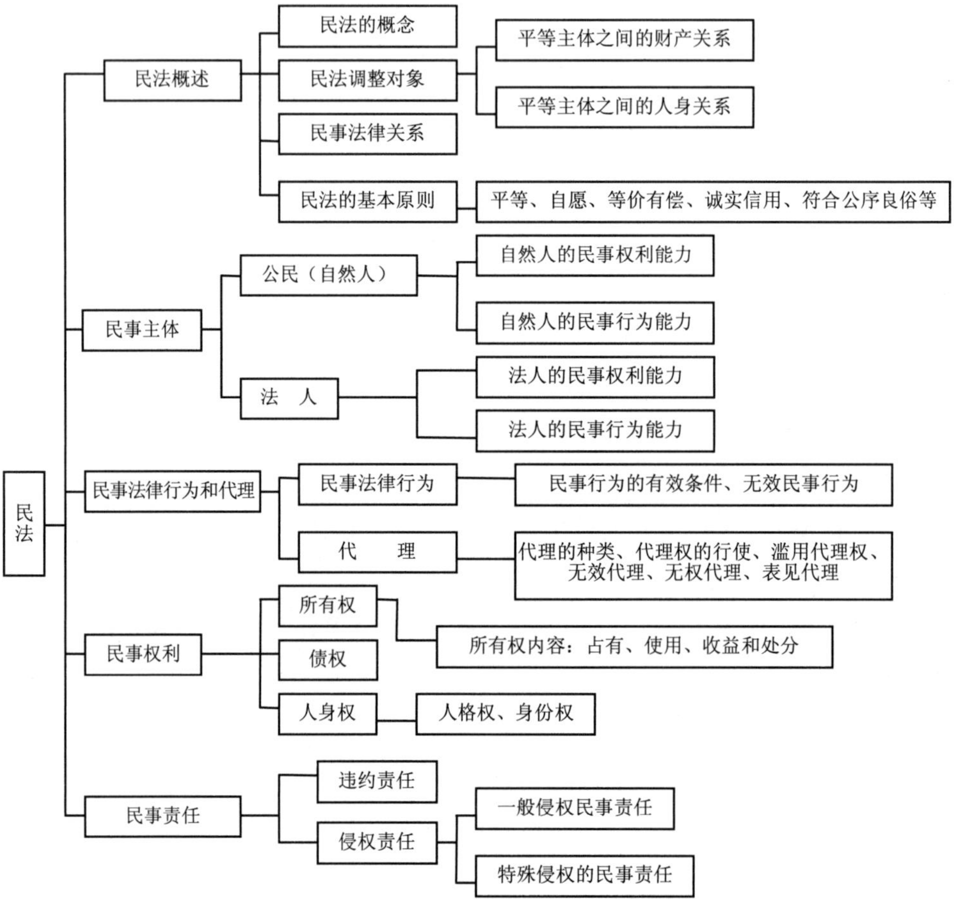

【引例】

为使公司业务部门工作方便，去年王琪所在的公司订购了20台戴尔笔记本电脑，公司一名熟悉计算机操作的文员小刘，在为刚刚购买的戴尔笔记本电脑升级时发现，笔记本采用的是Intel酷睿T2300E处理器，并非订单上标明的Intel酷睿T2300处理器。而这两款不同配置的CPU价格相差30多美元。作为公司行政主管的王琪，马上意识到应对此事加以关注，并及时通知分散于各地持有本款笔记本电脑的公司员工，进行一一核对，结果发现订购该批次的所有笔记本电脑都与订单上载明的配置不同。

请问：王琪该如何运用法律知识协调相关部门处理此事，为公司避免损失？

第一节　民法概述

一、民法的概念

民法是调整平等主体之间一定范围的财产关系和人身关系的法律规范的总称。民法是一个独立的法律部门，是重要的基本法，其地位仅次于宪法。全国人民代表大会 2017 年 3 月 15 日通过并公布的《民法总则》、1999 年 3 月 15 日通过的《合同法》、2007 年 3 月 16 日通过的《物权法》、2009 年 12 月 26 日通过的《侵权责任法》等都是民法范畴的重要法律。

二、民法的调整对象

（1）平等主体之间的财产关系。民法的调整对象，首先是平等主体之间的财产关系。所谓平等主体之间的财产关系，是指地位平等的民事主体为了实现财产利益，在从事民事活动过程中发生的以财产归属和财产流转为基本内容的权利义务关系。其含义是：

第一，民法所调整的财产关系的主体，彼此地位平等，不存在上下级隶属关系，更不存在一方命令对方的管理与被管理的关系。这是民法与行政法的重大区别之处。

第二，民法所调整的财产关系的基本内容，是财产归属和财产流转关系。这是由民法调整的财产关系直接反映社会经济生活中只有财产和商品交易的客观要求所决定的。

第三，民法所调整的财产关系直接反映着民事主体的财产利益要求。在市场经济条件下，交易双方当事人的财产利益要求体现为等价有偿的法律规则，即获取财产利益应支付对价，禁止强买强卖、欺行霸市的行为。

（2）平等主体之间的人身关系。所谓平等主体之间的人身关系，是指平等主体之间基于人格利益和身份利益而发生的不具有直接财产内容的人格关系和身份关系。其含义是：

第一，民法所调整的人身关系的主体，尽管彼此之间有性别、年龄、职业、职务、财产等方面的差别，还有的当事人之间有亲属身份的不同，但主体之间的法律地位是完全平等的。任何当事人都不得歧视其他民事主体，更不得侵害其他民事主体的人身权。

第二，民法所调整的人身关系的内容，是人格关系和身份关系。人格关系是民事主体为实现人格利益而发生的权利义务关系，在民法上表现为民事主体的生命权、身体权、健康权、名誉权、隐私权、肖像权、姓名权、名称权。身份关系是民事主体因彼此之间的身份利益而发生的权利义务关系，在民法上表现为配偶权、亲属权、监护权、荣誉权。

第三，民法所调整的人身关系虽然不具有直接的财产内容，但人身关系中的人身权是民事主体享有财产权利的必要前提条件。如果民事主体的人身权遭到不法侵害，会直接导致民事主体的财产损失。

三、民事法律关系

（1）民事法律关系，是由民法所调整的具有民事权利义务内容的社会关系。民事主体从事民事活动，必然发生各种社会关系，如买卖、租赁、借贷、委托、承揽等。

（2）民事法律关系的要素。民事法律关系是由民事法律规范所调整的特定社会关系，它是由主体、内容、客体三个基本要素组成的。

1）民事法律关系的主体，又称为民事主体，是指参与民事法律关系之中，享受民事权利，承担民事义务的人。民事法律关系的主体应当具备两个基本条件：其一是能够实际参加民事法律关系；其二是得到法律的承认和保护。其范围既包括自然人，也包括法人及其他社会组织。此外，国家在某些情况下亦可作为民事主体。民事法律关系的主体由权利主体和义务主体构成，彼此相互依存而存在。

2）民事法律关系的内容，是指参与民事法律关系的民事主体所享有的民事权利和承担的民事义务。民事权利，是指民法所确认的民事主体享有某种民事利益的可能性。民事义务，是指民事主体依法应当为一定行为或不为一定行为从而使相对的民事主体实现其利益的必要性。在任何一个具体的民事法律关系中，一方民事主体享有的民事权利，都需要另一方民事主体承担相应的民事义务。

3）民事法律关系的客体，是指民事法律关系主体所享有的民事权利和承担的民事义务所共同指向的对象。建立民事法律关系的目的是为了保护或者获得某种利益，这种利益可以是物质的也可能是非物质的。如：物、行为、智力成果、某种精神利益等。

四、我国民法的基本原则

民法的基本原则是民事立法、民事司法和民事活动所应该遵循的基本准则，其效力贯穿于整个民法制度和民事规范中。

（1）平等原则，民法中的平等，是指主体的身份平等。身份平等是特权的对立物，是指不论其自然条件和社会处境如何，其法律资格即权利能力一律平等。《民法总则》第三条规定：“当事人在民事活动中地位平等。任何自然人、法人在民事法律关系中平等地享有权利，其权利平等地受到保护。”

（2）自愿原则，自愿原则的实质，就是在民事活动中当事人的意思自治。即当事人可以根据自己的判断，去从事民事活动，国家一般不干预当事人的自由意志，充分尊重当事人的选择。

（3）公平原则，是指在民事活动中以利益均衡作为价值判断标准，在民事主体之间发生纠纷时，以权利和义务是否均衡来平衡双方的利益。

（4）诚实信用原则，要求民事主体在从事民事活动时，要做到意图诚实，行使权利不侵害他人与社会的利益；履行义务信守承诺。

（5）禁止权利滥用原则，是指民事主体在进行民事活动中必须正确行使民事权利，不得损害同样受到保护的他人利益和社会公共利益。

（6）公序良俗原则，是指民事主体的行为应当遵守公共秩序，符合善良风俗，不得违反国家的公共秩序和社会的一般道德。

（7）等价有偿原则，是公平原则在财产性质的民事活动中的体现，是指民事主体在实施转移财产等民事活动中要实行等价交换，取得一项权利应当向对方履行相应的义务，不得无偿占有、剥夺他方的财产，不得非法侵害他方的利益；在造成他方损害的时候，应当等价赔偿。

第二节 民事主体

一、公民（自然人）

公民是指具有一个国家国籍的人。自然人，是指基于出生而具有生命的人。自然人是参与民事活动的基本主体。因历史的原因我国《民法总则》中 “公民”与“自然人”的概念相同。为使其民事活动合法有效，自然人参与民事活动必须具备两个条件：一是具有民事权利能力；二是具有民事行为能力。

（一）自然人的民事权利能力

民事权利能力，是法律赋予民事主体进行民事活动，享有民事权利和承担民事义务的资格。民事权利能力来源于法律的直接规定，即民事权利能力是法律所赋予的。民事权利能力与民事主体不可分离，既不能放弃，也不能转让。按照我国法律的规定，自然人的民事权利始于出生，终于死亡。民法上的死亡包括生理上的死亡和宣告死亡。

（二）自然人的民事行为能力

自然人的民事行为能力，是指根据法律的规定，自然人以自己的行为从事民事活动，取得民事权利和承担民事义务的能力。民事行为能力从内容上看既包括因实施合法行为而取得民事权利和承担民事义务的能力，又包括因实施违法行为而承担民事责任的能力。这种能力受到公民的年龄和智力状况的影响。因此，我国民法根据人的不同年龄将自然人的民事行为能力划分为三类：

第一，完全民事行为能力。指达到一定年龄，智力正常的公民享有的以自己的独立行为从事民事活动的能力。《民法总则》中明确规定：“18 周岁以上公民是成年人，具有完全民事行为能力，可以独立进行民事活动，是完全民事行为能力人。16 周岁以上，不满 18 周岁的公民，以自己的劳动收入为主要生活来源的，视为完全民事行为能力人。”

第二，限制民事行为能力。这是指达到一定年龄的未成年人和精神不健全而不能完全辨认其行为后果的成年人所享有的可以从事与其年龄和精神健康状况相适应的民事活动的能力。《民法总则》中规定：“8 周岁以上的未成年人和不能完全辨认其行为的精神病人是限制民事行为能力人，可以从事与其年龄和精神健康状况相适应的民事活动，其他民事活动由他的法定代理人代理或者应征得他的法定代理人的同意。”

第三，无民事行为能力。这是指完全不具有以自己的独立行为从事民事活动的能力。《民法总则》中明确规定：“不满 8 周岁的未成年人和不能辨认自己行为的精神病人是无民事行为能力人，由他的法定代理人代理民事活动。”

（三）监护

监护，是对无民事行为能力人和限制民事行为能力人加以监督和保护的制度。根据设定监护人的方式不同，可分法定监护人和指定监护人。

法定监护人，是指根据法律的直接规定而为无民事行为能力人和限制民事行为能力人设定的监护人。未成年人的法定监护人为父母、祖父母、外祖父母、兄姐以及其他愿意担任监护人的个人或者组织，但是须经未成年人住所地的居民委员会、村民委员会或者民政部门同意；无民事行为能力和限制民事行为能力的精神病人的法定监护人为配偶、父母、成年子女、其他近亲属以及其他愿意担任监护人的个人或者组织，但是须经被监护人住所地的居委会、村委会或者民政部门同意。

指定监护人，是指当无民事行为能力人和限制民事行为能力人的法定监护人对由谁担任监护人发生争议，由有关社会组织为无民事行为能力人和限制民事行为能力人在法定监护人中指定某人担任监护人。

监护人的职责主要包括：保护被监护人的人身、财产及其他合法权益；监督被监护人从事民事活动；代理被监护人参加民事法律关系；管束和教育被监护人。

（四）宣告失踪和宣告死亡

（1）宣告失踪，是指公民离开其住所下落不明满一定期限，经利害关系人申请，由人民法院依法定程序宣告其为失踪人的民事法律制度。

宣告失踪的条件为公民下落不明应满二年；战争期间下落不明的，从战争结束之日或有关机关确定的下落不明之日起计算下落不明的期限。

宣告自然人失踪的目的是结束失踪人财产的不确定状态，保护失踪人和利害关系人的合法权益。《民法总则》中规定："失踪人的财产由他的配偶、父母、成年子女或者其他愿意担任财产代管人的人代管。失踪人所欠的税款、债务和应付的其他费用，由财产代管人从失踪人的财产中支付。"

（2）宣告死亡，是指公民离开自己的住所下落不明满一定期限，经利害关系人申请，人民法院依法定程序宣告其死亡的民事法律制度。《民法总则》规定："公民下落不明满四年的，为宣告死亡的法定期限；因意外事故下落不明，从事故发生之日起满二年的，为宣告死亡的法定期限；战争期间下落不明的，从战争结束之日起计算。"被宣告死亡的公民随之终止民事主体资格，其所参与的民事法律关系发生变更或者消灭；婚姻关系终止，其财产转化为遗产，依继承程序进行继承。

由于宣告失踪和宣告死亡都是依照法律，根据一定条件所作的推定，当被宣告失踪或被宣告死亡的人重新出现，经本人或利害关系人的申请，人民法院应当撤销对他的失踪或死亡的宣告，并依法恢复其相应的权益。

二、法人

（一）法人的概念和特征

法人，是具有民事权利能力和民事行为能力，依法独立享有民事权利和承担民事义务的社会组织。

法人的法律特征表现在如下方面：

（1）法人是按照一定方式组成的社会组织。如机关法人、企业法人、事业单位法人。

（2）法人是按照法定的条件和程序成立的。如有必要的财产或经费，有自己的名称、组织机构和场所，经过批准或登记程序等。

（3）法人具有相应的民事权利能力和民事行为能力。

（4）法人具有独立承担民事责任的能力。

（二）法人民事权利和民事行为能力

法人的民事权利能力，是指法律赋予法人从事民事活动、享受民事权利、承担民事义务的资格。法人的民事权利能力，不同于公民的民事权利能力。表现为：法人的民事权利能力从法人依法成立时开始享有，到法人终止时消灭。

法人的民事行为能力，是指法人根据法律的规定，以其行为从事民事活动，取得民事权利和承担民事义务的能力。与自然人的民事行为能力不同，法人的民事行为能力和权利能力同时产生，同时消灭。法人民事权利一旦确定，法人的行为能力也随之确定，而且二者的范围相同。

（三）法人的成立、变更和终止

1. 法人的成立

法人的成立，是指依照法律规定的条件和程序依法取得民事权利和民事行为的活动。根据《民法总则》的规定，法人成立应当具备四个条件：第一，依法成立。第二，有必要的财产或经费。第三，有自己的名称、组织机构和场所。第四，能够独立承担民事责任。

2. 法人的变更

法人的变更，是指在法人存续期间发生法人组织的分立、合并或其他重大事项的变化。包括法人的分立、法人的合并。法人的变更必须依法经过批准，办理相应的登记手续并公告。

3. 法人的终止

法人的终止，又称法人的消灭，是指因法定事由的出现而导致法人民事主体资格的丧失。根据《民法总则》的规定，法人终止的法定事由包括：依法被撤销、自行解散、依法宣告破产等。

法人的终止，依法必须经过清算，清算完毕后，法人资格才最终消灭。

三、其他组织

除自然人和法人外，民事主体还有个体工商户、农村承包经营户、个人合伙等其他组织形式。

（1）个体工商户，是指公民在法律允许的范围内，依法经核准登记，从事工商业经营的民事主体。个体工商户是独立的民事主体，享有民事权利和承担民事义务。个体工商户须依法办理工商登记，经核准，取得相应的民事主体资格。

（2）农村承包经营户，是指农村集体经济组织的成员，在法律允许的范围内，按照承包合同的规定从事商品经营的民事主体。农村承包经营户是农村集体经济组织的成员，与农村集体经济组织密切相关，属于集体所有制经济的分散经营方式。农村承包经营户是独立的民事主体，依法享有民事权利和承担民事义务。

（3）合伙，指两个或两个以上民事主体为了共同的经济目的，以协议形式组成联合体，共同出资、共同经营、共担风险的民事主体形式。（见第八章相关内容）

第三节 民事法律行为和代理

一、民事法律行为

（一）民事法律行为的概念和特征

民事法律行为，是指民事主体为了设立、变更或者终止民事法律关系而实施的行为。

民事法律行为的法律特征表现在如下方面：

（1）民事法律行为是一种合法行为。民事法律行为的这一特征可将其与民事行为的概念区分开。所谓民事行为，是指民事主体在民事活动的领域内基于其意志所实施的，能够产生一定民事法律后果的行为。可见并非一切民事行为都是民事法律行为。只有具备法律规定的有效要件的民事行为，才具有法律确认的法律效力，才属于民事法律行为。不合法的行为只要可以产生一定的民事法律后果，就可属于民事行为，但不是民事法律行为。民事法律行为合法，是指既要符合法律规定，又要符合社会公共利益和社会公共道德的要求。

（2）民事法律行为是以行为人的意思表示作为构成要素。意思表示是指行为人追求民事法律后果的内心意思用一定的方式表达于外部的活动。民事法律行为是人们有目的、有意识的行为，所以意思表示是民事法律行为的必要组成部分。缺少民法所确认的意思表示的行为不是民事法律行为。

（3）民事法律行为能够实现行为人所预期的民事法律后果。这一特点使得民事法律行为区别于民事违法行为。因为，民事违法行为也会依法产生一定的法律后果，如将人打伤后须承担赔偿责任，但是这种后果并不是行为人实施行为时所追求的后果。而基于民事法律行为的合法性特点，行为人所追求的预期法律后果必然可以实现。

（二）民事法律行为的有效条件

根据《民法总则》的有关规定，民事法律行为的有效要件包括实质要件和形式要件两个方面。《民法总则》第一百四十三条规定，民事法律行为的实质要件包括：

（1）行为人合格。即民事主体在实施具体的民事法律行为时必须具有相应的民事行为能力。如无民事行为能力的或限制民事行为能力的人不能直接参与民事活动；法人不能从事核准登记范围以外的活动等。如果该民事行为属于处分某项财产时，行为人必须具有处分权能。

（2）行为人意思表示真实。即行为人表现于外部的表示与其内在的真实意志相一致。当行为人的意思和内心真实不一致时，我们称之为意思表示瑕疵，主要表现有欺诈、胁迫、乘人之危、重大误解等现象。

（3）内容合法。指行为的具体内容既不能违反法律、行政法规的强制性或禁止性规定，也不得违背社会公德和损害社会公共利益。

民事法律行为的形式要件，即行为人进行意思表示的形式。根据《民法总则》第一百三十五条的规定，民事法律行为形式上所采用的合法条件因要式民事法律行为和不要式民事法律行为的区别而有所不同。凡属要式的民事法律行为，必须采用法律规定的特定形式才为合法；如公证形式、书面形式、核准登记形式。而不要式的民事法律行为，则允许当事人在法律规定的范围内选择口头形式、书面形式或其他形式作为民事法律行为的形式。

（三）无效民事行为及其后果

无效民事行为是指因欠缺民事行为的有效要件而不产生法律效力的行为。无效民事行为具有以下特点：

（1）无效民事行为的本质特征是其违法性。

（2）无效民事行为是确定无效的。即不论当事人是否知道该民事行为无效和是否主张认定其无效，也不管该民事行为是否经过了人民法院或者仲裁机关确认其无效，该无效民事行为依法均肯定不能产生法律效力。

（3）无效民事行为自始不发生法律效力。《民法总则》第一百五十五条规定："无效的民事行为，从行为开始起就没有法律约束力。"

根据《民法总则》的规定，无效民事行为表现为以下情形：

第一，行为人不具有民事行为能力而实施的民事行为。

第二，意思表示不真实而实施的民事行为。如《民法总则》第一百四十六条规定：“行为人与相对人以虚假的意思表示实施的民事法律行为无效。”

第三，恶意串通，损害国家、集体或第三方利益而进行的民事行为。

第四，内容违反法律或公共道德的行为。

第五，行为的形式不符合法律的规定。

民事行为被确认为无效后或撤销后，因该民事行为自始无效，因此，当事人因该行为已从对方获得的利益，应该返还给对方。导致无效民事行为有过错的一方，如果给对方造成损失的，还应承担赔偿责任；双方均有过错的，各自承担相应的责任。双方恶意串通，致使国家、集体或第三方受到损失的，应追缴有关财产，返还国家、集体或第三方利益。

二、代理

（一）代理的概念和特征

代理是指代理人以被代理人的名义，在代理权限范围内与第三人进行民事行为，其法律后果直接由被代理人承受的民事法律制度。代为他人实施民事法律行为的人称为代理人；由他人以自己的名义代为民事法律行为并承受法律后果的人，称为被代理人，又称本人。

代理具有以下的法律特征：

（1）代理人以被代理人的名义从事代理行为。

（2）代理人在代理权限范围内独立为意思表示。

（3）代理行为是能够引起民事法律后果的民事法律行为。

（4）代理行为的法律后果直接归属于被代理人。

（二）代理的种类

根据代理权产生原因的不同，可以将代理分为三类：法定代理、委托代理和指定代理。①法定代理是指根据法律的规定而直接产生的代理关系。法定代理制度主要是为保护无民事行为能力人和限制民事行为能力人的合法权益而设定的。法定代理人的确定是与监护制度相联系的，一般无民事行为能力人和限制民事行为能力人的法定代理人即是其法定监护人。②委托代理，是指根据被代理人的委托授权而产生的代理关系。其中，被代理人又称为委托人，代理人又称为被委托人。委托代理一般建立在一定的基础法律关系之上，如劳动合同关系、职务关系、合伙关系等。而多数的基础法律关系是委托合同关系，同时还须有被代理人对代理人的授予代理权的意思表示，被代理人的这种授权意志是代理关系最终确立的关键。③指定代理是指根据法律授权机关的指定而产生的代理关系。指定代理主要适用于在社会生活或民事诉讼过程中需要代理人代为法律行为，而没有代理人或无法确认代理人的特殊情况。人民法院或行政主管机关依据法律的授权指定公民或法人充当代理人。

（三）代理权的行使

代理权的行使是指代理人在代理权限范围内，以被代理人的名义独立实施民事法律行为，以达到被代理人所希望的法律效果。为实现代理制度的目的，民事立法往往对于代理人行使代理权的行为规定了一定的法律规则，具体要求是：代理人只能在代理权限范围内行使代理权。代理人只能为维护被代理人的利益而行使代理权。代理人一般应当亲自行使用代理权，不得擅自转委托。代理人应当尽勤勉和谨慎之义务。

（四）滥用代理权

代理人不得滥用代理权。所谓滥用代理权的行为，是指代理人违法行使代理权的情况。其特征表现为：①代理人拥有代理权；②代理人在违反法律有关代理权行使的规则和要求的情况下行使代理权；③已经或可能损害被代理人的利益。

滥用代理权的行为主要有：①自己代理。即代理人以被代理人的名义与自己为法律行为。②双方代理。即代理人同时代理双方当事人为同一项法律行为。③代理人与第三人恶意通谋而为的代理行为。

（五）无权代理

无权代理是指在没有代理权的情况下以他人的名义实施的民事行为。根据我国《民法总则》的有关规定，无权代理主要基于以下的原因产生：①未经授权，也无法律的规定或国家主管机关的指定而擅自以他人名义从事的“代理”行为。②超越代理权限而为的“代理”行为。超越的部分属于无权代理。③代理权期限届满仍以被代理人的名义继续进行民事行为。

无权代理行为发生后，其法律效力处于不确定状态，又叫效力待定的行为。该代理行为是否有效因本人的追认和拒绝的意思表示确定。经过本人追认的无权代理即转变为有权代理；被本人拒绝或被善意第三人撤销的代理行为确定无效的，由无权代理人自负责任。因此给被代理人和第三人造成损失的，无权代理人还应承担民事赔偿责任；第三人知道对方无权代理，仍与其实施民事行为而给他人造成损失的，由无权代理人和第三人负连带责任。

（六）表见代理

表见代理是指没有代理权、超越代理权或者代理权终止以后的无权代理人，以被代理人的名义进行民事行为，在客观上使第三人有理由相信其具有代理权，从而与其进行的民事法律行为。表见代理的特征表现为：①存在无权代理行为。②第三人在客观上有理由相信无权代理人有代理权。③第三人主观上是善意的且无过错。

依照法律的规定，表见代理产生有权代理的法律效力，即无权代理人与第三人之间实施的民事法律行为，对于被代理人具有法律约束力，被代理人与第三人之间产生、变更和消灭相应的法律关系。本人不得以无权代理为抗辩，不得以行为人具有故意或过失为由拒绝承受表见代理的后果，也不得以自己没有过失作为抗辩。表见代理的立法意义在于保护善意第三人利益，维护交易安全。

第四节　民事权利

一、所有权

（一）所有权的概念

所有权，即财产所有权，是指所有人依法对自己的财产享有占有、使用、收益和处分的权利。所有权属于物权中的一项最完整的权能，当民事主体享有所有权，就意味着他同时享有占有权、使用权、收益权和处分权四项权能。所有权意味着人对物最充分、最完全的支配，是最完整的物权形式。财产所有权在本质上是一定社会的所有制形式在法律上的表现。我国《民法总则》对财产所有权作出了明确的规定。其中，财产所有权的类型主要包括：国家所有权、劳动群众集体组织所有权、社会团体所有权和公民个人所有权。

（二）财产所有权的内容

（1）占有，是指所有人对物的实际控制的事实状态。占有权即对所有物加以实际管理或控制的权利。所有权的占有权既可以由所有人自己行使，也可以由他人行使。占有可以分为合法占有和非法占有。合法占有是指基于法律的规定或所有人的意志而享有的占有权利。非法占有则指无合法依据亦未取得所有人同意的占有。非法占有又可以再分为善意占有：即非法占有人在占有时不知道或不可能知道其占有为非法；恶意占有则指非法占有人在占有时已经知道或应当知道其占有为非法。这种区分的意义在于判定是否应该承担返还原物和赔偿损失的法律后果。

（2）使用，是指依照物的属性及用途对物进行利用从而实现权利人利益的权利。所有人对物的使用是所有权存在的基本目的，人们通过对物的使用来满足生产和生活的基本需要。使用权也可依法律的规定或当事人的意思移转给非所有人使用。

（3）收益，是指民事主体通过利用物而取得的物质利益。物所生利益主要指物的孳息。孳息是指物的收益或增殖部分，包括天然孳息和法定孳息两类。天然孳息是指因物的自然属性而生之物，如母牛所生牛仔；法定孳息是指依一定的法律关系而生之利益，如股票的股息。天然孳息在没有与原物分离之前，由原物所有人所有；法定孳息的取得则需依据一定的法律规定进行。

（4）处分，是指所有人依法处置物的权利。处分包括事实上的处分和法律上的处分。事实上的处分是指通过一定的事实行为对物进行处置，如消费、加工、改造、毁损等。法律上的处分是指依照法律的规定改变物的权利状态，如转让、租借等。处分权是所有权内容的核心，是拥有所有权的根本标志，是决定物之命运的一项权能。因此，在通常情况下，处分权均由所有人来行使，但在特殊情况下，处分权可以基于法律的规定和所有人的意志而与所有权分离。如国有企业依法处分国有财产。

（三）所有权的取得

原始取得是指依照法律的规定直接取得所有权，不依赖于原所有人的意志。所有权原始取得方式主要有：①生产，是通过人的劳动获得的自然物，如开采的煤炭、生产的钢材等。②取得原物的孳息。③国家通过国有化、没收、征收等强制取得的物权。④发现的埋藏物、隐藏物、拾得物。⑤国家或集体取得的无人继承的财产等形式。所有权的第二种取得方式是继受取得，是指新的所有人根据原所有人的意思，接受原所有人转移所有权。继受取得的方式有两种：一种是因一定的法律行为而取得所有权，法律行为具体包括买卖合同、赠与、互易等；另一种是因法律行为以外的事实而取得所有权，如继承遗产，接受他人遗赠等。

（四）共有

共有是指两个或两个以上的民事主体对同一项财产共同享有所有权。共有的形式包括两类：共同共有和按份共有。共同共有是指两个或两个以上的民事主体基于某种共同关系而对某项财产不分份额地共同享有权利和承担义务。如夫妻共同财产或家庭共同财产。在共同共有财产关系中，各共同共有人对整个共有财产平等地享有权利和承担义务。

按份共有，又称分别共有，是指两个或两个以上的共有人按照各自的份额分别对共有财产享有权利和承担义务的一种共有关系。按份共有人对内按照特定的份额分别对共有财产享有占有、使用、收益和处分的权利，同时也按各自的份额分担义务；对外全体按份共有人应当承担连带的赔偿责任。

（五）相邻关系

（1）相邻关系，是指两个或两个以上相互毗邻的不动产的所有人或使用人因对不动产行使所有权或使用权时应当给予便利而发生的权利、义务关系。不动产的所有人或使用人又称相邻人；相邻方享有的要求他人给予方便的权利又称相邻权。相邻权是为调节在行使不动产所有权中的权益冲突而产生的一种权利。

（2）根据我国《民法总则》的规定，调整相邻关系时应采取以下的原则：有利生产、方便生活；团结互助、公平合理。

（3）几种主要的相邻关系。相邻关系的种类很多，主要有：相邻的防污防险关系；相邻的用水、排水关系；相邻的通风、采光关系；相邻的管线设置关系等。

二、债权

（一）债的概念

债是按照合同的约定或者按照法律的规定，在当事人之间产生的特定的权利义务关系。在这种民事法律关系中，享有请求他方为一定行为或不为一定行为的一方称为债权人；而负有满足该项请求权义务的一方称为债务人。

（二）债的特征

（1）债是特定的民事主体之间的民事法律关系，是一种相对权。在债的关系中，债权人和债务人是特定的。

（2）债是以特定的行为为客体的民事法律关系。因债权是请求债务人为特定的行为，所以，债权所指向的也是特定的行为，这种行为称为给付。

（3）债是能够用货币衡量评价的财产法律关系。

（三）债的发生根据

债的发生根据是指引起债的法律关系产生的法律事实。根据法律的规定，债的发生根据主要包括以下几个方面：

（1）因合同所生之债。合同是当事人之间设立、变更、终止权利义务关系的协议。基于合同产生债的关系，是合同之债。

（2）侵权行为所生之债。侵权行为是指因不法侵害他人的合法权益，应承担民事责任的行为。

（3）因不当得利所生之债。不当得利是指没有法律上的依据，使他人受到损失而取得的利益。不当得利的受益人与受到损失的受害人之间形成了返还与被返还不当得利的特定的权利义务关系。因而形成了债的关系。

（4）无因管理所生之债。无因管理是指没有约定，也不负有法定义务，为他人管理事务或提供服务的行为。无因管理的事实发生后，管理人有权要求受益人偿付因管理事务所支付的必要费用；受益人负有偿还这种费用的义务。

（四）债的履行

（1）债的履行，是指债务人以满足债权为目的，按照合同的约定或者依照法律的规定，全面、适当地完成自己所负债务的行为。债的履行必须以消灭债务（满足债权）为目的，否则不构成债的履行。

（2）债的履行的原则。

1）全面适当履行原则。该原则要求当事人按照债的标的及其质量、数量、主体、期限、地点，以适当的方式全面正确地完成债的义务。

2）诚实信用原则。要求当事人在债的履行的全过程中，本着信守承诺、相互协作、经济合理的原则，全面履行债务。如在履行过程中，因故不能履行或不能完全履行时，应积极采取措施，避免或减少损失；发生合同纠纷时，各自应主动承担责任，不推诿。

（3）债的履行的具体要求。

1）履行主体，指履行债的义务和接受债的履行的人。债权人和债务人都是债的主体。当然在特殊情况下，第三人也可以是债的主体。

2）履行标的，指债务人向债权人履行义务应交付的对象。它因债的内容的不同而不同，如交付财物、移转权利、提供劳务、完成工作等。债的履行是否恰当，关键是标的物的质量是否符合合同的约定。

3）履行期限，指债务人向债权人履行债务和债权人接受债务人履行的时间。履行的期限可以是具体的日期，也可以是某一期间，并且都要明确具体，以免产生纠纷。

4）履行地点，指债务人履行债务和债权人接受履行的地方。履行地点只要适当，即发生债的消灭的效力，在其他地点为履行则属于不恰当履行。

5）履行方式，是完成债务的方法。如标的物的交付方法、工作成果的完成方法、运输方法、价款或酬金的支付方法等。履行方式与当事人的权益有密切关系，履行方式不符合要求，有可能造成标的物缺陷、费用增加、迟延履行等后果。

6）履行费用，指在债务履行过程中所发生的费用，当事人有约定时按约定负担。履行费用负担不明确的，由债务人承担。

（五）债的消灭

债的消灭，指债的关系在客观上不复存在。债消灭后，当事人仍应遵循诚实信用原则，根据交易习惯，履行通知、协助、保密等义务。

债的消灭主要有清偿、抵销、提存、免除、混同等原因而结束债关系。

三、人身权

（一）人身权的概念和特征

人身权是指民事主体依法享有的，与其人身有着密切联系的没有直接财产内容的法定民事权利。

人身权具有以下的法律特征：①人身权具有非财产性。即指人身权不具有财产内容，不直接体现民事主体财产权益。②人身权具有与权利主体人身的密切联系性。③人身权能够引起财产权利的产生和变更。

人身权可以分为两大类：人格权和身份权。

（二）人格权

人格权是指民事主体依法享有的维护其人格尊严不受侵犯的一种民事权利。人格权是法律赋予民事主体的固有权利，是人身权的一种，以人格利益为客体。主要有以下几种：

（1）生命权、健康权，生命权、健康权是以自然人的生命延续和保持身体生理功能健全以及心理健康的权利。生命权、健康权是以维护人的生命活动的正常延续为基本内容，所以法律严格保护公民的生命健康权利，防止非法剥夺他人的生命健康权。

（2）姓名权，是指自然人依法享有的自主决定、使用和变更自己姓名并排除他人非法干涉、盗用、冒用的权利。姓名权是专属于自然人的人格权，主要包括三个方面的内容：①自主命名权。②正常的姓名使用权。③姓名变更权。一般情况下，侵犯姓名权同时还可能侵犯别的权利。如：冒用他人的姓名权从事非法活动会导致受害人名誉受到损害，这就形成了侵犯姓名权同时又侵犯了他人的名誉权。

（3）名称权，是指法人和其他组织依法享有的自主决定、使用和变更其名称，依法转让其名称并排除他人妨碍或侵害的权利。名称权是属于自然人以外的其他民事主体享有的人格权。名称权主要包括四个方面的内容：①名称决定权。②名称使用权。③名称变更权。④名称转让权。侵犯名称权的主要行为是冒用和盗用。

（4）肖像权，是指自然人对自己的肖像享有利益并排斥他人侵犯的权利。肖像权是以自然人的形象、特征利益为客体的人格权。肖像权的基本内容主要包括：①肖像制作权。②肖像使用权。③肖像利益维护权。肖像权人有权维护自己的肖像利益，对于恶意污损、丑化、玷污其肖像或非法的以营利为目的使用其肖像的行为均有权请求其停止侵害，并可要求侵害人赔偿损失。但是他人合法的使用行为受到法律的保护。

（5）名誉权，是指自然人、法人或其他组织就其自身属性和价值所获得的社会评价而依法享有的保有、维护并不受他人侵犯的权利。名誉权包括了自然人和法人或其他组织的名誉的人格权。自然人、法人及其他组织，享有保持自己的社会评价不降低、不丧失，以及以自己的行为改善和提高自己的社会评价的权利。名誉权人可以利用自己良好的名誉，从事合法的经济、政治活动，并可享有因此获得的合法利益。

（6）隐私权，是指自然人享有的以其个人生活自由为内容的个人秘密不为他人知悉和其对自己的私人活动的支配权利。人们生活质量的高低，其中一个重要条件就是精神生活是否安宁和谐。以书面、口头形式宣扬他人隐私，造成一定影响的，认为是侵权行为，并依照侵犯公民名誉权的规定进行处理。

（三）身份权

身份权是民事主体基于某种特定的身份而享有的民事权利。身份权的取得是因某种特定的身份，而不同于人格权，每一个民事主体都具有。身份权的种类有：

（1）亲属权，亲属权是指除配偶以外的其他近亲属之间的以特定的身份利益为内容的基本身份权利。亲属权是以亲属关系中特定的身份利益为客体的人格权。专属于具有一定亲属关系的自然人的身份权利。如亲属间相互抚养、扶养、赡养、继承、监护等权利和义务。

（2）荣誉权，是指公民、法人或其他组织对其依法获得的荣誉称号所享有的民事权利。民事主体依法有权保持自己的这种荣誉。如劳动模范、战斗英雄；百强企业、中华老字号、文明单位等称号。对非法剥夺公民、法人的荣誉的行为，应当承担民事责任。荣誉权的基本内容主要包括：

1）荣誉接受权，即民事主体可以依法接受有关的社会组织颁布的荣誉称号，不受他人干涉的权利。

2）荣誉维护权。即民事主体保有自己的荣誉不受非法剥夺的权利。

3）荣誉利益的支配权。民事主体可以享有和自主地支配因一定的荣誉而获得的精神和物质利益。

第五节　民事责任

一、民事责任的概念和特征

民事责任，是对民事法律责任的简称，指民事主体在民事活动中，因实施了民事违法行为，根据民法规定所应承担的对其不利的民事法律后果或者基于法律特别规定而应承担的民事法律责任。民事责任属于法律责任的一种，是保障民事权利和民事义务实现的重要措施。

民事责任具有以下主要特征：①民事责任以民事义务为基础，是违反民事义务的法律后果。②民事责任以恢复被侵害人的权利为目的。③民事责任具有法律上的强制性。④民事责任是保护性民事法律关系的内容。

违反民事义务的行为包括作为和不作为，因而导致承担的民事责任有：①违约责任，即不履行、不适当履行或不完全履行合同中规定的义务的民事责任。②侵权行为的民事责任。③不履行法定义务（如扶养）的民事责任。

二、违约民事责任

（一）违约责任的概念和特征

违约责任是指民事主体违反合同的约定、不履行或不适当履行债务时，所应当承担的民事责任。

违约责任的主要特征：

（1）违约责任的产生是以合同当事人不履行合同义务为条件的。违约责任是合同当事人不履行合同义务所产生的责任。如果当事人违反的不是合同义务，而是法律规定的其他义务，则应负其他责任。违反合同义务是违约责任与侵权责任、不当得利返还责任、缔约过失责任等责任相区别的主要特点。

（2）违约责任具有相对性。相对性是指违约责任只能在特定的当事人之间即合同关系的当事人之间发生；合同关系以外的人，不负违约责任，合同当事人也不对其承担违约责任。

（3）违约责任主要具有补偿性。违约责任的补偿性，是指违约责任旨在弥补或补偿因违约行为造成的损害后果。

（4）违约责任可以由当事人约定。即当事人可以在法律规定的范围内，对一方的违约责任作出事先的安排。为了保障当事人设定违约责任条款的公正和合理，法律也要对其约定加以干预。如果约定不符合法律要求，也将会被宣告无效或被撤销。

（5）违约责任是民事责任的一种形式。民事责任是指民事主体在民事活动中，因实施违法行为而依照民法应承担的民事法律责任。

（二）违反合同民事责任的构成要件

（1）必须存在违约行为。所谓违约行为，是指合同当事人未履行或未适当履行合同义务的法律事实。它主要表现为完全不履行、部分不履行、不适当履行、履行迟延。

（2）违约行为造成了损害后果。违约责任强调的损害主要指的是财产的损害，而不包括精神损害。

（3）违约行为和损害后果之间存在因果关系。

（4）违约行为人主观上有过错。

（三）违约责任的承担方式

（1）继续履行。指合同义务没有履行或者履行不符合约定的，守约方可以要求违约方按照合同约定继续履行，直至达到合同目的。此种情况多适用于标的物是特定的、必须履行的、不得替代履行的情况，比如委托加工特定的半成品、特种型号或规格的元器件。

（2）采取补救措施。指履行债务的标的物品质不符合合同约定的条件，在不需继续履行而只需采取适当补救措施时，即可达到合同目的或守约方认为满意的目的。比如交付的产品质量不符合约定的，受损害方根据标的的性质以及损失的大小，可以合理选择要求对方承担修理、更换、重作、退货、减少价款或者报酬等违约责任。

（3）支付违约金。指合同各方在合同中约定的一方或各方违约时，违约方要支付给守约方一定数额的货币的违约责任方式。承担违约责任后，是否还要继续履行或采取补救措施，可由合同各方协商确定。

（4）支付赔偿金。指合同各方在合同中约定的，一方因违约给对方造成实际损害的，应按实际损害数额给予赔偿的责任承担方式。当事人在履行义务或者采取补救措施后，对方还有其他损失的，应当赔偿损失。

三、侵权的民事责任

（一）侵权行为民事责任的概念和特征

侵权行为民事责任，简称侵权责任，是指行为人实施一定的侵权行为所应当承担的民事责任。侵权行为是指行为人由于过错侵害他人的财产或者人身，依法应当承担民事责任的行为，以及依照法律特别规定应当承担民事责任的其他致人损害的行为。

其特征是：①侵权民事责任是法律责任，不是道义责任；②侵权责任是民事法律责任不是刑事、行政责任；③承担侵权责任的方式主要是财产责任；④侵权责任以补偿性为主。

（二）侵权行为民事责任的构成要件

（1）必须有损害事实的存在。损害包括财产上的损害和人身上的损害。财产损害又包括直接的实际损害和间接的预期损害。人身损害包括人身利益的损害和精神损害。

（2）行为人的行为是违反法律规定的行为。当事人行为违法是构成侵权责任的基本条件，但按照民法的基本原则，虽然某些行为没有违反法律，但是违反了社会利益或公共道德，仍然是属于违法行为。

（3）侵权人的侵权行为与损害后果之间存在着因果关系。也就是说行为人的行为导致了损害事实的发生；损害事实是由于违法行为造成的。原因与结果之间的关系要根据事物发展的内在规律进行科学合理的判断。

（4）侵权行为人存在主观上的过错，但特殊侵权行为除外。当行为人在进行违法行为时，其主观上存在故意或过失的主观意识。

行为人虽然给他人造成了财产或人身的损害，但是可以依照法律规定的免责事由，而不承担民事责任。免责事由主要包括：不可抗力、受害人的过错、正当防卫和紧急避险等。

（三）侵权行为民事责任的承担方式

（1）赔偿损失。即指行为人违反民事义务致人损害后，以其财产赔偿受害人所受的损失。这是适用最广泛的承担责任方式。

（2）返还财产。即指侵权行为人将其非法占有或获得的财产移转给原所有人或其他合法的权利人。

（3）恢复原状。即指使受害人的财产恢复到受侵害之前的状态。

（4）停止侵害。即指侵权行为人终止其正在进行或者延续的损害他人合法权益的行为。

（5）排除妨碍。即指侵权行为人排除由其行为造成的妨碍他人权利正常行使和利益实现的客观事实状态。

（6）消除危险。即指侵权行为人消除由其行为引起的现实存在的某种可能对他人合法权益造成损害的紧急事实状态。

（7）消除影响。即指侵权行为人在其行为造成不良影响的范围内消除对受害人的不利后果。

（8）恢复名誉。即指侵权行为人采取适当方式使受害人的名誉恢复到未受损害之前的状态。

（9）赔礼道歉。即指由侵权行为人以口头或书面的方式向受害人承认错误，表达歉意的承担责任方式。

（四）几种特殊的侵权行为及其处理

（1）国家机关或其工作人员因执行职务致人损害的民事责任。

根据我国《侵权责任法》的规定，国家机关或者国家机关工作人员在执行职务中，侵犯公民、法人的合法权益造成损害的，国家机关应当承担民事责任。所谓职务侵权行为，是指在代表国家行使国家权力过程中侵害了公民、法人或其他组织的合法权益的行为。

（2）产品质量不合格致人损害的民事责任。

根据我国《侵权责任法》的规定，因产品质量不合格造成他人财产、人身损害的，产品的制造者、销售者应当依法承担民事责任。产品质量不合格致人损害的民事责任，又称产品责任，是指产品的制造者、销售者对其制造、销售或者提供的有缺陷产品对他人人身和财产造成的损害所应承担的民事法律后果。

（3）高度危险作业致人损害的民事责任。

从事高空、高压、易燃、易爆、剧毒、放射性、高速运输工具等对周围环境有高度危险的作业造成他人损害的，应当承担民事责任。高度危险作业致人损害适用的是无过错责任，即高度危险作业致人损害的，侵权人即使主观上没有过错，也应承担赔偿责任，除非能够证明损害是由于受害人的故意，才可成为其致人损害的免责事由。

（4）环境污染致人损害的民事责任。

根据我国《侵权责任法》的规定，违反国家保护环境防止污染的规定，污染环境造成他人损害的，造成污染的单位或个人应当依法承担民事责任。环境污染致人损害适用的是无过错责任。

（5）地面施工致人损害的民事责任。

根据我国《侵权责任法》的规定，在公共场所、道旁或者通道上挖坑、修缮安装地下设施等，没有设置明显标志和采取安全措施造成他人损害的，施工人应当承担民事责任。

（6）建筑物致人损害的民事责任。

根据我国《侵权责任法》的规定，建筑物或者其他设施以及建筑物上的搁置物、悬挂物发生倒塌、脱落、坠落造成他人损害的，它的所有人或者管理人应当承担民事责任，但能够证明自己没有过错的除外。

（7）饲养动物致人损害的民事责任。

根据我国《侵权责任法》的规定，饲养的动物造成他人损害的，动物饲养人或者管理人应当承担民事责任。但是能够证明动物所致损害是由于受害人的过错而引起的或者是由于第三人的过错（如挑逗）造成的，动物的饲养人和管理人可以不承担民事责任。

（8）无民事行为能力人、限制行为能力人致人损害的民事责任。

根据我国《侵权责任法》的规定，无民事行为能力人、限制民事行为能力人造成他人损害的，由他们的监护人承担民事责任。但是监护人尽到了监护职责，可以减轻民事责任。

【引例解析】

王琪所在公司订购的笔记本电脑与订单上的配置不符，有可能涉嫌违约甚至是欺诈，应该引起重视。

诚实信用是民法基本原则之一，该原则要求民事主体在从事民事活动时，要做到意图诚实，履行义务信守承诺。而供货商没有按照订单确定的配置供货，并且有数额较大的差价，如果没有专业人士在偶然的操作中发现问题，用户蒙受损失的情况也许不会被发现。供货单位的做法显然是不诚实的，同时，按照《合同法》的有关规定，供货单位在履行合同时也没能按照约定提供符合约定要求质量标的的，在合同法律关系上也构成了违约。

所以，王琪应该将核实的情况及时汇报公司领导，责成直接负责采购电脑的部门或人员与供货商沟通联络，采取更换该批笔记本电脑或者退款等补救措施。注意保存合同、装箱单等相关证据，收回全部该批笔记本电脑。在不能与对方达成协议时，可向人民法院提起诉讼，以维护公司权益。

【实训内容】

1. 运用所学民法理论知识，作为文秘工作人员，对于在本单位发生的纠纷，如何妥善解决。并本着为维护本单位的声誉，减少财产损失，妥善解决纠纷，给公司提交一份事故处理方案。

2009 年 8 月 28 日下午 1 时左右，张丽华带着 5 岁的儿子小勇到某超市购物。儿子在母亲购物时自己来到手扶电梯上玩耍，不慎从二层电梯上摔了下来。经医院诊断为脑部出血、左胳膊骨折、左下眼眶骨折、鼻梁骨折，身体多处挫伤。现眼眶骨折需继续观察治疗，不排除失明的危险。因此张丽华夫妇要求超市全额支付医疗费 17029.12 元、营养费 4500 元、交通费 1568 元、幼儿园入托费 3630 元、误工费 13000 元、通信费 60 元、精神抚慰金 20000 元。

如果你受公司公关部部长的指派负责处理本次事件，你该如何运用所学民法知识与受害方进行协商？并在确定处理步骤后写出一份本事件的处理方案，提交部长审阅。

2. 撰写催款函和民事起诉状。

瑞德成套设备公司与精锐机械公司于 2003 年 3 月 4 日签订一份买卖合同，约定由瑞德成套设备公司向精锐机械公司供应一套设备并负责送货、安装，货款总额为 500 万元。同年 5 月 26 日，瑞德成套设备公司将该设备运抵精锐机械公司，设备安装后，调试运转正常。精锐机械公司即付货款 300 万元。双方同意剩余 200 万元待设备运转 3 个月后，如没有质量问题再行支付。3 个月后，精锐机械公司未向瑞德成套设备公司提出质量问题，瑞德成套设备公司向精锐机械公司发出一份催款函要求支付余款 200 万元。精锐机械公司以目前尚不能肯定设备有无质量问题为由，要求再等 3 个月。瑞德成套设备公司第二次去函要求精锐机械公司至迟于

2004年2月10日前结清全部货款及迟延利息。精锐机械公司未作答复。瑞德成套设备公司遂派人至精锐机械公司进行交涉，经双方协商，于2004年5月30日达成书面协议，精锐机械公司同意于2004年6月30日前付清所欠货款。结果至6月30日，精锐机械公司仍未付清此货款。瑞德成套设备公司最终决定诉诸法律，向人民法院提起诉讼以维护自己的合法权益。

假设你是瑞德成套设备公司秘书人员，现根据该案例中所涉及内容，负责撰写以下两种文书：①瑞德成套设备公司两次向精锐机械公司的催款函各一份。②瑞德成套设备公司向人民法院起诉时所提交的起诉状。

【案例】

1. 玉龙商厦与奇美百货都位于市区繁华地段，最近奇美百货将地下一层开发成超市和“小吃街”，从此每天向外排放难闻的污水和油烟，严重影响了玉龙商厦的经营，玉龙商厦的文员小杨多次找到奇美负责人，但该负责人说：污水和尾气排在他们自己的后院，谁也无权干涉。现在经理指派你去处理此事，你应以什么法律原理据理力争，并依法向对方提出什么要求？

分析：玉龙商厦与奇美百货相互毗邻形成了民法上的相邻关系，按照《民法总则》第八十三条规定：“不动产的相邻各方，应当按照有利生产、方便生活、团结互助、公平合理的精神，正确处理截水、排水、通行、通风、采光等方面的相邻关系。给相邻方造成妨碍或者损失的，应当停止侵害，排除妨碍，赔偿损失。”奇美百货公司将地下一层开发成超市和“小吃街”后，向外排放难闻的污水和油烟，影响玉龙商厦的正常经营，其行为违反了民法中处理相邻关系的基本原则。作为玉龙商厦有权要求奇美百货停止侵害，并赔偿损失。

鉴于以上理由，你可以与奇美商厦的负责人员进行协商，说明目前的损害事实给本公司造成的损害；讲清有关法律规定。在力所能及的范围内，尽量减少给相邻方造成的损害。如果协商不成可向人民法院提起停止侵害的诉讼请求。

2. 现代工程公司承包修建一座桥梁的建筑工程，需要招收一批建筑工人。工程部经理让秘书何媛媛起草新的《工程招工合同书》和《招工注册表》，以公司旧合同和注册表作为参考。在起草的过程中，她发现公司沿用多年的旧合同和注册表中均有“发生工伤概不负责”的表述。她认为这条规定显然不对，应该删除，但又不能擅自做主，必须说服经理，征得经理的同意。请问：何媛媛该如何运用法律知识说明自己的观点？

分析：何媛媛应该从以下几个方面说明自己的观点：

第一，建筑公司与雇工之间订立招工合同，就是一种民事法律行为，是设立雇工民事法律关系的合同行为。属于民事法律行为。

第二，根据《民法总则》中规定民事法律行为的有效条件四点要求：（1）行为人合格。（2）行为人意思表示真实。（3）内容要合法。（4）形式上符合法律的规定。公司合同中规定“工伤概不负责”，一方面不是建筑工人的真实意思表示，另一方面也违反民法和劳动法等相关法律的规定。这样的约定是没有法律效力的。即便在合同中保留该条款，对当事人也不具有约束力。因而，建议经理在新的《工程招工合同书》和《招工注册表》中将该条款删除。

【思考与练习】

1. 翔鸥电气有限公司是一家专业生产道路照明灯具的企业，在行业内享有良好的声誉。2010年6月，翔鸥公司发现另一家经营路灯产品的公司在路灯产品上打上了标有翔鸥公司名称的铭牌，共有200余根。翔鸥公司认为，对方擅自使用其企业名称权，引人误认是本公司产品的行为侵害了本公司的合法权益，故起诉至法院，要求其赔偿企业损失30万元。

请问：对方侵犯了翔鸥公司的什么权利，法院能否支持翔鸥公司诉求？

2．2009年4月26日晚21时30分左右，受害人多某驾驶二轮摩托车行驶至同仁县赛日村到黄亥乡公路分叉口时，因前方路段无任何警示标志，受害人连人带车跌入路面已开挖的约3米多的深沟内，当即昏迷，在村民和出租车司机的帮助下，将多某救出，并送至医院进行救治，花费医疗费近10万元。事后了解是某施工单位在公路修涵洞、开挖深沟造成了多某损害，经多次交涉，施工方以种种借口躲避不理不睬，对于受害人的伤情也无人过问。

请问：多某能否要求施工单位全额赔偿其所受损失？

3．刘某被公司解聘后，为发泄不满，以“江上秋风”为名在某网站上发表多篇文章，对公司进行诋毁，引起社会关注，给公司造成极坏的影响。其理由是：只对公司不对个人发表看法。如果你是公关部门负责人，你如何向公司高管说明刘某行为的性质，以及向刘某提出什么样的要求以保护公司权益？

4．大学生村官张宏军刚刚到王庄村就遇到了一件棘手的问题。孙某是王庄村的会计，多次以王庄村村委会的名义在刘老板经营的饭店安排招待他人，饭后经常以签单形式记账，至2002年5月累计拖欠招待费12000元。孙某以王庄村村委会的名义写下欠条留与刘老板，但该欠条上没有加盖王庄村村委会公章，只有孙某的签名。刘老板多次持欠条向村委会和孙某索要欠款，但村委会以没有委托孙某招待他人为由，拒绝支付欠款；孙某则坚持是受原村委领导安排就餐的，应由村委会支付欠款，双方相互推诿。刘老板准备将王庄村村委会和孙某起诉到法院。

请问：如果你是张宏军，你该如何运用所学法律知识，解决这件事？

5．小辉作为深圳和信公司总经理助理已经3年了，经常参与处理公司发生的各种问题。最近又有一件事情，需要小辉协助销售部主任小李前去处理。事情是这样的：康盛厂为清产核资，清理库存物资，从中清理出一批不锈钢管。经与小辉所在的深圳和信公司联系、看货，康盛厂将这批不锈钢管卖给深圳和信公司，深圳和信公司很快用转账支票付了12万元货款。10日后，深圳和信公司在提货时发现该批货物属镀锌管而非不锈钢管，是业务员刘某识别错误所致。市场上不锈钢管的价格高于镀锌管价的5倍，因而拒绝提货，要求退款。但此前与康盛沟通过程中，对方认为，事前深圳和信公司已经看过货，是当场认可的，哪能随便退款，否则将以违约条款要求深圳和信公司承担赔偿责任。

请问：如果你是小辉，你将从哪几方面与康盛厂说明理由，要求退款，以挽回公司的损失？

第六章　知识产权法

【本章内容结构图】

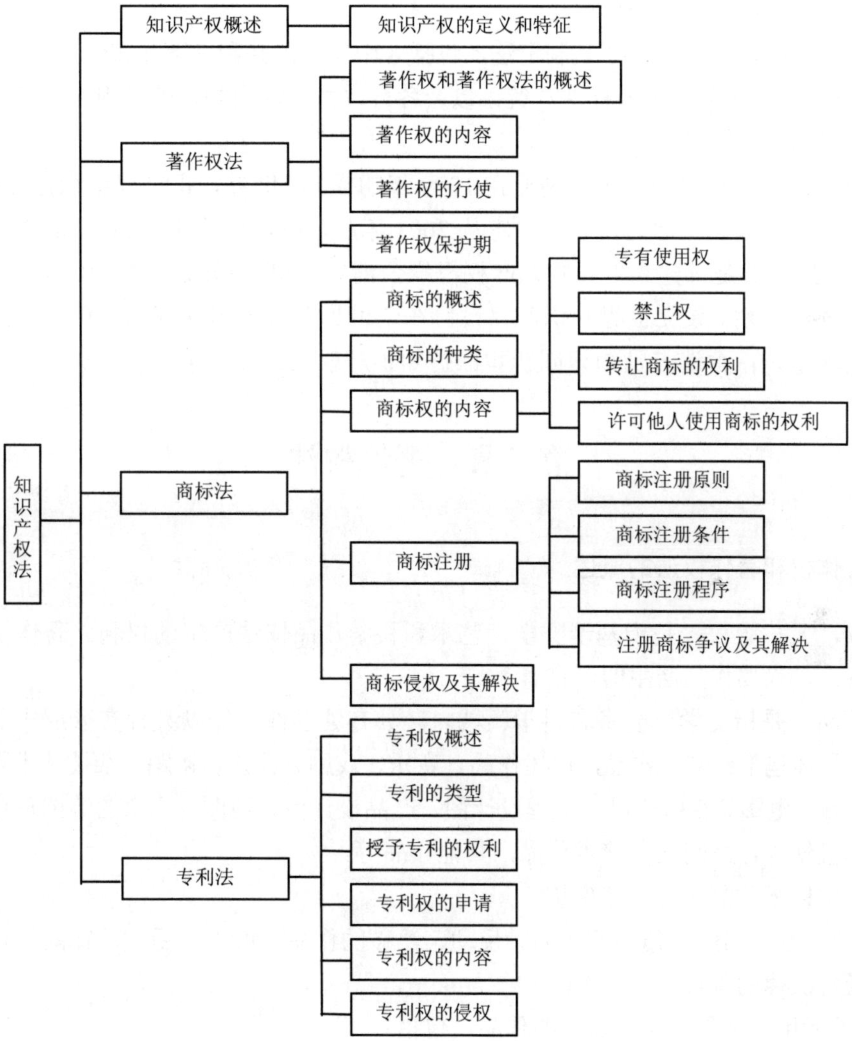

【引例】

2018 年 2 月，甲有限责任公司在其饮料上注册申请的“小花”商标被核准注册。同年 8 月，乙食品公司秘书小王发现甲有限责任公司的商标与自己早已注册的“小华”商标十分近似，小王将此事向公司负责人报告后，负责人要求其出具一份处理意见以维护公司合法权益。请以秘书小王的名义拟写一份处理意见？

第一节　知识产权法概述

知识产权也称“智力成果权”，是基于创造性智力成果和工商业标记依法产生的权利的统称。

知识产权具有国家授予性、专有性、地域性与时间性的特征。知识产权法是调整因创造、使用知识产品而产生的，以及在确认、保护和行使知识产品所有人的知识产权的过程中所发生的各种社会关系的法律规范的总称。

知识产权法的形式渊源主要是制定法，包括《中华人民共和国著作权法》《中华人民共和国专利法》《中华人民共和国商标法》等，以及各行政主管部门制定的法规、规章，还有国家承认或加入的国际条约等。

根据中华人民共和国和阿尔及利亚在1999年的提案，世界知识产权组织在2000年召开的第三十五届成员大会上通过决议，决定从2001年起，将每年的4月26日定为“世界知识产权日”。4月26日是《建立世界知识产权组织公约》（《世界知识产权组织公约》）生效的世界知识产权日日期。设立世界知识产权日旨在全世界范围内树立尊重知识，崇尚科学和保护知识产权的意识，营造鼓励知识创新和保护知识产权的法律环境。

第二节　著作权法

一、著作权和著作权法的概述

著作权，又称版权，是指基于文学、艺术和科学作品依法产生的权利。著作权的获得不以发表为条件，只要作品产生即可享有。

所谓作品，是指文学、艺术和科学领域内，具有独创性并能以某种有形形式复制的智力创造成果。具体包括：文字作品，口述作品，音乐、戏剧、曲艺、舞蹈、杂技艺术等作品，美术、摄影作品，电影等视听作品，工程设计图、产品设计图、地图、示意图等图形作品和模型作品，计算机软件，民间文学艺术作品，其他作品等。

法律规定以下作品不受法律保护：

（1）依法禁止出版、传播的作品。反动、淫秽的作品不但不能受到法律的保护，而且其创作者应受到法律的制裁。

（2）不适用《著作权法》保护的作品，包括：

1）法律、法规、国家机关的决议、决定、命令和其他属于立法、行政、司法性质的文件及其官方正式译文。

2）时事新闻。时事新闻是指通过报纸、期刊、电台、电视台等传播媒介报道的单纯事实消息。

3）欠缺作品实质要件的对象。包括历法、数表、通用表格和公式等。

二、著作权的内容

我国《著作权法》规定，著作权主体可以是公民、法人或非法人单位。作为权利主体的著作权人，在著作权法中享有的权利大致可以分为两类：人身权和财产权。

著作人身权指著作权人基于作品而享有的人身性质的权利。此类权利不可转让、不能继承。我国《著作权法》明确规定了作者所享有的发表权、署名权、修改权和保护作品完整权。其中，署名权、修改权和保护作品完整权的保护期限不受限制，在作者死后，此三项人身权的保护由其继承人履行。

著作财产权是指著作权人自己使用或者授权他人以一定方式使用作品而获取物质利益的权利。包括：复制、表演、播放、展览、发行、展览、广播、摄制、演绎权等。

三、著作权的行使

著作权人可以依法转让或者许可他人使用自己的作品，并有权利因此而获得酬金。在向国务院著作权行政管理部门办理出质登记后还可以著作权出质。但著作权人在行使权利的过程中不得违反宪法和法律规定，不得损害公共利益。

此外，著作权还以通过合理使用及法定许可的方式行使。

所谓合理使用，是指他人依照法律的规定，不经著作权人的同意而无偿使用其作品的行为。表现为：

（1）为个人学习、研究或者欣赏，使用他人已经发表的作品。

（2）为介绍、评论某一作品或者说明某一问题，在作品中适当引用已经发表的作品。

（3）为报道时事新闻，在报纸、期刊、广播电台、电视台等媒体中不可避免地再现或者引用已经发表的作品。

（4）报纸、期刊、广播电台、电视台等媒体刊登或者播放其他报纸、期刊、广播电台、电视台等媒体已经发表的关于政治、经济、宗教问题的时事性文章，但作者声明不许刊登、播放的除外。

（5）报纸、期刊、广播电台、电视台等媒体刊登或者播放在公众集会上发表的讲话，但作者声明不许刊登、播放的除外。

（6）为学校课堂教学或者科学研究，翻译或者少量复制已经发表的作品，供教学或者科研人员使用，但不得出版发行。

（7）国家机关为执行公务在合理范围内使用已经发表的作品。

（8）图书馆、档案馆、纪念馆、博物馆、美术馆等为陈列或者保存版本的需要，复制本馆收藏的作品。

（9）免费表演已经发表的作品，该表演未向观众收取费用，也未向表演者支付报酬。

（10）对设置或者陈列在室外社会公众活动处所的雕塑、绘画、书法等艺术作品进行临摹、绘画、摄影、录像。对前款规定的临摹、绘画、摄影、录像人，可以对其成果以合理的方式和范围再行使用，不构成侵权。

（11）将中国公民、法人或者已经发表的以汉语言文字创作的作品翻译成少数民族语言文字作品在国内出版发行。

（12）将已经发表的作品改成盲文出版。

前述合理使用的情形，同样适用于对邻接权的限制。

法定许可使用是指依据《著作权法》的直接规定，以一定方式使用他人已经发表的作品或邻接权客体，可以不经著作权人或邻接权人的同意，但应按规定支付报酬并尊重著作权人或邻接权人其他权利的一项法律制度。包括：①为实施九年制义务教育和国家教育规划而编写出版教科书，除作者事先声明不许使用外，可以不经著作权人许可，在教科书中汇编已经发表的作品片段或者短小的文字作品、音乐作品或者单幅的美术作品、摄影作品；②作品被报社、期刊社刊登后，除著作权人声明不得转载、摘编的外，其他报刊可以转载或者作为文摘、资料刊登；③已在报刊上刊登或者网络上传播的作品，除著作权人声明或者上载该作品的网络服务提供者受著作权人的委托声明不得转载、摘编的以外，其他网站可以转载、摘编；④录音制作者使用他人已经合法录制为录音制品的音乐作品制作录音制品，著作权人声明不许使用的除外；⑤广播电台、电视台播放他人已经发表的作品；⑥广播电台、电视台播放已经出版的录音制品。

四、著作权保护期

公民的作品著作财产权保护期为作者有生之年加死后 50 年；合作作品的著作财产权保护期，截止于最后死亡作者死亡后第 50 年的 12 月 31 日。法人作品和职务作品的著作财产权保护期为 50 年，截止于作品首次发表后第 50 年的 12 月 31 日，但作品自创作完成后 50 年内未发表的，不再保护。

电影作品和以类似摄制电影的方法创作的作品；摄影作品；匿名作品和假名作品的著作财产权的保护期为 50 年，截止于作品首次发表后第 50 年的 12 月 31 日。

五、侵犯著作权的法律责任

对于侵犯著作权的行为，当事人可以要求侵权主体承担停止侵害、消除影响、赔礼道歉、赔偿损失等民事责任，而且相关执法机构还可能要求侵权主体承担行政责任甚至刑事责任。

第三节　商标法

一、商标的概述

所谓商标是指生产经营者在其商品或服务上使用的，由文字、图形、字母、数字、三维标志和颜色组合，以及上述要素的组合构成的，具有显著特征、便于识别商品或服务来源的标记。

商标作为一种能够识别性标记，具有以下特点：

（1）商标是商品或服务的标志，它依附于商品或服务而存在。

（2）任何文字、图形、字母、数字、三维标志和颜色组合或其组合不与特定的商品或服务相联系，也就不成为商标。

（3）商标是一种无形财产。

二、商标的种类

（1）根据识别对象不同，商标可以分为商品商标和服务商标。

所谓商品商标，是指由文字、图形或者其组合构成，使用于商品，用以区别不同经营者所生产或经营的统一或者类似商品的专利标记。

所谓服务商标，是指由文字、图形或者其组合构成，使用于服务项目，用以区别不同经营者所提供的同类服务项目的专用标记。

（2）根据商标构成的不同，可以将商标分为平面商标、立体商标、无形商标。

平面商标为传统的商标类型，它一般又可分为文字商标、图形商标及文字与图形组合商标。其中文字商标是指以文字组成的商标。文字的范围很广，可以是中文，也可以是外文。中文文字甚至包括汉字、拼音和少数民族文字等；图形商标是指用图形构成的商标。

立体商标是指由商品或其包装的外形或者表示服务特征的外形而构成的商标。这类商标目前已逐渐为人们所重视，有关的国际及地区条约以及一些国家的商标立法开始承认并保护立体商标，我国现行商标法对立体商标也予以确认。

无形商标是指没有可视的物理性状、并不占据空间，以产品本身所附有的某种特殊声音或者特殊气味作为商品的标记。如音响商标、气味商标、电子数据传输标记等。

（3）根据商标是否注册，将商标划分为注册商标和未注册商标。

未注册商标是指未经核准注册的商标。我国实行自愿注册制度，以商标法规定，未注册商标的使用不得对抗注册商标。

（4）根据商标的特殊用途划分为证明商标、等级商标、联合商标、集合商标、驰名商标。

证明商标，证明商标也称地理标志，是指能够证明使用该商标的商品或服务的原产地、原料、制造方法、质量或者其他特定品质的标志，具有象征性产业特征。

等级商标，是指商标所有人为区别自己同一类产品的不同质量、规格等而使用的可表示商品等级的商标。

联合商标一般是指同一商标所有人在同一种或类似商品上注册的若干近似商标。这些商标中首先注册的或者主要使用的为主商标，其余的则为联合商标。

集体商标是指由社团、协会或其他合作组织，用以表示联合组织及其成员身份的标志；由其组织成员使用于商品或服务项目上，以便与非成员所提供的商品或服务相区别，该种商标称之为集体商标。

驰名商标，是指在中国为相关公众广为知晓并享有较高声誉的商标。认定驰名商标应当考虑的因素有相关公众对该商标的知晓程度；该商标使用的持续时间；该商标的任何宣传工作的持续时间、程度和地理范围；该商标作为驰名商标受保护的记录；该商标驰名的其他因素。

三、商标权的内容

1. 专有使用权

专有使用权是指商标权人在核定使用的商品上专有使用核准的注册商标的权利，这是商标权的最重要内容。专有使用注册商标也是商标权人注册商标的主要目的。商标专用权人可以自己使用、许可他人使用、转让注册商标、维持商标专用权、质押商标专用权。

2. 禁止权

商标所有人在享有专有使用其注册商标权利的同时，还享有禁止他人使用其注册商标的权利。

3. 转让商标的权利

商标作为一种无体财产是可以转让的，转让商标是商标所有权人对自己财产的处分，商标所有人转让商标的权利是商标权的重要内容之一。

4. 许可他人使用商标的权利

作为一种知识财产，商标所有人不仅可以依据法律所授予的权利自己专有使用，也可以授权他人使用。

四、商标注册

商标注册是商标所有人为了取得商标专用权，将其使用的商标，依照法律规定的注册条件、原则和程序，向商标局提出注册申请，商标局经过审核，准予注册的法律制度。

1. 商标注册原则

商标注册的原则是商标使用人进行商标注册时所依据的法规或标准。我国的商标注册应当遵循诚实信用原则，按照自愿注册与强制注册相结合的方式进行的。我国目前仅对极少数与国计民生关系密切的商品实行强制注册办法，包括中成药、化学原料及其制剂、抗生素、生化药品、放射性药品、血清疫苗、血液制品和诊断药品等人用药品；雪茄烟、卷烟和有包装的烟丝等烟草制品。

2. 商标注册条件

商标应当具备法定的构成要素和能够区别其他经营者同类商品或服务的显著特征才能进行注册，同时不得与他人的商标相同或者近似。

3. 商标注册程序

（1）商标注册申请是商品的生产经营者及服务的提供者依照《商标法》及其实施细则的规定，按照自愿注册原则向商标局提出商标注册申请书及相关文件，缴纳规费的程序，办理商标注册申请是获准商标注册，取得商标权的前提和必经程序。

（2）商标审查是商标主管机关对商标注册申请是否符合《商标法》的规定所进行的一系列活动。对申请注册的商标是初步审定、予以公告，还是驳回申请，不予公告；是核准注册还是不予注册，都要经过商标主管机关的审查后确定。商标审查是决定授予商标专用权的关键。包括形式审查和实质审查。

（3）凡是经过实质审查，认为申请注册的商标符合《商标法》的有关规定并且有显著性的，予以初步审定，并予以公告。初步审定公告的商标，从公告之日起经过三个月，无异议的，由商标局核准注册，发给商标注册证，并予公告。

（4）对初步审定的商标，自公告之日起三个月内，任何人均可提出异议。这三个月的期间，就是异议期。所谓异议就是对初步审定公告的商标提出反对意见，要求撤销初步审定、不予注册。

（5）初步审定公告的商标，从公告之日起经过三个月，无异议的，由商标局核准注册，发给商标注册证，并予公告。核准注册标志着商标注册申请人取得商标专用权，商标一经注册，即为注册商标，受国家法律的保护。

4. 注册商标争议及其解决

注册商标争议，亦称商标权争议，是指两个或两个以上的商标注册人之间就商标专用权发生的争执，而且是在先的商标注册人对在后的商标注册人的注册未满五年的商标发生的争执，争执的理由是他人在后注册的商标与自己在先注册的商标是在同一种或类似商品上使用的相同或近似的商标。

在先的商标注册人对在后注册商标有争议，申请争议裁定，应向商标评审委员会提出《注册商标争议裁定申请书》，同时还要附送有关材料或证据。

商标评审委员依据事实及法律作出维持或撤销注册商标的终局裁定，并书面通知争议双方当事人。

裁定撤销注册商标的移交商标局办理，被撤销注册商标的商标注册人应当在收到裁定通知书之日起十五日内，将《商标注册证》交回商标局。

五、商标侵权及其解决

（一）商标侵权行为的种类

（1）未经注册商标所有人的许可，在同一种商品或者类似商品上使用与注册商标相同或者近似的商标。

（2）销售侵犯注册商标专用权的商品的行为。

（3）伪造、擅自制造他人注册商标标识或者销售这种标识的行为。

（4）未经商标注册人同意，更换其注册商标并将该更换商标的商品又投入市场的。

（5）给他人的商标权造成其他损害的。

（二）商标侵权行为的法律责任

根据《商标法》的有关规定，侵犯商标权应承担的法律责任分为行政责任、民事责任和刑事责任。

1. 行政责任

《商标法》第五十三条规定：“因侵犯商标专用权行为，引起纠纷的，由当事人协商解决。不愿协商或协商不成的，商标注册人或利害关系人可以向人民法院起诉，也可向侵权人所在地或侵权行为地县级以上工商机关控告或检举。”工商行政管理机关依照《商标法》及其他相关规定查处侵犯商标专用权行为。

2. 民事责任

对于侵犯商标权行为，被侵权人既可向工商行政管理机关提出控告，要求给予行政制裁，也可以直接向人民法院起诉，要求侵权人承担侵权的民事责任。

3. 侵犯注册商标犯罪的刑事责任

侵犯商标权构成犯罪的行为是侵犯商标权行为中最严重和危害最大的一种。侵犯注册商标罪都是为牟取非法利益，故意违反《商标法》，严重侵犯商标注册人的合法权益，破坏社会经济正常秩序的行为。

第四节　专利法

一、专利权概述

在我国《专利法》中，将专利法保护的客体统称为发明创造，并明确规定，专利法所保护的发明创造，包括发明、实用新型和外观设计。专利权是指公民、法人或其他单位依法对发明创造在一定时间范围内所享有的独占使用权。

我国《专利法》规定可以作为专利权申请人、专利权人的可以是作出职务发明创造的单位，可以是非职务发明创造的发明人、设计人，可以是作出发明创造并向中国提出专利申请的外国人，还可以是专利申请权、专利权的合法受让人。

二、专利的类型

《专利法》所保护的发明创造，包括发明、实用新型和外观设计。

（1）发明。发明是指对产品、方法或者其改进所提出的新的技术方案。发明不同于发现，发明是人类利用自然规律创造新物质、新方法的过程，属于改造自然的范畴；发现是人类对自然界规律、现象的揭示，属于认识自然的范畴。

《专利法》上最为常见、也是最为基本的一种分类是将发明分作产品发明和方法发明。

（2）实用新型。《专利法》规定："专利法所称的实用新型是指对产品的形状、构造或者其结合所提出的适于实用的新的技术方案。" 一般而言，平面产品（如电路图）、无确定形状的产品（如气态、液态、粉末、颗粒状物质或材料等）不能申请实用新型专利。同时，不可移动的建筑物也不能申请实用新型专利。

（3）外观设计。《专利法》规定："外观设计，是指对产品的形状、图案或者其结合以及色彩与形状、图案的结合所作出的富有美感并适于工业应用的新设计。"

三、授予专利的条件

1. 发明和实用新型授予的条件

（1）新颖性。

《专利法》第二十二条规定："新颖性，是指该发明或者实用新型不属于现有技术；也没有任何单位或者个人就同样的发明或者实用新型在申请日以前向国务院专利行政部门提出过申请，并记载在申请日以后公布的专利申请文件或者公告的专利文件中。"

《专利法》规定在申请日前6个月内，以下情形不丧失新颖性：

第一，首次展出：指在中国政府主办或者承认的国际展览会上第一次展出的发明创造。

第二，首次发表：指在规定的学术会议或者技术会议（包括技术鉴定会议）上第一次发表的发明创造。

第三，他人未经申请人同意而泄露其内容的情况是指发生非法滥用权力和剽窃他人发明创造的行为。

（2）创造性。

《专利法》第二十二条第三款规定："创造性是指同申请日以前的现有技术相比，该发明有突出的实质性特点和显著的进步，该实用新型有实质性特点和进步。"

（3）实用性。

《专利法》第二十二条第四款规定："所谓实用性是指发明或指实用新型能够制造或者使用，并且能够产生积极效果。"

2. 外观设计授予的条件

（1）新颖性。

所谓外观设计的新颖性，是指申请专利的外观设计，应当不属于现有设计；也没有任何单位或者个人就同样的外观设计在申请日以前向国务院专利行政部门提出过申请，并记载在申请日以后公告的专利文件中。

（2）美观性。

所谓外观设计的美观性，是指外观设计被使用在产品上时能使人产生一种美感，增加产品对消费者的吸引力。

（3）实用性。

外观设计若想获得专利权，还必须具备实用性，既作用于一定物品之上，或其本身为产品的外部形状，或作为外部装饰于其他物品之上，并能在工厂里被大量复制出来。

3. 不授予专利权的对象

（1）违背法律和社会公共秩序的发明创造不授予专利权。

（2）科学发现不能被授予专利。

（3）智力活动的规则和方法不能被授予专利。

（4）疾病诊断和治疗方法不能被授予专利。

（5）动物和植物品种不能被授予专利。

（6）用原子核变换方法获得的物质不能被授予专利。

（7）对平面印刷品的图案、色彩或者两者的结合作出的主要起标识作用的设计。

（8）其他不授予专利的技术领域。

四、专利权的申请

1. 专利申请的原则

（1）书面申请原则。

专利申请的书面原则是指申请人为获得专利权所需履行的各种法定手续都必须依法以书面形式办理。

（2）优先权原则。

申请人自发明或者实用新型在外国第一次提出专利申请之日起十二个月内，或者自外观设计在外国第一次提出专利申请之日起六个月内，又在中国就相同主题提出专利申请的，依照该外国同中国签订的协议或者共同参加的国际条约，或者依照相互承认优先权的原则，可以享有优先权。

（3）单一性原则。

一件专利申请的内容只能包含一项发明创造。

（4）先申请原则。

两个以上的申请人分别就同样的发明创作申请专利的，专利权授予最先申请的人。

2. 专利申请流程

（1）申请文件。

发明与实用新型专利需递交请求书、说明书、权利要求书、摘要等；外观设计需递交请求书、图片或照片以及对该外观设计的简要说明。

（2）专利审查程序。

发明专利经过初步审查和早期公开、实质审查两个阶段后可获得专利权，实用新型和外观设计不须经过实质审查。

3. 专利权的申请限制

（1）在中国没有经常居所或者营业所的外国人、外国企业或者外国其他组织在中国申请专利和办理其他专利事务的，应当委托依法设立的专利代理机构办理。

（2）任何单位或者个人将在中国完成的发明或者实用新型向外国申请专利的，应当事先报经国务院专利行政部门进行保密审查。

（3）中国单位或者个人可以根据中华人民共和国参加的有关国际条约提出专利国际申请。申请人提出专利国际申请的，应当遵守保密规定。

五、专利权的内容

1. 专利权的内容

（1）专利权人享有实施其专利技术的独占性权利。

（2）专利权人有禁止他人实施其专利技术的权利。

（3）专利权人有处分其专利的权利。包括专利权人可以将其专利权转让给他人或者放弃其专利权。

（4）在产品或包装上注明专利标记的权利。

2. 专利权的限制

（1）专利权的保护期。

我国《专利法》对于发明专利权的保护期规定为20年，自专利申请之日起计算。实用新型和外观设计专利权的保护期为自专利申请之日起10年。

（2）专利权的强制许可。

专利权的强制许可是指国务院专利行政部门依照《专利法》规定，不经专利权人同意，直接允许其他单位或个人实施其发明创造的一种许可方式，又称非自愿许可。

专利权人对国务院专利行政部门关于实施强制许可的决定不服的，专利权人和取得实施强制许可的单位或者个人对国务院专利行政部门关于实施强制许可的使用费的裁决不服的，可以自收到通知之日起三个月内向人民法院起诉。

六、专利侵权及其法律责任

1. 专利侵权行为

专利侵权行为是指未经合法专利权人许可，以生产经营为目的，实施了受《专利法》保护的有效专利的违法行为。

由于我国实行专利制度时间不长，社会公众的专利意识淡漠，专利侵权还比较严重，根据《专利法》规定，专利侵权行为表现为以下几种：

（1）制造专利产品的行为。

（2）故意使用专利产品的行为。

（3）故意销售专利产品的行为。故意销售是指行为人在主观上知道该产品属侵权产品仍销售的行为。

（4）使用专利方法以及使用、销售依照专利方法直接获得的产品。

（5）进口专利产品或者进口依照专利方法直接获得的产品。

（6）假冒他人专利的行为。

2. 不视为侵犯专利权的行为

（1）首次销售。

所谓首次销售，是指当专利权人自己制造或者许可他人制造的专利产品上市经过首次销售之后，专利权人对这些特定产品不再享有任何意义上的支配权，即购买者对这些产品的再转让或者使用都与专利权人无关。

（2）善意侵权。

善意侵权是指在不知情的状态下销售或者使用了侵犯他人专利权的产品的行为，可不承担赔偿责任。

（3）先行实施。

先行实施是指在专利申请日前已经开始制造与专利产品相同的产品或者使用与专利技术相同的技术，或者已经作好制造、使用的准备的，依法可以在原有范围内继续制造、使用该项技术。

（4）临时过境。

当交通工具临时通过一国领域时，为交通工具自身需要而在其设备或装置中使用有关专利技术的，不视为侵犯专利权。

（5）非营利实施。

非营利性实施专利技术的行为一般不被视为侵犯专利权。比如为了科学研究和实验使用专利技术，以及为课堂教学而演示专利技术的行为。

（6）Bolar 条款。

专为提供药品或者医疗器械的行政审批所需要的信息，自己制造、使用、进口专利药品或者专利医疗器械，或者他人为其制造、进口并向其销售专利药品或者专利医疗器械的行为，不视为侵犯专利权。

3. 专利侵权行为的处理

（1）处理途径。

根据现行《专利法》，解决专利侵权纠纷被侵权人可以有三种选择：

一是自力救济，在国家提出“和谐社会”的理念之下，鼓励纠纷双方自行协调解决纠纷。

二是行政程序，即请求地方政府管理专利工作的部门调处。

三是司法程序，即向人民法院起诉。对于管理专利工作部门调处决定不服的，还可向人民法院起诉。

（2）法律时效。

发明专利申请公布后至专利权授予前使用该发明未支付适当使用费的，专利权人要求支付使用费的诉讼时效为两年，自专利权人得知或者应当得知他人使用其发明之日起计算，但是，专利权人于专利权授予之日前即已得知或者应当得知的，自专利权授予之日起计算。

（3）法律责任。

1）行政责任。

行政责任有两种形式：一是责令停止侵权行为；二是责令赔偿损失。

2）民事责任。

民事责任主要有三种形式：一是停止侵害；二是消除影响；三是赔偿损失。

3）刑事责任。

刑事责任是指假冒他人专利，情节严重，构成犯罪的处三年以下有期徒刑或者拘役，并处或单处罚金；对单位判处罚金。

【引例解析】

根据我国商标法的内容，商标注册专用权受法律保护，未经商标注册人许可，不得在同一种或类似商品上使用或申请注册与已经注册商标相同或近似的商标；对于已经获得注册的与他人注册商标相同或类似的商标，商标所有人或者利害关系人可以请求商标评审委员会裁定撤销该注册商标。

本案中，秘书小王应在处理意见中明确向商标评审委员会提出撤销甲公司的商标的申请。同时，将自己公司已获注册商标的证明文件备齐，以供商标评审委员会进行裁定时使用。

【实训内容】

请为健马服装厂新生产的保暖内衣填写一份注册商标申请书。

提示：商标注册申请书格式。

商标注册申请书

申请人名称：

申请人地址：

是否共同申请：□是　　□否

邮政编码：

联系人：

电话（含地区号）：

传真（含地区号）：

代理组织名称：

商标种类：□一般　□集体　□证明　□立体　□颜色

商标说明：

类别：

商品/服务项目：

（附页：　页）

申请人章戳（签字）：　　　　代理组织章戳：

代理人签字：

【案例】

1. 秘书小王为公司领导撰写了一份主题为"关爱职工"的演讲稿，这份演讲稿一经领导宣读即引起广泛好评。大家纷纷建议将这份稿件寄送发表，但对于谁是这份稿件的著作权人存在争议，请对演讲稿的著作权归属进行讨论、分析。

分析:《中华人民共和国著作权法》第十一条规定:"著作权属于作者，本法另有规定的除外。创作作品的公民是作者。由法人或者其他组织主持，代表法人或者其他组织意志创作，并由法人或者其他组织承担责任的作品，法人或者其他组织视为作者。"

2002 年 10 月 12 日最高人民法院发布的《关于审理著作权民事纠纷案件适用若干问题的解释》第十三条规定:"除著作权法第十一条第三款规定的情形外，由他人执笔，本人审阅定稿并以本人名义发表的报告、讲话等作品，著作权归报告人或者讲话人享有。著作权人可以支付执笔人适当的报酬。"

《中华人民共和国著作权法》第十二条规定:"改编、翻译、注释、整理已有作品而产生的作品，其著作权由改编、翻译、注释、整理人享有，但行使著作权时不得侵犯原作品的著作权。"

根据上述提示可以展开具体分析，不要求有唯一的正确答案。

2. 甲玩具厂在其制作的玩具上注册的"天使"商标，因连续三年不使用，于 2015 年 9 月被商标局撤销注册。2016 年 7 月 18 日，乙玩具厂在其经营的玩具上使用"天使"商标，并向商标局提出了商标注册申请。

请问：商标局是否会核准乙玩具厂的商标注册申请？为什么？

分析：商标局不会核准乙玩具厂的申请。因为《商标法》规定，注册商标被撤销或者期满不再续展，自撤销或者注销之日起一年内，商标局对于该商标相同或者近似的商标注册申请，不予核准。

【思考与练习】

1．著作权的获得条件是什么？

2．驰名商标的认定条件有哪些？

3．专利的分类及各自认定的条件有哪些？

4．甲研究所经多年研究，发明一种美容仪器，并向专利局申请了发明专利，于 2007 年 6 月获得专利权。但是由于各种原因，该项发明专利一直未实施。2009 年 12 月，乙厂派秘书小王与甲研究所联系，要求实施其专利，并可就使用费问题面谈。但到 2010 年 6 月，甲研究所也未给小王答复。请问：小王该怎么办？

第七章　合同法

【本章内容结构图】

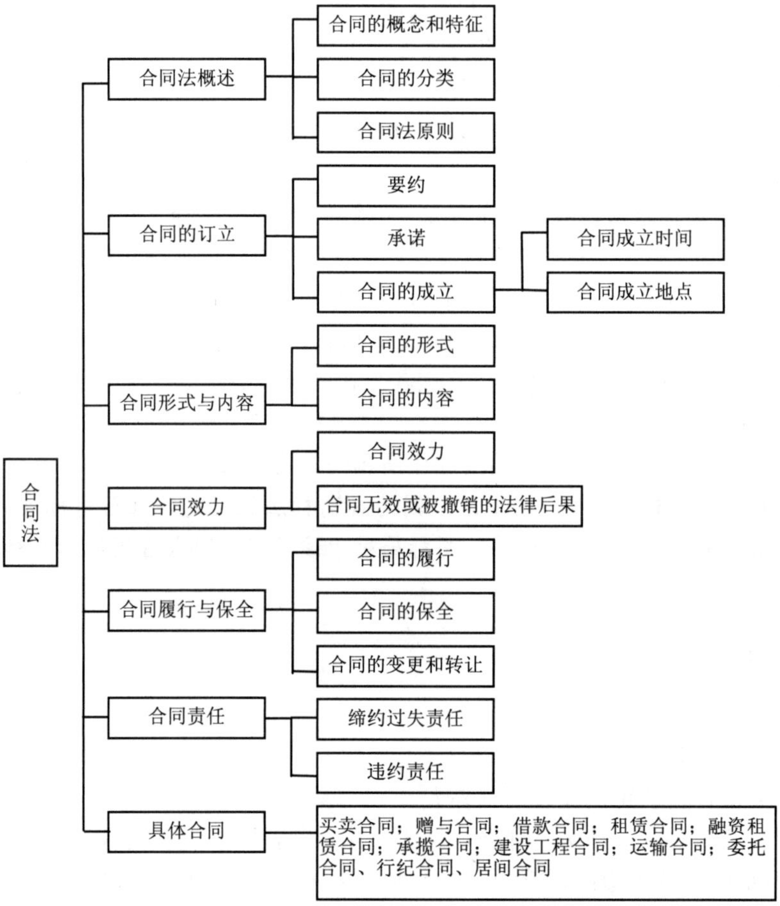

【引例】

甲公司于2018年6月5日以传真方式向乙公司求购一台机床，要求立即回复。乙公司当日回复“收到传真”。6月10日，甲公司电话催问，乙公司表示同意按甲公司报价供应机床，要甲公司于6月15日来人签订合同文本。甲公司即对机床使用场地、配套设备及购置资金等做了准备，并于6月15日派人员前往签约，但乙公司提出要加价，未获甲公司同意，乙公司遂拒绝签约。甲公司认为乙公司的行为造成了其为签约谈判花费的差旅劳务费、为准备工作支出的费用及未及时获得机床等损失。请问：（1）合同是否成立？为什么？（2）甲公司是否可以要求乙公司承担违约责任？为什么？（3）甲公司可要求乙公司赔偿哪些损失？

第一节 合同法概述

一、合同的概念和特征

合同是平等主体的自然人、法人、其他组织之间设立、变更、终止民事权利义务关系的协议。

合同具有如下法律特征：

（1）合同的主体具有平等的法律地位。

（2）合同的内容和目的是设立、变更、终止民事权利义务。

（3）合同是一种协议。

（4）《合同法》调整的合同属于财产性质的协议。

婚姻收养监护等有关身份关系的协议，不适用《合同法》。

顺应市场经济发展，我国于 1999 年颁布《中华人民共和国合同法》（以下简称《合同法》）。《合同法》的出台进一步规范了市场主体行为，保障了市场经济健康、有序的发展。

二、合同的分类

（1）根据合同当事人是否互负对方给付义务分为双务合同和单务合同。

双务合同，是指当事人双方互负对方给付义务的合同，如买卖、租赁合同等。双务合同是建立在互惠互利的原则之上的，它是财产交换在法律上最典型的表现。

单务合同，是指仅有一方负担给付义务的合同，而主要由一方承担义务，另一方并不负有相对义务的合同。如借用合同、赠与合同等。

（2）根据当事人从合同中获取某种利益是否支付对价，可以分为有偿合同和无偿合同。

有偿合同，是指一方通过履行合同规定的义务而使对方取得某种利益，对方要得到该利益必须为此支付相应代价的合同。有偿合同是商品交换最典型的法律形式。

无偿合同，指一方给付对方某种利益，对方取得该利益时并不支付任何报酬的合同。要注意的是，一方当事人虽不向他方支付任何报酬但并非不承担任何义务。

（3）根据合同成立是否以标的物交付为要件可分为诺成合同和实践合同。

诺成合同，指当事人一方的意思表示一旦为对方同意即能产生法律效果的合同。如买卖合同、租赁合同。

除经当事人意思表示一致外，还须以交付合同的标的物为合同成立要件的，为实践合同。如保管合同、赠与合同。

（4）根据合同是否应以一定形式为要件，分为要式合同和不要式合同。

要式合同指必须按照法律规定的形式订立合同方可成立的合同。

不要式合同则是法律对形式未作要求而听当事人任意选择的合同。

（5）根据合同相互间的主从关系，可分为主合同和从合同。

主合同，不需要其他合同的存在即可独立存在的合同。

从合同，以其他合同的存在而为存在前提的合同。

（6）根据《合同法》是否为某种合同确定了一个合同名称而进行的分类。

有名合同又称为典型合同，指《合同法》为其确定了特定的名称和规则的合同。我国《合同法》分则部分规定了十五类基本合同类型，这些属于有名合同。

无名合同又称非典型合同，指《合同法》没有确定一定的名称和相应的具体规则的合同。

三、合同法原则

1. 平等原则

平等原则是指合同当事人适用法律一律平等，均有平等的订约机会，合同规则对于参与合同关系的当事人来讲平等适用。

2. 自愿原则

合同自愿是指当事人依法享有在缔结合同、选择相对人、决定合同内容以及在变更和解除合同、选择合同补救方式等方面的自由。

3. 公平原则

公平原则是指本着社会公认的公平观念确定当事人之间的权利义务。

4. 诚实信用原则

诚实信用原则是指当事人在从事民事活动时，应诚实守信，以善意的方式履行其义务，不得滥用权利及规避法律或合同规定义务。

5. 合法原则

当事人订立、履行合同，应当遵守法律、行政法规，尊重社会公德，不得扰乱社会经济秩序，损害社会公共利益。

我们在签订、履行合同过程中应秉承《合同法》基本原则，既不违反《合同法》原则，也要利用原则保护自己的合法权益不受侵犯。

第二节　合同的订立

一、要约

1. 要约

要约是希望和他人订立合同的意思表示。发出要约的人为要约人，接受要约的人为受要约人（承诺人）。

2. 要约的有效要件

（1）要约必须是特定人的意思表示。

（2）要约必须具有订立合同的意图。

（3）要约需向受要约人发出。要约的对象一般是特定的人，也可以是不特定的人。

（4）要约的内容必须明确具体确定。

只有具备上述四个要件，才能成为有效的要约，并使要约发出后产生应有的约束力。要约一旦被受要约人接受（即承诺），将作为合同的内容。

3. 要约邀请

实际生活中要区分要约与要约邀请，要约邀请又称要约引诱，是指希望他人向自己发出要约的意思表示。《合同法》列举了属于要约邀请的几种情况，即寄送价目表、拍卖公告、招标公告、招股说明书、商品广告等为要约邀请。

4. 要约效力

（1）要约生效时间：要约到达受要约人时生效。

（2）要约的撤回：要约人发出要约后，到达受要约人之前，取消其要约的行为。被撤回要约实际上是尚未生效的要约。

（3）要约的撤销：要约的撤销是指要约生效后使要约归于消灭的行为。要约可以撤销。但以下要约不得撤销：

1）要约人确定了承诺期限或者以其他形式明示要约不可撤销。

2）受要约人有理由认为要约是不可撤销的，并已经为履行合同作了准备工作。

（4）要约失效：要约消灭的原因主要有以下几种：

1）要约有效期限已过。

2）受要约人拒绝要约。

3）要约人撤回或撤销要约。

二、承诺

承诺的法律效力在于，一经承诺，合同即告成立。

1. 承诺有效要件

（1）承诺必须由受要约人作出。

（2）承诺必须向要约人作出。

（3）承诺必须在要约的存续期限内作出。

（4）承诺的内容应当与要约的内容一致。

2. 承诺效力

承诺生效采取到达主义。承诺通知一旦到达要约人，合同即告成立。承诺可以撤回但不能撤销。

承诺应当在要约约定的时间送达要约人，迟到的承诺视为新的要约；若因为运送等原因导致正常发送的承诺迟到，除非要约人立即表示明确的反对，否则承诺仍然有效。

三、合同的成立

1. 合同成立时间

（1）在以要约承诺方式订立合同的情况下，承诺生效时合同成立。

（2）合同书形式的合同成立的时间。当事人采用合同书形式订立合同的，自双方当事人签字或者盖章时合同成立。

（3）确认书形式的合同成立时间。当事人采用信件、数据电文形式订立合同的，可以在合同成立之前要求签订确认书。签订确认书时合同成立。

（4）合同的实际成立。法律、行政法规规定或者当事人约定采用书面形式订立合同，当事人未采用书面形式但一方已经履行主要义务，对方接受的，该合同成立。

如图 7-1 所示，两公司不能因为当初没有在合同书中盖章就否认合同的效力，只要双方当事人履行了主要义务合同即告成立。

图 7-1　合同的成立

2. 合同成立的地点

依据我国法律规定，承诺生效的地点为合同成立的地点。采用数据电文形式订立合同的，收件人的主营业地为合同成立的地点；没有主营业地的，其经常居住地为合同成立的地点。当事人另有约定的，按照其约定。

第三节　合同形式与内容

一、合同的形式

合同的形式，是当事人合意的表现形式，是合同内容的外部表现，是合同内容的载体。

1. 口头形式

口头形式简便易行，在日常生活中经常被采用。凡当事人无约定、法律未规定须采用特定形式的合同，均可采用口头形式。

2. 书面形式

合同书以及任何记载当事人要约、承诺和权利义务的文件，都是合同的书面形式的具体表现。我国《合同法》除规定了传统的合同书、信件外，还将数据电文（包括电报、电传、传真、电子数据交换和电子邮件）纳入到书面形式中。

3. 其他形式

当事人未用语言、文字表达其意思，仅用行为向对方发出要约，对方接受该要约，做出一定或指定的行为作承诺，合同成立。

二、合同的内容

1. 提示性合同条款

合同的内容由当事人约定，一般包括以下条款：①当事人的名称或者姓名和住所；②标的；③数量；④质量；⑤价款或者报酬；⑥履行期限、地点和方式；⑦违约责任；⑧解决争议的方法。

2. 合同的主要条款

合同的主要条款是指合同必须具备的条款，欠缺它，合同就不成立。

主要条款也可以由当事人约定产生。

3. 格式条款

格式条款是指当事人为了重复使用而预先拟定的，并在订立合同时未与对方充分协商的条款。基于公平原则的考虑，法律对格式条款作了一定的限制：

（1）格式条款说明义务。

采用格式条款订立合同的，提供格式条款的一方应采取合理的方式提请对方注意免除或者限制其责任的条款，按照对方的要求，对该条款予以说明（如图 7-2 所示）。

图 7-2 格式条款说明义务

（2）规定格式条款无效的情形。

1）造成对方人身伤害的免责条款。

2）因故意或重大过失造成对方财产损失、损害的免责条款。

3）免除其责任、加重对方责任、排除对方主要权利的条款。

（3）确立格式条款的解释规则。

1）对格式条款的理解发生争议的，应当按照通常理解予以解释。

2）对格式条款有两种以上解释的，应当作出不利于提供格式条款一方的解释。

3）格式条款和非格式条款不一致的，应当采用非格式条款。

第四节 合同效力

一、合同效力

合同效力指已经成立的合同在当事人之间产生了一定的法律拘束力。合同成立，是指当事人意思表示一致的形态。

1. 生效合同

一个有效合同必须具备如下一些要件：

（1）当事人具有相应的订约能力。

（2）意思表示真实。

（3）不违反法律和社会公共利益。

（4）合同必须具备法律所要求的形式。

此外，当事人对合同的效力可以约定附加条件和期限。所约定的条件或者期限可以是使合同生效的前提，也可以是使合同失去约束力的原因。

2. 无效合同

无效合同，指严重欠缺合同生效要件，不能发生合同当事人追求的法律后果，不受国家保护的合同。它是相对于有效合同而言的，是指合同虽然已经成立，但其在内容和形式上违反了法律、行政法规的强制性规定或社会公共利益，因此确认为无效。

无效合同意味着合同自始无效、绝对无效、当然无效，合同无效并不一定全部无效，有的只是部分无效，如果该部分无效不影响其余部分的效力时，其余部分仍然有效。

合同无效的情形如下：

（1）一方以欺诈、胁迫手段订立合同，损害国家利益。

（2）恶意串通，损害国家、集体或第三者利益。

（3）以合法形式掩盖非法目的。

（4）损害社会公共利益。

（5）违反法律、行政法规的强行性规定。

3. 可撤销、可变更的合同

可撤销、可变更的合同是指由于当事人意思表示有缺陷，存在可撤销、可变更的原因的合同。一方当事人可依据自己的意思使合同的内容变更或使合同的效力归于消灭。撤销权人以单方意思表示使合同的效力归于消灭。这种意思表示须向法院或仲裁机构作出。

根据《合同法》的规定，导致合同可撤销的原因有：

（1）因重大误解而订立的合同。

（2）在订立合同时显失公平的。

（3）因欺诈、胁迫或乘人之危而订立的合同。

有下列情形之一的，撤销权消灭：

1）具有撤销权的当事人自知道或者应当知道撤销事由之日起一年内没有行使撤销权。

2）具有撤销权的当事人知道撤销事由后明确表示或者以自己的行为放弃撤销权。

4. 效力待定合同

效力待定合同，指合同虽然已经成立，但因其不完全符合有关生效要件的规定，因此其效力能否发生尚待确定。一般须经有关当事人表示追认才能生效。

效力待定合同的类型：

（1）限制民事行为能力人订立的合同。

（2）代理权有缺陷的效力待定合同。

（3）因无权处分形成的效力待定合同。

二、合同无效或被撤销的法律后果

根据《合同法》规定，合同无效或被撤销发生以下法律后果：

（1）返还财产。合同无效或者被撤销后，因该合同取得的财产，应当予以返还；不能返还或者没有必要返还的，应当折价补偿。当事人恶意串通，损害国家、集体或者第三人利益的，因此取得的财产收归国家所有或者返还集体、第三人。

（2）赔偿损失。合同无效或者被撤销后，有过错的一方应当赔偿对方因此所受到的损失，双方都有过错的，应当各自承担相应的责任。

（3）有关解决争议方法的条款的效力不受影响。合同无效、被撤销或者终止的，不影响合同中独立存在的有关解决争议方法的条款的效力。

第五节 合同履行与保全

一、合同的履行

1. 合同履行概述

合同履行是债务人全面适当地完成其合同义务，债权人的合同债权得到完全实现。合同的履行是依法成立的合同所应当发生的法律效果。

2. 合同履行的原则

（1）诚实信用原则。诚信原则是民法的霸王原则，也是合同履行的重要原则。

（2）适当履行原则。又称全面正确履行原则，指当事人按规定的标的及其质量、数量，由适当的主体在适当的履行期限、地点，以适当履行方式，全面正确地完成合同的义务的履行原则。

合同生效后，若当事人就质量、价款或者报酬、履行地点等内容没有约定或者约定不明确的，可以协议补充；不能达成补充协议的，按照合同有关条款或者交易习惯确定。

当事人就合同有关条款约定不明确，按照前述方式仍不能确定的，适用下列规则：

1）质量要求不明确的，按照国家标准、行业标准履行；没有国家标准、行业标准的，按照通常标准或者符合合同目的的特定标准履行。

2）价款或者报酬不明确的，按照订立合同时履行地的市场价格履行；依法应当执行政府定价或者政府指导价的，按照规定履行。

3）履行地点不明确，给付货币的，在接受货币一方所在地履行；交付不动产的，在不动产所在地履行；其他标的，在履行义务一方所在地履行。

4）履行期限不明确的，债务人可以随时履行，债权人也可以随时要求履行，但应当给对方必要的准备时间。

5）履行方式不明确的，按照有利于实现合同目的的方式履行。

6）履行费用的负担不明确的，由履行义务一方负担。

（3）协作履行原则。指当事人不仅适当履行自己合同的债务，而且应基于诚信原则的要求协助对方当事人履行债务的履行原则。

3. 合同履行抗辩权

合同履行过程中当事人享有的抗辩权主要有三种：同时履行抗辩权、先履行抗辩权、不安抗辩权。

（1）同时履行抗辩权。

同时履行抗辩权是指双务合同的当事人应同时履行义务的，一方在对方未履行前，有权拒绝对方请求自己履行合同的权利。

（2）先履行债务抗辩权。

先履行债务抗辩权是指当事人互负债务，有先后履行顺序的，先履行一方未履行之前，后履行一方有权拒绝其履行请求。先履行抗辩权的行使应具备以下要件：①须双方当事人互负债务；②两个债务须有先后履行顺序；③先履行一方未履行。

（3）不安抗辩权。

先给付义务人在有证据证明后给付义务人的经营状况严重恶化，或者转移财产、抽逃资金以逃避债务，或者丧失商业信誉，以及其他丧失或者可能丧失履行债务能力的情况时，可中止自己的履行；后给付义务人接收到中止履行通知后在合理的期限内提供了适当担保的，先给付义务人应当履行其债务；在合理的期限内未恢复履行能力并且未提供适当担保的，先给付义务人可以解除合同。

二、合同的保全

合同保全，是指法律为防止因债务人财产不当减少而给债权人的债权带来危害，允许债权人代债务人之位向第三人行使债务人的权利或者请求人民法院撤销债务人与第三人的行为的制度。包括代位权和撤销权。

1. 代位权

代位权是指当债务人怠于行使其对第三人享有的权利而有害于债权人的债权时，债权人为保全自己的债权，可以以自己的名义代位行使债务人的权利。其适用条件为：

（1）债权人与债务人之间必须是合法有效的合同关系。

（2）债务人需有有效权利存在，且债务人的债权已到期，同时可代位行使的债权必须非专属于债务人的债权。

（3）债务人怠于行使其权利。

（4）债务人怠于行使权利的行为有害于债权人的债权。

因债务人怠于行使其到期债权，对债权人造成损害的，债权人可以向人民法院请求以自己的名义代位行使债务人的债权，但该债权专属于债务人自身的除外。代位权的行使范围以债权人的债权为限。债权人行使代位权的必要费用，由债务人负担。

2. 撤销权

撤销权是指债权人对债务人滥用其财产处分权而损害债权的行为，请求人民法院予以撤销的权利。

撤销权人行使撤销权必须满足以下要件：

（1）须有债务人减少其财产的不当行为。

（2）须债权人的债权已经有效成立并继续存在。

（3）须债务人的行为危害债权人债权的实现。

但是当债务人以明显不合理的低价转让财产，对债权人造成损害时，必须同时满足受让人知道该情形，债权人才可请求法院撤销。

撤销权应由债权人以自己的名义通过诉讼的方式来行使。

撤销权自债权人知道或者应当知道撤销事由之日起一年内行使。自债务人的行为发生之日起五年内没有行使撤销权的，该撤销权消灭。撤销权的行使范围仅及于债权保全的范围，对债务人不当处分财产的行为超出债权保全的必要的部分，不发生撤销的效力。

三、合同的变更和转让

1. 合同的变更

合同的变更是指合同内容的变更，即合同成立后，尚未履行或者尚未完全履行之前，当事人通过协议修改或者补充合同的内容，变更其权利义务。

合同变更以后，被变更的部分即失去法律上的效力；变更的部分，在完成变更程序之后，即产生了新的债权债务。但合同变更不影响当事人要求赔偿损失的权利。

2. 合同的转让

合同转让，是指在合同当事人一方依法将其合同的权利和义务全部地或部分地转让给第三人。

需要注意合同的转让不同于向第三人履行合同和第三人代为履行合同。在后两种情况下，合同并未发生转让。当事人约定由债务人向第三人履行债务的，债务人未向第三人履行债务或者履行债务不符合约定，应当向债权人承担违约责任；当事人约定由第三人向债权人履行债务的，第三人不履行债务或者履行债务不符合约定，债务人应当向债权人承担违约责任。

合同转让，按照其转让的权利义务的不同，可分为合同权利的转让、合同义务的转让及合同权利义务概括转让三种形态。债权人通知债务人后即可完成债权的转让，债务人须征得债权人的同意才能转让债务。

依据《合同法》第七十九条的规定，下列合同权利不允许转让：

（1）根据合同的性质不得转让的权利。

（2）根据当事人的特别约定而不得转让的合同权利。

（3）法律规定禁止转让的合同权利。

四、合同的终止

合同终止，指因一定事由的产生或出现而使合同权利义务归于消灭，合同关系在客观上不复存在。

1. 合同终止效力

（1）合同终止后，债权债务关系归于消灭。

（2）合同关系的终止使合同的权利义务也归于消灭。

（3）依据诚实信用原则及交易惯例，合同当事人还负有履行通知、协助、保密等一定后合同义务。

2. 合同终止的原因

（1）合同履行。合同履行是合同终止的主要原因。

（2）合同解除。合同解除是指合同有效成立后，当具备解除条件时，因当事人一方或双方的意思表示而使合同关系自始消灭或向将来消灭的一种行为。合同解除有两种，即约定解除和法定解除。

（3）抵销。抵销依其产生根据不同，可分为法定抵销与合意抵销两种。法定抵销依有抵销权的当事人单方意思表示即可发生效力。而合意抵销须当事人就抵销达成合意，即可发生效力。

（4）提存。提存是指由于债权人的原因无法向其交付合同标的物时，债务人将该标的物交给提存机关并以此消灭合同的制度。

根据《合同法》的规定，有下列情形之一，难以履行债务的，债务人可以将标的物提存：①债权人无正当理由拒绝受领；②债权人下落不明；③债权人死亡未确定继承人或者丧失民事行为能力未确定监护人；④法律规定的其他情形。

债权人领取提存物的权利自提存之日起五年内不行使而消灭，提存物除扣除提存费用后归国家所有。

第六节　合同责任

一、缔约过失责任

缔约过失责任指在合同订立过程中，一方因违背其依诚信原则所产生的义务，导致对方信赖利益损失而应当承担的赔偿责任。

1. 缔约过失责任的构成要件

（1）缔约一方违反先合同义务。先合同义务，是自缔约人双方为签订合同而互相接触磋商开始产生的注意义务，而非合同有效成立而产生的给付义务。

（2）违反先合同义务有过错。

（3）对方当事人受有损失。这种损失的性质是信赖利益的损失，包括直接损失（缔约费用、准备履行支出费用）和间接损失（丧失与第三人另行订立合同产生的机会损失）。

（4）违反先合同义务与该损失之间有因果关系。

2. 缔约过失责任的具体表现形式

根据我国《合同法》的规定，缔约过失责任的表现形式有：

（1）假借订立合同，恶意进行磋商。

（2）故意隐瞒与订立合同有关的重要事实或提供虚假情况。

（3）泄露或不正当使用订约中知悉的商业秘密。

（4）其他违背诚信原则的行为。

二、违约责任

违约责任又称违反合同的民事责任，是指合同当事人因违反合同义务所应承担的不利法律后果。

1. 违约责任归责原则

我国《合同法》采用的是严格责任原则，即当事人一方不履行合同义务或者履行合同义务不符合约定的，就应当承担继续履行、采取补救措施或者赔偿损失等违约责任。

2. 违约责任的免除

《合同法》规定，因不可抗力不能履行合同的，根据不可抗力的影响，部分或者全部免除责任，但法律另有规定的除外。所谓不可抗力，是指不能预见、不能避免并不能克服的客观情况。

免责条款可以由当事人双方在合同中事先约定的，其目的是限制或免除其未来的责任的条款。违约责任也可由免责条款而免除。

3. 违约责任的承担方式

（1）实际履行。一方当事人违约，另一方当事人可要求其履行或请求法院判决其履行合同规定的特定义务而不允许其以金钱或其他方法代替履行。

（2）采取补救措施。《合同法》第一百一十二条规定："受损害方在要求违约方采取合理的补救措施后，若仍有其他损失，还有权要求违约方赔偿损失。"

（3）赔偿损失。违约人补偿、赔偿受害人因违约所遭受的损失的责任承担方式，它是一种最重要最常见的违约补救方法。

（4）支付违约金。违约金是指合同当事人在合同中约定的，在合同债务人不履行或不适当履行合同义务时，向对方当事人支付的一定数额的金钱。当事人可以在合同中约定违约金，未约定则不产生违约金责任，且违约金的约定不应过高或者过低。

（5）定金罚则。当事人可以约定定金，定金按担保法规定执行，但如果同时约定定金和违约金，当事人可选择适用其一。

4. 违约责任竞合

责任竞合：是指由于某一法律事实的出现，导致产生两种或两种以上的民事责任，这些民事责任被数个法律规范调整，彼此之间相互冲突的现象。在民法中，责任竞合常常表现为违约责任和侵权责任的竞合。

根据《合同法》第一百二十二条规定，责任竞合的处理原则是：受损害方有权选择依照本法要求其承担违约责任或者依照其他法律要求其承担侵权责任。

第七节　常用的几种合同

一、买卖合同

买卖合同是出卖人转移标的物的所有权于买受人，买受人支付价款的合同。

根据《合同法》的规定，买卖合同的内容应当包括：

（1）当事人的名称或者姓名和住所。

（2）买卖标的物的名称、数量、质量及包装方式。

（3）标的物的价格、金额、货币及价格术语。

（4）价款的支付时间、地点和方式。

（5）标的物交付的方式、时间和地点。

（6）标的物的保险及运输方式。

（7）检验标准和方法。

（8）结算方式。

（9）解决争议的方式、管辖机构及适用法律。

（10）合同的份数、使用的文字及效力。

（11）订立合同的时间、地点、当事人签字。

二、赠与合同

赠与合同是赠与人将自己的财产无偿给予受赠人，受赠人表示接受赠与的合同。

如果赠与合同具有救灾、扶贫等社会公益、道德义务的性质，或者经过公证的赠与合同，赠与人不交付赠与的财产的，受赠人可以要求交付。

因赠与人故意或者重大过失致使赠与的财产毁损、灭失的，赠与人应当承担损害赔偿责任。

赠与可以附义务。赠与附义务的，受赠人应当按照约定履行义务。

赠与人的经济状况显著恶化，严重影响其生产经营或者家庭生活的，可以不再履行赠与义务。

三、借款合同

借款合同是借款人向贷款人借款，到期返还借款并支付利息的合同。借款合同采用书面形式，但自然人之间借款另有约定的除外。

借款的利息不得预先在本金中扣除。自然人之间的借款合同对支付利息没有约定或者约定不明确的，视为不支付利息；约定支付利息的，借款的利率不得违反国家有关限制借款利率的规定。

四、租赁合同

租赁合同是出租人将租赁物交付承租人使用、收益，承租人支付租金的合同。

租赁期限 6 个月以上的，应当采用书面形式。当事人未采用书面形式的，视为不定期租赁。租赁期限不得超过 20 年。

在租赁期间因占有、使用租赁物获得的收益，归承租人所有，但当事人另有约定的除外。

承租人未经出租人同意转租的，出租人可以解除合同。

出租人出卖租赁房屋的，应当在出卖之前的合理期限内通知承租人，承租人享有以同等条件优先购买的权利。

五、融资租赁合同

融资租赁合同是出租人根据承租人对出卖人、租赁物的选择，向出卖人购买租赁物，提供给承租人使用，承租人支付租金的合同。

融资租赁合同应当采用书面形式。

出租人应当保证承租人对租赁物的占有和使用，租赁物不符合约定或者不符合使用目的的，出租人不承担责任。出租人享有租赁物的所有权。

六、承揽合同

承揽合同是承揽人按照定作人的要求完成工作，交付工作成果，定作人支付报酬的合同。承揽包括加工、定作、修理、复制、测试、检验等工作。

定作人未向承揽人支付报酬或者材料费等价款的，承揽人对完成的工作成果享有留置权，但当事人另有约定的除外。

七、建设工程合同

建设工程合同是承包人进行工程建设，发包人支付价款的合同。建设工程合同包括工程勘察、设计、施工合同。

发包人可以与总承包人订立建设工程合同，也可以分别与勘察人、设计人、施工人订立勘察、设计、施工承包合同。

因承包人的原因致使建设工程在合理使用期限内造成人身和财产损害的，承包人应当承担损害赔偿责任。

八、运输合同

运输合同是承运人将旅客或者货物从起运地点运输到约定地点，旅客、托运人或者收货人支付票款或者运输费用的合同。运输合同包括：客运合同、货运合同、多式联运合同。

客运合同自承运人向旅客交付客票时成立，但当事人另有约定或者另有交易习惯的除外。

货运合同是指托运人办理货物运输，应当向承运人准确表明收货人的名称或者姓名或者指示的收货人，货物的名称、性质、重量、数量，收货地点等有关货物运输的必要情况。

多式联运合同经营人可以与参加多式联运的各区段承运人就多式联运合同的各区段运输约定相互之间的责任，但该约定不影响多式联运经营人对全程运输承担的义务。

九、委托合同、行纪合同、居间合同

1. 委托合同

委托合同是委托人和受托人约定，由受托人处理委托人事务的合同。

受托人完成委托事务的，委托人应当向其支付报酬。受托人应当按照委托人的指示处理委托事务。

2. 行纪合同

行纪合同是行纪人以自己的名义为委托人从事贸易活动，委托人支付报酬的合同。在行纪合同中，行纪人处理委托事务支出的费用，一般由行纪人自行负担。

3. 居间合同

居间合同是居间人向委托人报告订立合同的机会或者提供订立合同的媒介服务，委托人支付报酬的合同。

【引例解析】

（1）合同没有成立。根据《合同法》的相关规定，当事人要求签订合同书的，合同成立的日期为在合同书上签字盖章之日。虽然甲公司与乙公司之间完成了要约和承诺的过程，乙公司在承诺文件中提出要求签订合同书，但因加价被甲公司拒绝，而乙公司遂拒绝签约。所以合同没成立。

（2）甲公司不可以要求乙公司承担违约责任，因为合同没有成立，当然不存在违约。

（3）甲公司可要求乙公司赔偿其为签约谈判花费的差旅劳务费、为准备工作支出的费用等损失。

【实训内容】

运用《合同法》知识，甄别合同当事各方的权利义务，防范和应对企业风险。

案例：乙公司为甲公司的原材料供应商，双方有着长期的合作，甲公司账面上欠乙公司的货款大约为 21 万元。因甲公司业务量巨大，对此笔欠款一直未予重视。后正值甲公司资金

周转困难时，乙公司在其所在地法院提起了以甲公司为被告的要求支付货款21万、违约金3.5万元及其他相关诉讼费用2.5万元的诉讼。

甲公司根据交易惯例认为违约金不到1万元，双方未能达成一致意见且乙公司坚持诉讼。

案件审理过程中，乙公司在提供给其当地法院的资料中，有一份甲公司盖章的与之签署的合同原件，其中在“其他约定事项”栏中有附加的手写条款为：“如果出现争议，由双方协商，协商不成的情况下，由原告方人民法院依法解决，货款延期支付，按银行贷款利率的3倍（300元/万元/月）执行违约责任赔偿。”

乙公司在开庭日向法官当庭提供了一份其在当地信用合作社借款借据的原始凭证，标明其年借款利率12%（彼时银行同期借款利率是5.85%）。按照此利率的3倍计算的违约利率为36%，与其合同约定的300元/万元/月相符。

而甲公司未能向法院提供与乙公司续签的供货合同，甲公司之所以没有找到该份合同，是因为在年初办理合同续签时，业务人员按照以往与乙公司签合同的惯例将合同版本拟定好经领导审批后，直接先办理了本公司合同章的签章，之后向对方寄出并要求对方盖章回寄，但此后却忘记了主动追回，导致未能拿到对方盖章确认的合同。

甲公司业务人员确信，自己当时寄出的合同原件的“其他约定事项”是空白的，并未添加上述手写条款，乙公司也从未向甲公司商谈过要添加如上所述的“其他约定”。

后经法院认定甲公司除了支付账面全部欠款21万元，还额外向对方支付了6万元的违约金及相关费用，才换回账户的解封和结案。

请仔细阅读上述案例并根据这份案例写一份总结，总结甲公司败诉的原因，同时根据《合同法》的相关知识有针对性地提出建设性意见。

提示：企业合同管理中常见的风险点主要存在于以下几个方面：

1. 合同签订前的准备工作做得不够
2. 合同文本的审查不严格
3. 合同文本中的条款有漏洞
4. 合同章管理不严格
5. 合同档案管理不健全
6. 企业合同管理的法律意识不强，对应当重视的诉讼证据重视程度不高

企业合同管理中的风险防范还要注意以下几点：

1. 建立健全企业合同管理制度
2. 加强企业合同管理人员的培训教育
3. 从法律角度对企业合同管理的风险点进行严格审查和控制
4. 加强企业合同管理档案和企业合同专用章管理
5. 及时处理违约纠纷

【案例】

甲公司与乙公司于2011年5月20日签订了设备买卖合同，甲为买方，乙为卖方。双方约定：（1）由乙公司于10月30日前分两批向甲公司提供10套设备，价款总计为150万元；（2）如一方迟延履行，应向另一方支付违约金20万元。7月1日，乙公司向甲公司交付了3套设备，甲公司支付了45万元货款。9月，该种设备价格大幅上涨，乙公司向甲公司提出变更合

同，要求将剩余的7套设备价格提高到每套20万元，甲公司不同意，随后乙公司通知甲公司解除合同。11月1日，甲公司仍未收到剩余的7套设备，从而严重影响了其生产，并因此遭受了50万元的经济损失。

请问：（1）乙公司通知甲公司解除合同是否合法？说明理由。

（2）甲公司要求增加违约金数额依法能否成立？说明理由。

（3）甲公司要求乙公司继续履行合同依法能否成立？说明理由。

分析:

（1）乙公司通知甲公司解除合同不合法。因为双方未在合同中约定合同解除条件也不符合法定解除条件。

（2）甲公司要求增加违约金数额依法成立。约定违约金低于造成的损失的，当事人可以请求人民法院或仲裁机构予以增加。

（3）甲公司要求乙公司继续履行合同依法成立。

【思考与练习】

1.《合同法》基本原则有哪些？

2. 合同订立的过程是什么？

3. 缔约过失责任的具体表现有哪些？

4. 畅游旅游公司与王某等客户签订一份旅游合同。但在合同订立后，公司因内部人事变动无法按期发团，公司总经理召开会议决定将该团转让给同行南国旅游公司。关于变更合同的任务就交给行政部主管小秦。如果你是小秦，你认为畅游旅游公司应当如何变更合同，才能达到既让客户满意又能免于承担违约责任？

第八章　企业法律制度

【本章内容结构图】

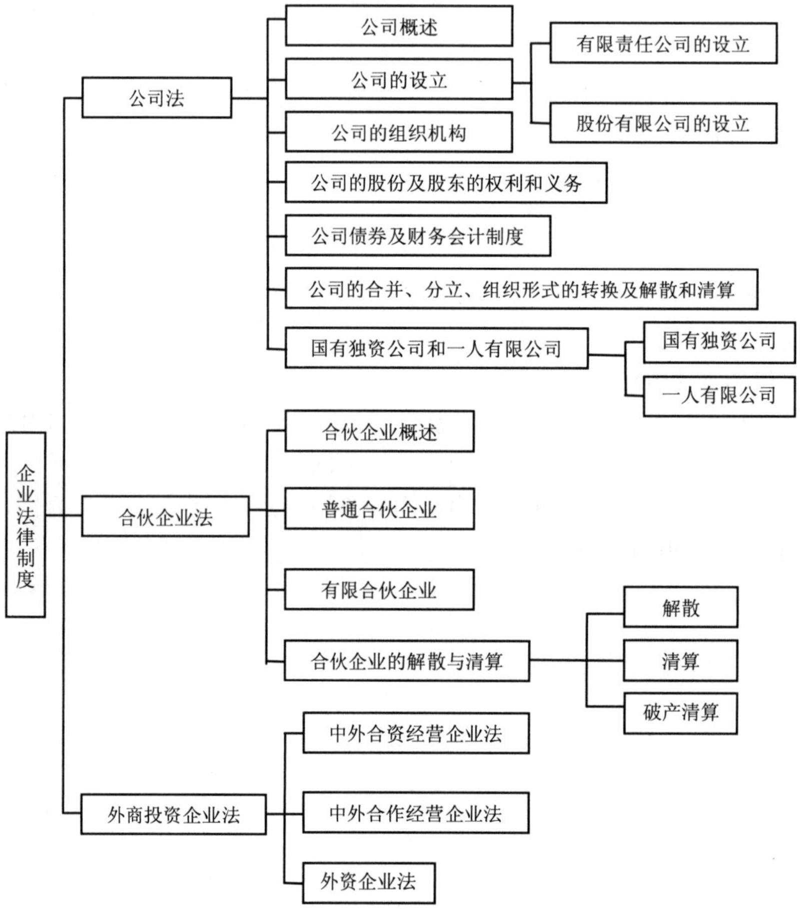

第一节　公司法

【引例】

小王是某市电器商场股份有限公司董事长秘书，董事长要求小王对于董事兼总经理单某的下列行为提出法律处理意见，并制作处理意见稿，董事长要在董事会上使用。小王必须先回答下列问题，才能制作处理意见稿。小王应如何回答下列问题？

单某是某市电器商场股份有限公司董事兼总经理。2010 年 11 月，单某以本市百货公司名义从国外进口一批家电产品，共计价值80多万元。之后，单某将该批家电产品销售给了本市五金交电公司。电器商场董事会得知此事后，认为单某身为本公司董事兼总经理，其行为违反了有关法律规定，应属无效。于是，决议责成单某取消该合同，而将该批家电产品由电器商场买下。五金交电公司认为，该批家电产品的买卖，是在本公司与百货公司之间进行的，与电器商场无关。合同的成立是双方当事人意思表示一致，而且合同的内容不违法，所以是有效的。另外，单某曾于2009年12月决定以电器商场一幢楼房为电器商场第四大股东本市建筑工程公司的债务提供担保；于2009年10月将自己的一辆小轿车卖给电器商场，事后公司的股东才知晓情况。那么：（1）单某买卖家电的行为是否合法？为什么？（2）对单某买卖家电的行为应如何处理？（3）对单某为建筑工程公司提供担保的行为可能作出哪些处理？（4）单某卖小轿车给电器商场的行为是否有效？为什么？（5）假设单某卖小轿车给电器商场的行为经过了董事会的批准，则该行为是否有效？为什么？

一、公司概述

（一）公司的概念及法律特征

公司是指由股东出资设立，股东以其认缴的出资额或者所认购的股份为限对公司承担责任，公司以其全部资产为限对公司债务承担责任，并依《公司法》规定设立的以营利为目的的企业法人。公司具有以下法律特征：

（1）公司是企业。公司以营利为目的，区别于事业单位法人、机关法人。

（2）公司是企业法人。公司有独立的法人财产，享有法人财产权，公司以其全部财产对外承担责任。但是，现行《公司法》建立了法人人格否认制度，即《公司法》第二十条第三款规定："一般有限公司的股东滥用公司法人独立地位和股东有限责任来逃避债务、严重损害债权人利益时，股东应对公司债务承担连带责任。"（《公司法》第二十条第三款的法人人格否认制度，由债权人举证。）

（3）公司是依照《公司法》设立的企业法人。《公司法》对于公司的设立条件、设立程序都作出了明确的规定，只有按照《公司法》的规定设立公司，才能获得公司登记，取得营业执照，取得公司法人资格，才能够以公司名义从事法律行为。但特殊公司还需依特别法设立，如商业银行、保险公司等。

（二）公司的分类

（1）根据股东对公司承担的责任不同可将公司分为：

1）无限责任公司：全体股东对公司债务承担无限连带责任的公司。我国无无限责任公司，但有无限责任企业。

2）有限责任公司：简称有限公司，股东以其出资额为限对公司债务承担有限责任的公司。"有限"实际是指股东对公司的责任有限。

3）两合公司：公司由无限责任股东和有限责任股东组成。我国无此公司形式，但《合伙企业法》修改后，有了两合企业。

4）股份有限公司：简称股份公司，公司的全部资本划分为等额股份，股东按其所认购的股份对公司债务承担责任。

5）股份两合公司：是由承担无限责任的股东和承担有限责任的股东共同组成的公司。我国无此形式。

根据我国《公司法》规定，我国公司只有两种形式：即有限责任公司和股份有限公司。

（2）根据公司的成立基础为标准将公司分为人合公司、资合公司和人合兼资合公司。

1）人合公司：承担无限责任的公司，信誉基础是人，因此无限责任公司属于典型的人合公司。

2）资合公司：即以资本的结合作为基础成立的公司。股份有限公司是典型的资合公司。

3）人合兼资合公司：即公司的设立和经营既取决于股东的个人信用，也取决于股东资本的结合。如两合公司、有限责任公司。

（3）根据公司之间的关系为标准将公司分为：母公司与子公司、本公司与分公司。

1）按公司控制与被控制的关系将公司分为：母公司与子公司。母公司与子公司都具有独立的法人资格，母公司是子公司的控股股东，只能行使大股东权，不能干涉子公司的独立经营权。

2）按公司管理与被管理的关系将公司分为：本公司与分公司。分公司不具有独立的法人资格。拥有三个以上分公司的本公司才可称总公司。

（4）按公司国籍标准将公司分为：本国公司、外国公司和跨国公司。

本国公司指具有本国国籍的公司。我国所称本国公司是指依照中国法律在中国境内设立的公司（本国注册）。

外国公司指具有外国国籍的公司（外国注册）。

跨国公司是指以本国为基地，通过对外直接投资，在其他国家和地区设立分支机构或子公司，从事国际化生产和经营活动的企业。

（三）公司法的概念

《公司法》是调整公司在其设立、经营、变更、终止过程中发生的经济关系的法律规范的总称。广义的公司法包括涉及公司的所有法律、法规。如公司法、证券法、公司登记管理条例等。狭义的公司法仅指 1994 年 7 月 1 日实施，经过 1999 年 12 月 25 日、2004 年 8 月 28 日两次修改、2005 年 10 月 27 日又进行了第三次大的修订，形成 2006 年 1 月 1 日起正式施行的第三次修订后的《中华人民共和国公司法》。现行公司法是在 2006 年公司法的基础上，又经过 2013 年 12 月 28 日和 2018 年 10 月 26 日修改，于 2018 年 10 月 26 日正式实施的《中华人民共和国公司法》。

二、公司的设立

我国《公司法》只规定了有限责任公司和股份有限公司两种公司形式。

（一）有限责任公司的设立

1. 设立条件

根据《公司法》第二十三条规定，设立有限责任公司，应当具备下列条件：

（1）股东符合法定人数。有限责任公司由五十个以下股东出资设立。公司法对于有限责任公司股东人数只有上限规定，而没有下限规定，承认了一人有限公司的法律地位。一人有限公司一般指一个自然人或法人股东投资设立的公司。国有独资公司是特殊的一人有限公司。

（2）有符合公司章程规定的全体股东认缴的出资额。有限责任公司的注册资本为在公司登记机关登记的全体股东认缴的出资额，公司法取消了一般公司注册资本最低限额的规定。法律、行政法规对有限责任公司注册资本的最低限额有较高规定的，从其规定。

（3）股东共同制定公司章程。根据《公司法》第二十五条规定，有限责任公司章程应当载明下列事项：①公司名称和住所；②公司经营范围；③公司注册资本；④股东的姓名或者名称；⑤股东的出资方式、出资额和出资时间；⑥公司的机构及其产生办法、职权、议事规则；⑦公司法定代表人；⑧股东会会议认为需要规定的其他事项。股东应当在公司章程上签名、盖章。

（4）有公司名称，建立符合有限责任公司要求的组织机构。

公司名称是公司在经营活动中用于区别其他商事主体的标识。组织机构是公司经营管理的机构，包括股东会、董事会和监事会。股东人数较少、投资规模较小的有限公司可以不设立董事会和监事会，而只设一名执行董事，设一至两名监事。

公司的名称是公司营业中使用的独特称号，在公司章程中予以确定，并依法办理登记。一个公司只能有一个名称。企业名称由四部分构成，依次是：公司所在行政区划、字号、行业、组织形式。如：山西融盛电器有限公司。

对公司名称中“字号”的限制与禁止：

1）不能有损我国的国家主权和社会公共利益。

2）不能使用外国国家及国际组织的名称。

3）不能使用我国县级以上行政区划的名称。

4）不能使用汉语拼音字母和阿拉伯数字。

5）不能单独使用“发展”“开发”等字样来表示其行业或经营特点等。

公司名称中冠以“中国”“中华”“全国”“国际”字样的，必须在国家工商行政管理局登记注册。具有三个以上分支机构的才可以在名称中使用“总”字，有三个以上子公司或分公司的才能使用“开发”“实业”等文字。

（5）有公司住所。公司住所是公司主要办事经营机构所在地，经公司登记机关登记的住所只能有一个。

2. 设立程序

设立有限责任公司应履行以下程序：

（1）签订出资协议。出资协议是确定出资各方权利义务的法律文件，对出资各方具有约束力。

（2）办理设立登记必须先申请名称预先核准。《公司登记条例》第十七条规定：“设立公司应当申请名称预先核准。”即设立人到工商部门进行企业名称查询（即查字号），查完后由公司登记机关发给《企业名称预先核准通知书》。

（3）制定《公司章程》。公司章程是公司设立的最基本条件和最重要的法律文件，是公司组织和活动的基本准则，是公司的宪章。各国公司立法均要求设立公司必须订立公司章程，没有章程，公司就不能获准成立。公司章程的基本特征是要具备法定性、真实性、自治性和公开性。它既是公司成立的基础，也是公司赖以生存的灵魂。

依据我国《公司法》的规定，公司章程须经全体股东同意并签名盖章，报登记主管机关批准后，才能正式生效。

（4）缴纳出资。股东的出资方式较为灵活，股东可以用货币出资，也可以用实物、知识产权、土地使用权等可以用货币估价并可以依法转让的非货币财产作价出资；但是，法律、行政法规规定不得作为出资的财产除外。对作为出资的非货币财产应当评估作价，核实财产。

法律、行政法规对评估作价有规定的，从其规定。股东应当按期足额缴纳公司章程中规定的各自所认缴的出资额。股东不按照前款规定缴纳出资的，除应当向公司足额缴纳外，还应当向已按期足额缴纳出资的股东承担违约责任。

公司获得公司名称核准通知书后到银行去开立公司临时账户，将股东的货币出资转入临时账户；以非货币财产出资的，应当依法办理其财产权的转移手续。

（5）申请设立登记。依据《中华人民共和国公司登记管理条例》规定，申请设立有限责任公司，应当向公司登记机关提交下列文件：

1）公司法定代表人签署的设立登记申请书。

2）全体股东指定代表或者共同委托代理人的证明。

3）公司章程。

4）股东的主体资格证明或者自然人身份证明。

5）载明公司董事、监事、经理的姓名、住所的文件以及有关委派、选举或者聘用的证明。

6）公司法定代表人任职文件和身份证明。

7）企业名称预先核准通知书。

8）公司住所证明。

9）国家工商行政管理总局规定要求提交的其他文件。

（6）登记机关签发营业执照。公司登记机关应当在法律规定的期限内对登记申请进行审查，对符合申请条件的予以登记，核发《企业法人营业执照》，公司营业执照签发日期为公司成立日期。公司凭公司登记机关核发的《企业法人营业执照》刻制印章，开立银行账户，申请纳税登记。

（二）股份有限公司的设立

1. 设立方式

根据《公司法》第七十七条规定，股份有限公司的设立，可以采取发起设立或者募集设立的方式。

发起设立，是指由发起人认购公司应发行的全部股份而设立公司。

募集设立，是指由发起人认购公司应发行股份的一部分，其余股份向社会公开募集或者向特定对象募集而设立公司。

发起人是指依照有关法律规定订立发起人协议，提出设立公司申请，认购公司股份，并对公司设立承担责任者。发起人既是股份有限公司成立的要件，也是发起或设立行为的实施者。

发起人对公司设立承担以下责任：股份有限公司成立后，发起人未按照公司章程的规定缴足出资的，应当补缴；其他发起人承担连带责任。股份有限公司成立后，发现作为设立公司出资的非货币财产的实际价额显著低于公司章程所定价额的，应当由交付该出资的发起人补足其差额；其他发起人承担连带责任；在公司设立过程中，由于发起人的过失致使公司利益受到损害的，应当对公司承担赔偿责任。

2. 设立条件

根据《公司法》第七十六条的规定，设立股份有限公司，应当具备下列条件：

（1）发起人符合法定人数。《公司法》第七十八条规定：“设立股份有限公司，应当有两人以上两百人以下为发起人，其中须有半数以上的发起人在中国境内有住所。”

（2）有符合公司章程规定的全体发起人认购的股本总额。法律、行政法规对股份有限公司注册资本的最低限额有较高规定的，从其规定。

（3）股份发行、筹办事项符合法律规定。

（4）发起人制订公司章程，采用募集方式设立的经创立大会通过。

（5）有公司名称，建立符合股份有限公司要求的组织机构。

（6）有公司住所。

3. 设立程序

股份有限公司采取发起设立方式设立的，注册资本为在公司登记机关登记的全体发起人认购的股本总额。发起人认缴出资的方式与有限责任公司股东的出资方式相同。以发起方式设立的股份有限公司的设立程序与有限公司的设立程序基本相同。

以募集方式设立的，设立程序如下：

（1）发起人签订发起人协议。

（2）发起人拟定公司章程。

（3）申请名称预先核准。应当由全体发起人指定的代表或者共同委托的代理人向公司登记机关申请名称预先核准。

（4）发起人缴纳出资和发行股份。股份有限公司采取募集方式设立的，注册资本为在公司登记机关登记的实收股本总额，向社会公众募集股份的，应按照法定程序发行股票。发起人向社会公开募集股份，必须公告招股说明书，并制作认股书。由认股人填写认购股数、金额、住所，并签名、盖章。认股人按照所认购股数缴纳股款。发起人向社会公开募集股份，应当由依法设立的证券公司承销，签订承销协议；应当同银行签订代收股款协议，收股款的银行应当按照协议代收和保存股款，向缴纳股款的认股人出具收款单据，并负有向有关部门出具收款证明的义务。发行股份的股款缴足后，必须经依法设立的验资机构验资并出具证明。

（5）召开创立大会，通过公司章程，建立公司组织机构。发起人应当自股款缴足之日起三十日内主持召开公司创立大会。创立大会由发起人、认股人组成。发行的股份超过招股说明书规定的截止期限尚未募足的，或者发行股份的股款缴足后，发起人在三十日内未召开创立大会的，认股人可以按照所缴股款并加算银行同期存款利息，要求发起人返还。

创立大会行使下列职权：

1）审议发起人关于公司筹办情况的报告。

2）通过公司章程。

3）选举董事会成员。

4）选举监事会成员。

5）对公司的设立费用进行审核。

6）对发起人用于抵作股款的财产的作价进行审核。

7）发生不可抗力或者经营条件发生重大变化直接影响公司设立的，可以做出不设立公司的决议。创立大会对以上所列事项做出决议，必须经出席会议的认股人所持表决权过半数通过。

（6）申请设立登记。《中华人民共和国公司登记管理条例》规定：“设立股份有限公司，应当由董事会向公司登记机关申请设立登记。以募集方式设立股份有限公司的，应当于创立大会结束后三十日内向公司登记机关申请设立登记，对于符合设立条件的公司登记机关签发营业执照。”

另外，以募集方式设立股份有限公司的，还应当提交创立大会的会议记录；以募集方式设立股份有限公司公开发行股票的，还应当提交国务院证券监督管理机构的核准文件。法律、行政法规或者国务院决定规定设立股份有限公司必须报经批准的，还应当提交有关批准文件。

（7）公告。上市公司设立后需要公告。股份有限公司不能成立的情形：①未按期募足股份；②发起人未按期召开创立大会；③创立大会决议不设立公司。在上述三种情形下，发起人、认股人可抽回出资。

股份有限公司不能设立时发起人承担以下责任：①对设立行为所产生的债务与费用负连带责任；②对认股人已缴纳的股款，负返还股款并加算银行同期存款利息的连带责任。

（三）分公司设立登记

总公司设立分公司的，由总公司向公司所在地登记机关提交以下文件：①公司法定代表人签署的设立分公司的登记申请书；②公司章程以及加盖公司印章的《企业法人营业执照》复印件；③营业场所使用证明；④分公司负责人任职文件和身份证明；⑤国家工商行政管理总局规定要求提交的其他文件。

三、公司的组织机构

（一）有限责任公司的组织机构

1. 股东会

股东会由全体股东组成，是公司的权力机构。它对外不代表公司，对内不管理公司的具体事务，只负责重大问题的决策。

（1）股东会的召集和主持。

首次股东会会议由出资最多的股东召集和主持，依照《公司法》规定行使职权。首次会议以后的股东会会议按照公司章程的规定按时召开。

有限责任公司设立董事会的，股东会定期会议的召开由董事会召集，董事长主持；董事长不能履行职务或者不履行职务的，由副董事长主持；副董事长不能履行职务或者不履行职务的，由半数以上董事共同推举一名董事主持。有限责任公司不设董事会的，股东会会议由执行董事召集和主持。董事会或者执行董事不能履行或者不履行召集股东会会议职责的，由监事会或者不设监事会的公司的监事召集和主持；监事会或者监事不召集和主持的，代表十分之一以上表决权的股东可以自行召集和主持。

股东会会议分为定期会议和临时会议。有下列情形之一时应当召开临时会议：①代表十分之一以上表决权的股东提议时；②三分之一以上的董事提议时；③监事会或者不设监事会的公司的监事提议时，应当召开临时会议。临时会议的召集和主持与定期会议相同。

召开股东会会议，应当于会议召开十五日前通知全体股东；但是，公司章程另有规定或者全体股东另有约定的除外。

（2）股东会的职权。

股东会是股东行使权利的场所，对于涉及公司的生死存续和股东根本利益的重大事项进行决议。按照《公司法》的规定，股东会行使下列职权：

1）决定公司的经营方针和投资计划。

2）选举和更换非由职工代表担任的董事、监事，决定有关董事、监事的报酬事项。

3）审议批准董事会的报告。

4）审议批准监事会或者监事的报告。

5）审议批准公司的年度财务预算方案、决算方案。

6）审议批准公司的利润分配方案和弥补亏损方案。

7）对公司增加或者减少注册资本作出决议。

8）对发行公司债券作出决议。

9）对公司合并、分立、解散、清算或者变更公司形式作出决议。

10）修改公司章程。

11）公司章程规定的其他职权。

（3）股东会会议的议事方式和表决程序。

股东会会议由股东按照出资比例行使表决权，但是，公司章程另有规定的除外。股东会的议事方式和表决程序，除以下情形必须经代表三分之二以上表决权的股东通过外，由公司章程规定：①修改公司章程；②增加或者减少注册资本的决议；③公司合并、分立、解散的决议；④变更公司形式的决议。

股东会应当对所议事项的决定制作会议记录，出席会议的股东应当在会议记录上签名。对股东会法定职权所列事项股东以书面形式一致表示同意的，可以不召开股东会会议，直接作出决定，并由全体股东在决定文件上签名、盖章。

2. 董事会或执行董事和经理

董事会是公司的经营决策机构、股东会的执行机构，对股东会负责。董事会是由董事组成的负责公司经营管理活动的合议制机构。董事会对内负责公司管理，对外代表公司，是公司权力的核心。

（1）董事会的组成。

有限责任公司董事会由三至十三名的董事组成。两个以上国有企业或其他两个以上的国有投资主体投资设立的有限责任公司以及国有独资公司的董事会成员中应当有公司职工代表，职工代表出任的董事由公司职工民主选举产生。其他有限责任公司董事会成员中可以有公司职工代表。股东人数较少和规模较小的有限责任公司，可设一名执行董事，不设董事会。执行董事的职权由公司章程规定。

董事会设董事长一人，可以设副董事长。董事长、副董事长的产生办法由公司章程规定。

董事任期由公司章程规定，但每届任期不得超过三年。董事任期届满，连选可以连任。董事任期届满未及时改选，或者董事在任期内辞职导致董事会成员低于法定人数的，在改选出的董事就任前，原董事仍应当依照法律、行政法规和公司章程的规定，履行董事职务。

（2）董事会会议的召集和主持。董事会会议分为定期会议和临时会议。定期会议应当依照公司章程的规定按时召开。董事会会议由董事长召集和主持；董事长不能履行职务或者不履行职务的，由副董事长召集和主持；副董事长不能履行职务或者不履行职务的，由半数以上董事共同推举一名董事召集和主持。

（3）董事会的职权。①召集股东会会议，并向股东会报告工作；②执行股东会的决议；③决定公司的经营计划和投资方案；④制定公司的年度财务预算方案、决算方案；⑤制定公司的利润分配方案和弥补亏损方案；⑥制定公司增加或者减少注册资本以及发行公司债券的方案；⑦制定公司合并、分立、解散或者变更公司形式的方案；⑧决定公司内部管理机构的设置；⑨决定聘任或者解聘公司经理及其报酬事项，并根据经理的提名决定聘任或者解聘公司副经理、财务负责人及其报酬事项；⑩制定公司的基本管理制度；⑪公司章程规定的其他职权。注意：不设董事会的执行董事的职权由公司章程规定。

（4）董事会会议决议。董事会决议的表决，实行一人一票。董事会的议事方式和表决程序，除《公司法》有规定的外，由公司章程规定。董事会应当对所议事项的决定作成会议记录，出席会议的董事应当在会议记录上签名。

（5）经理。有限责任公司可以设经理，由董事会决定聘任或者解聘。

经理对董事会负责，行使下列职权：①主持公司的生产经营管理工作，组织实施董事会决议；②组织实施公司年度经营计划和投资方案；③拟订公司内部管理机构设置方案；④拟订公司的基本管理制度；⑤制定公司的具体规章；⑥提请聘任或者解聘公司副经理、财务负责人；⑦决定聘任或者解聘除应由董事会决定聘任或者解聘以外的负责管理人员；⑧董事会授予的其他职权。公司章程对经理职权另有规定的，从其规定。执行董事可以兼任经理。经理列席董事会会议。

3. 监事会或监事

监事会是公司的监督机构，负责对董事会及其成员和高级管理人员执行职务的行为进行监督。监事会对股东会负责并报告工作。

（1）监事会的组成。其成员不得少于三人。股东人数较少或者规模较小的有限责任公司，可以设一至二名监事，不设监事会。

监事会应当包括股东代表和适当比例的公司职工代表，其中职工代表的比例不得低于三分之一，具体比例由公司章程规定。监事会中的职工代表由公司职工通过职工代表大会、职工大会或者其他形式民主选举产生。监事会设主席一人，由全体监事过半数选举产生。

（2）监事会会议的召集和主持。监事会主席召集和主持监事会会议；监事会主席不能履行职务或者不履行职务的，由半数以上监事共同推举一名监事召集和主持监事会会议。

监事会每年度至少召开一次会议，监事可以提议召开临时监事会会议。

（3）监事会的职权。监事会和不设监事会的公司的监事行使下列职权：①检查公司财务；②对董事、高级管理人员执行公司职务的行为进行监督，对违反法律、行政法规、公司章程或者股东会决议的董事、高级管理人员提出罢免的建议；③当董事、高级管理人员的行为损害公司的利益时，要求董事、高级管理人员予以纠正；④提议召开临时股东会会议，在董事会不履行本法规定的召集和主持股东会会议职责时召集和主持股东会会议；⑤向股东会会议提出提案；⑥依照《公司法》第一百五十二条的规定，对董事、高级管理人员提起诉讼；⑦公司章程规定的其他职权。

（4）监事会议事规则。监事会的议事方式和表决程序，除本法有规定的外，由公司章程规定。监事会决议应当经半数以上监事通过。监事可以列席董事会会议，并对董事会决议事项提出质询或者建议。监事会、不设监事会的公司的监事发现公司经营情况异常，可以进行调查；必要时，可以聘请会计师事务所等协助其工作，费用由公司承担。监事会应当对所议事项的决定制作成会议记录，出席会议的监事应当在会议记录上签名。

（5）兼任禁止。董事、高级管理人员不得兼任监事。

（二）股份有限公司的组织机构

1. 股东大会

（1）股份有限公司股东大会的组成、性质、职权与有限公司的股东会相同。

股东大会分为股东年会和临时股东大会。股东年会应当每年召开一次（法定），由公司章程规定具体召开时间。临时股东大会是在股东年会之间临时召开的。《公司法》规定有下列情形之一的，应当在两个月内召开临时股东大会：①董事人数不足本法规定人数或者公司章程所定人数的三分之二时；②公司未弥补的亏损达实收股本总额三分之一时；③单独或者合计持有公司百分之十以上股份的股东请求时；④董事会认为必要时；⑤监事会提议召开时；⑥公司章程规定的其他情形。

（2）股东大会的召集和主持。

股东大会会议由董事会召集，董事长主持；董事长不能履行职务或者不履行职务的，由副董事长主持；副董事长不能履行职务或者不履行职务的，由半数以上董事共同推举一名董事主持。

董事会不能履行或者不履行召集股东大会会议职责的，监事会应当及时召集和主持。

监事会不召集和主持的，连续九十日以上单独或者合计持有公司百分之十以上股份的股东可以自行召集和主持。

（3）召开股东大会的通知和审议事项。召开定期股东大会，应当将会议召开的时间、地点和审议的事项于会议召开二十日前通知各股东；召开临时股东大会，应当于会议召开十五日前通知各股东；发行无记名股票的，应当于会议召开三十日前公告会议召开的时间、地点和审议事项。股东大会的审议事项包括董事会提出的事项和股东提出的临时提案两个方面。股东大会不得对上述通知中未列明的事项作出决议。公司法和公司章程规定公司转让、受让重大资产或者对外提供担保等事项必须经股东大会作出决议的，董事会应当及时召集股东大会会议，由股东大会就上述事项进行表决。

（4）股东大会的议事方式和表决程序。股东出席股东大会会议，所持每一股份有一表决权。但是，公司持有的本公司股份没有表决权。股东大会作出决议，必须经出席会议的股东所持表决权过半数通过。但是，股东大会作出修改公司章程、增加或者减少注册资本的决议，以及公司合并、分立、解散或者变更公司形式的决议，必须经出席会议的股东所持表决权的三分之二以上通过（属特别决议事项）。

股东大会应当对所议事项的决定作成会议记录，主持人、出席会议的董事应当在会议记录上签名。会议记录应当与出席股东的签名册及代理出席的委托书一并保存。

（5）《公司法》关于召开股东大会其他相关规定。

1）少数股东临时提案权。单独或者合计持有公司百分之三以上股份的股东，可以在股东大会召开十日前提出临时提案并书面提交董事会；董事会应当在收到提案后两日内通知其他股东，并将该临时提案提交股东大会审议。临时提案的内容应当属于股东大会职权范围，并有明确议题和具体决议事项。

2）无记名股票持有人出席股东大会会议的，应当于会议召开五日前至股东大会闭会时将股票交存于公司。

3）累积投票制。累积投票制，是指股东大会选举董事或者监事时，每一股份拥有与应选董事或者监事人数相同的表决权，股东拥有的表决权可以集中使用。股东大会选举董事、监事，只有在公司章程有规定或者股东大会有决议时，才可实行累积投票制。

4）股权代理。股东可以委托代理人出席股东大会会议，代理人应当向公司提交股东授权委托书，并在授权范围内行使表决权。

2. 董事会和经理

股份有限公司设董事会，其性质、职权及董事的任期与有限责任公司董事会相同。

（1）股份有限公司董事会的组成。股份有限公司董事会成员为五人至十九人。董事会成员中可以有公司职工代表。董事会设董事长一人，可以设副董事长。董事长和副董事长由董事会以全体董事的过半数选举产生（法定产生）。

（2）董事会的召集和主持。董事会每年度至少召开两次会议，每次会议应当于会议召开十日前通知全体董事和监事。代表十分之一以上表决权的股东、三分之一以上董事或者监事会，可以提议召开董事会临时会议。董事会会议由董事长召集和主持，检查董事会决议的实施情况。副董事长协助董事长工作，董事长不能履行职务或者不履行职务的，由副董事长履行职务；副董事长不能履行职务或者不履行职务的，由半数以上董事共同推举一名董事履行职务。董事长应当自接到提议后十日内，召集和主持董事会会议。董事会召开临时会议，可以另定召集董事会的通知方式和通知时限。上市公司设独立董事和董事会秘书，董事会秘书负责公司股东大会和董事会会议的筹备、文件保管以及股权管理，办理信息披露事务等事宜。

（3）议事方式和表决程序。董事会会议应有过半数的董事出席方可举行。董事会作出决议，必须经全体董事的过半数通过。董事会决议的表决，实行一人一票。董事会会议，应由董事本人出席；董事因故不能出席，可以书面委托其他董事代为出席，委托书中应载明授权范围（董事代理制）。

董事会应当对会议所议事项的决定作成会议记录，出席会议的董事应当在会议记录上签名。董事应当对董事会的决议承担责任。董事会的决议违反法律、行政法规或者公司章程、股东大会决议，致使公司遭受严重损失的，参与决议的董事对公司负赔偿责任。但经证明在表决时曾表明异议并记载于会议记录的，该董事可以免除责任。

（4）公司设经理，由董事会决定聘任或者解聘。《公司法》关于有限责任公司经理职权的规定，适用于股份有限公司经理。公司董事会可以决定由董事会成员兼任经理。

3. 监事会

股份有限公司设监事会，监事的任期、监事会的职权与有限公司的监事会相同。监事会成员不得少于三人。监事会应当包括股东代表和适当比例的公司职工代表，其中职工代表的比例不得低于三分之一，具体比例由公司章程规定。监事会中的职工代表由公司职工通过职工代表大会、职工大会或者其他形式民主选举产生。监事会设主席一人，可以设副主席。监事会主席和副主席由全体监事过半数选举产生。董事、高级管理人员不得兼任监事。

监事会主席召集和主持监事会会议；监事会主席不能履行职务或者不履行职务的，由监事会副主席召集和主持监事会会议；监事会副主席不能履行职务或者不履行职务的，由半数以上监事共同推举一名监事召集和主持监事会会议。

监事会每六个月至少召开一次会议。监事可以提议召开临时监事会会议。

监事会的议事方式和表决程序，除本法有规定的外，由公司章程规定。监事会决议应当经半数以上监事通过。

监事会应当对所议事项的决定作成会议记录，出席会议的监事应当在会议记录上签名。

4. 上市公司组织机构的特别规定

上市公司是指其股票在证券交易所上市交易的股份有限公司。

（1）股东大会特别决议事项。上市公司在一年内购买、出售重大资产或者担保金额超过公司资产总额百分之三十的，应当由股东大会作出决议，并经出席会议的股东所持表决权的三分之二以上通过。

（2）上市公司设独立董事，具体办法由国务院规定。

（3）上市公司设董事会秘书，负责公司股东大会和董事会会议的筹备、文件保管以及公司股东资料的管理，办理信息披露事务等事宜。

（4）关联董事权利行使的排除及关联交易的决议规则。上市公司董事与董事会会议决议事项所涉及的企业有关联关系的，不得对该项决议行使表决权，也不得代理其他董事行使表决权。该董事会会议由过半数的无关联关系董事出席即可举行，董事会会议所作决议须经无关联关系董事过半数通过。出席董事会的无关联关系董事人数不足三人的，应将该事项提交上市公司股东大会审议。

（三）公司董事、监事、高级管理人员

1. 公司董事、监事、高级管理人员的任职资格

有下列情形之一的，不得担任公司的董事、监事、高级管理人员：①无民事行为能力或者限制民事行为能力；②因贪污、贿赂、侵占财产、挪用财产或者破坏社会主义市场经济秩序，被判处刑罚，执行期满未逾五年，或者因犯罪被剥夺政治权利，执行期满未逾五年；③担任破产清算的公司、企业的董事或者厂长、经理，对该公司、企业的破产负有个人责任的，自该公司、企业破产清算完结之日起未逾三年；④担任因违法被吊销营业执照、责令关闭的公司、企业的法定代表人，并负有个人责任的，自该公司、企业被吊销营业执照之日起未逾三年；⑤个人所负数额较大的债务到期未清偿。

公司违反规定选举、委派董事、监事或者聘任高级管理人员的，该选举、委派或者聘任无效。董事、监事、高级管理人员在任职期间出现上述五种情形的，公司应当解除其职务。

2. 公司董事、监事、高级管理人员的义务与责任

（1）董事、监事、高级管理人员共同的义务和责任。

①应当遵守法律、行政法规和公司章程，对公司负有忠实义务和勤勉义务。董事、监事、高级管理人员不得利用职权收受贿赂或者其他非法收入，不得侵占公司的财产；②执行公司职务时违反法律、行政法规或者公司章程的规定，给公司造成损失的，应当承担赔偿责任；③股东会或者股东大会要求董事、监事、高级管理人员列席会议的，董事、监事、高级管理人员应当列席并接受股东的质询。

（2）董事、高级管理人员的义务和责任。

董事、高级管理人员不得有下列行为：①挪用公司资金；②将公司资金以其个人名义或者以其他个人名义开立账户存储；③违反公司章程的规定，未经股东会、股东大会或者董事会同意，将公司资金借贷给他人或者以公司财产为他人提供担保；④违反公司章程的规定或者未经股东会、股东大会同意，与本公司订立合同或者进行交易；⑤未经股东会或者股东大会同意，利用职务便利为自己或者他人谋取属于公司的商业机会，自营或者为他人经营与所任职公司同类的业务；⑥接受他人与公司交易的佣金归为己有；⑦擅自披露公司秘密；⑧违反对公司忠实义务的其他行为。董事、高级管理人员违反上述规定所得的收入应当归公司所有。

董事、高级管理人员因违反法律或章程规定的行为而从中获得的个人好处和收益归公司所有。

四、公司的股份及股东的权利和义务

（一）有限责任公司的股权证明与股权转让

1. 有限责任公司的股权证明——出资证明书

出资证明书是有限公司的股东出资的凭证，不能自由转让。有限责任公司成立后，由公司向股东签发出资证明书。其法律性质是证明文件，起到证明出资的主体、出资的金额和出资的比例的作用。出资证明书必须加盖公司的印章。

2. 股权转让（即出资的转让）

（1）股东之间的股权转让。有限责任公司的股东之间可以相互转让其全部或者部分股权。这种转让是自由的，法律不作任何限制，但章程有规定的从其规定。（如：章程规定股东之间转让应通知其他股东的，就应履行通知的义务。）

（2）股权对外转让。股东向股东以外的人转让股权，应当经其他股东过半数同意。股东应就其股权转让事项书面通知其他股东征求同意，其他股东自接到书面通知之日起满三十日未答复的，视为同意转让。其他股东半数以上不同意转让的，不同意的股东应当购买该转让的股权；不购买的，视为同意转让。经股东同意转让的股权，在同等条件下，其他股东有优先购买权。两个以上股东主张行使优先购买权的，协商确定各自的购买比例；协商不成的，按照转让时各自的出资比例行使优先购买权。公司章程对股权转让另有规定的，从其规定。

发生股权转让的，公司应更改公司的股东名册，并应当向公司登记管理机关办理变更登记，未经登记不得对抗第三人。记载于股东名册的股东可依股东名册主张股东权利。

（3）股东资格转承。自然人股东死亡后，其合法继承人可以继承股东资格；但是，公司章程另有规定的除外。

（4）股权强制转让。人民法院依照法律规定的强制执行程序转让股东的股权时，应当通知公司及全体股东，其他股东在同等条件下有优先购买权。其他股东自人民法院通知之日起满二十日不行使优先购买权的，视为放弃优先购买权。

3. 股东的股权回购请求权

根据我国《公司法》确定的资本充实原则，公司不可以持有本公司股份，为保护特定情况下股东的利益，《公司法》规定了股东的股权回购请求权。《公司法》第七十四条规定：有下列情形之一的，对股东会该项决议投反对票的股东可以请求公司按照合理的价格收购其股权：①公司连续五年不向股东分配利润，而公司该五年连续盈利，并且符合本法规定的分配利润条件的；②公司合并、分立、转让主要财产的；③公司章程规定的营业期限届满或者章程规定的其他解散事由出现，股东会会议通过决议修改章程使公司存续的。

自股东会会议决议通过之日起六十日内，股东与公司不能达成股权收购协议的，股东可以自股东会会议决议通过之日起九十日内向人民法院提起诉讼。

（二）股份有限公司的股份

1. 股份发行

股份是公司资本的构成单位。对公司而言，股份是以货币价值量计算的均等的资本单位；对股东而言，股份是股东权利义务大小的基本计算单位。股份以股票作为具体的表现形式，股票是股份有限公司在成立以后签发的证明股东投资入股的凭证。

（1）股份分类。

1）按照股东权利内容，将股份分为普通股与特别股（优先股和后配股）。普通股的股东享有投票表决权，但普通股股东在分配股利时不享有特别利益，完全依当年的营利状况而定，而且只能在支付了公司债券的利息和优先股股东的权益得到满足后才可参加分配。在公司清算时，普通股股东必须排在公司债权人、优先股股东之后分得公司剩余财产。优先股在股东大会上没有表决权，但在分配股利和剩余财产时优先于普通股。

2）按照在股票票面和股东名册上是否记载股东姓名，将股份分为记名股和无记名股。记名股转让应通过背书或者法律、行政法规规定的其他方式进行，转让后须变更股东名册。无记名股仅凭支付即完成转让。发起人股、法人股为记名股。

3）按照股票票面是否有具体金额，股份可以分为额面股和无额面股，我国不允许发行无额面股。

（2）股份的发行价格。

股票的发行可以按照票面金额平价发行，可以超过票面金额溢价发行，但不允许低于面额折价发行。

2. 股份转让

股份有限公司的股东可以自由转让其股份，法律有特别规定的除外。

（1）股份转让方式。

记名股票，由股东以背书方式或者法律、行政法规规定的其他方式转让；转让后由公司将受让人的姓名或者名称及住所记载于股东名册。无记名股票的转让，由股东将该股票交付给受让人后即发生转让的效力。股东大会召开前二十日内或者公司决定分配股利的基准日前五日内，不得进行股东名册的变更登记（但不影响记名股的转让，且未变更登记前不享有股权）。

（2）股份转让的限制。

股份有限公司股份转让以自由为原则，但受以下限制：

1）转让场所的限制。股东转让其股份，应当在依法设立的证券交易场所进行或者按照国务院规定的其他方式进行。

2）无记名股转让的限制。无记名股票持有人出席股东大会会议的，在会议召开五日前至股东大会闭会时，应将股票交存于公司而不能转让。

3）对发起人所持股份转让的限制。发起人持有的本公司股份，自公司成立之日起一年内不得转让。

4）公司公开发行股份前已发行的股份转让的限制。公司公开发行股份前已发行的股份，自公司股票在证券交易所上市交易之日起一年内不得转让。

5）对公司董事、监事、高级管理人员所持股份转让的限制。公司董事、监事、高级管理人员应当向公司申报所持有的本公司的股份及其变动情况，在任职期间每年转让的股份不得超过其所持有本公司股份总数的百分之二十五；所持本公司股份自公司股票上市交易之日起一年内不得转让。

上述人员离职后半年内，不得转让其所持有的本公司股份。公司章程可以对公司董事、监事、高级管理人员转让其所持有的本公司股份作出其他限制性规定。

6）公司收购本公司股份的限制。一般情况下，公司不得收购本公司股份。但是，有下列情形之一的除外：①减少公司注册资本；②与持有本公司股份的其他公司合并；③将股份奖励给本公司职工；④股东因对股东大会作出的公司合并、分立决议持异议，要求公司收购其股份的。

7）对股票质押的限制。公司不得接受本公司的股票作为质押权的标的。（如甲、乙签订了一份合同，乙拥有甲一定的股份，甲为了保证合同的履行，要求签订质押合同，乙把拥有的甲的股份交给甲作为质押权的标的，因乙违约而实现质押权时，甲可以把质物变卖，等于收购了自己的股份，这是不允许的。）

（三）股东的权利与义务

1. 股东的权利

股东的权利简称股权，分为共益权和自益权。共益权主要是管理权，自益权主要是财产权。股东主要享有以下权利：（此部分将公司股东的权利进行了归纳，相关问题在各部分已经进行了讲述。）

（1）出席或委托代理人出席股东会行使表决权。

（2）选举权和被选举权。

（3）依法转让股份的权利。

（4）查阅、复制公司章程、股东会会议记录、董事会会议决议、监事会会议决议和财务会计报告。《公司法》第三十三条第一款规定："股东有权查阅、复制公司章程、股东会会议记录、董事会会议决议、监事会会议决议和财务会计报告。"

（5）股利分配权。

（6）发行新股的优先认购权。《公司法》第三十四条规定："公司新增资本时，股东有权优先按照实缴的出资比例认缴出资。但是，全体股东约定不按照出资比例分取红利或者不按照出资比例优先认缴出资的除外。"

（7）对公司的经营提出建议或者质询权。

（8）提议召开临时股东会、依法召集股东会的权利及股份有限公司各小股东的临时提案权。

（9）公司终止后对公司剩余财产的分配请求权。

（10）诉权。（股东以自己的名义提起诉讼的权利）

（11）股权或股份回购请求权。（在有限责任公司的股权证明与股权转让中已介绍。）

（12）查阅公司会计账簿的权利（仅有限责任公司股东享有）。《公司法》第三十三条规定："股东可以要求查阅公司会计账簿。股东要求查阅公司会计账簿的，应当向公司提出书面请求，说明目的。公司有合理根据认为股东查阅会计账簿有不正当目的，可能损害公司合法利益的，可以拒绝提供查阅，并应当自股东提出书面请求之日起十五日内书面答复股东并说明理由。公司拒绝提供查阅的，股东可以请求人民法院要求公司提供查阅。"

（13）公司章程规定的其他权利。

2. 股东的义务

①遵守公司章程的义务；②按照出资协议约定缴纳出资的义务；③公司成立后不得抽逃出资的义务；④对公司以认缴的出资额或认购的股份为限承担有限责任；⑤填补出资义务，公司成立后，发现作为设立公司出资的非货币财产的实际价额显著低于公司章程所定价额的，交付该出资的股东补足其差额；⑥章程规定的其他义务。

3. 股权的行使

股东股权的行使因股东是自然人或法人而不同：自然人股东的股权可由本人行使，也可委托他人代为行使；法人股东除由法定代表人行使股权外，一般委托代理人行使股权。

五、公司债券及财务会计制度

（一）公司债券

1. 公司债券的概念及分类

公司债券是公司依法定程序发行，约定在一定期限还本付息的一种有价证券。公司债券按照不同分类标准可以分为以下种类：

（1）按照是否记载持有人姓名，可分为记名债券和无记名债券。

（2）按照有无担保，可分为担保公司债券和无担保公司债券。

（3）按照能否转换为股票，可分为可转换公司债券和非转换公司债券。

（4）按照是否上市，可分为上市公司债券与非上市公司债券。

2. 公司债券的发行与转让

（1）公司债券的发行。

公开发行公司债券，应当符合《中华人民共和国证券法》规定的发行条件：

1）股份有限公司的净资产不低于人民币三千万元，有限责任公司的净资产不低于人民币六千万元。

2）累计债券余额不超过公司净资产的百分之四十。

3）最近三年平均可分配利润足以支付公司债券一年的利息。

4）筹集的资金投向符合国家产业政策。

5）债券的利率不超过国务院限定的利率水平。

6）国务院规定的其他条件。

公开发行公司债券筹集的资金，必须用于核准的用途，不得用于弥补亏损和非生产性支出。上市公司发行可转换为股票的公司债券，除应当符合上述规定的条件外，还应当符合《公司法》关于公开发行股票的条件，并报国务院证券监督管理机构核准。

再次公开发行公司债券，不得有下列情形：①前一次公开发行的公司债券尚未募足；②对已公开发行的公司债券或者其他债务有违约或者延迟支付本息的事实，仍处于继续状态；③违反本法规定，改变公开发行公司债券所募资金的用途。

公司债券的发行须由公司股东会作出决议（国有独资公司须由国有资产监督管理机构决定），报国务院授权的部门核准，并公告债券的募集办法，才可以募集债款。

（2）公司债券的转让。

公司债券可以转让，包括上市转让与场外转让。转让价格由转让人与受让人约定。无记名公司债券凭交付即可转让。记名公司债券的转让须进行背书，转让后由公司将受让人的姓名或名称及住所记载于公司债券存根簿。

3. 可转换公司债券

可转换公司债券是指可以转化为股份的债券。根据《公司法》第一百六十一条规定，股份公司中的上市公司才有发行可转换公司债券的资格。发行可转换公司债券既要符合公司债券的发行条件，还应符合增资发行股票的条件。从程序上，既应报国务院授权的部门核准，还应报国务院证券监督管理机构核准。

可转换公司债券的持有人有转换与不转换的选择权。如果选择转换，公司应按照其转换办法向债券持有人换发股票。

（二）公司的财务、会计

1. 财务会计报告制度

公司的财务会计报告是反映公司的生产经营成果和财务状况的总结性书面文件，包括资产负债表、损益表、财务状况变动表、财务情况说明书、利润分配表等财务会计报表及附属明细表组成。财务会计报告由董事会负责制作。一般要求包括以下几个方面：

（1）公司应当依照法律、行政法规和国务院财政部门的规定建立本公司的财务、会计制度。

（2）公司应当在每一会计年度终了时制作财务会计报告，并依法审查验证。

（3）有限责任公司应依章程规定的期限送交每一位股东，股份有限公司应在股东大会年会召开的二十日前置备于公司，供股东查阅。公开发行股票的公司必须公告其财务会计报告。

（4）公司除法定会计账册外，不得另立会计账册；对公司资产，不得以任何个人名义另立账户储存。

2. 税后利润分配制度

（1）利润分配顺序。

公司利润是指公司在一定时期（1 年）内从事经营活动的经营成果。包括营业利润、投资净收益以及营业外收支净额。公司应按照以下顺序分配利润：

1）弥补以前年度的亏损。

2）缴纳所得税。

3）提取法定公积金。

4）经股东会、股东大会决议提取任意公积金。

5）支付股利。有限责任公司依照实缴出资比例分配；股份有限公司按照股东持有的股份比例分配，但有限责任公司的全体股东约定不按出资比例分配，股份有限公司章程规定不按持股比例分配的除外。公司持有的本公司股份不得分配利润。

（2）公积金制度。

公积金又称储备金，是公司为了增强自身实力、扩大业务范围、防范意外亏损，依照法律、股东会决议而从公司税后利润中提取的积累资金。

按照公积金是否法定分为以下两类：

1）法定公积金：是基于法律的规定提取的公积金。包括法定盈余公积金和资本公积金。前者提取比例为税后利润的百分之十，当累计额达公司注册资本的百分之五十以上时，可以不再提取。后者是公司非营业活动所产生的收益，主要来源是：股票议价发行的议价款、资产重估价值与账面净值的差额、接受的捐赠、处置公司资产所得的收入。

2）任意公积金：是在法定盈余公积金之外，依据股东会的决议从税后利润中提取的。

公积金的用途：弥补公司的亏损、扩大公司的生产经营、转为增加公司资本。但是，资本公积金不得用于弥补公司的亏损。法定公积金转为资本时，所留存的该项公积金不得少于转增前公司注册资本的百分之二十五。

（3）审计制度。

公司应在每一会计年度终了时编制财务会计报告，并经会计师事务所审计。公司聘用、解聘承办公司审计业务的会计师事务所，依照公司章程的规定，由股东会、股东大会或者董事会决定。

六、公司的合并、分立、组织形式的转换及解散和清算

（一）公司的合并

公司的合并是两个或两个以上的公司依照公司法签订合并协议，不经过清算程序，合并为一个公司的行为。合并的形式有两种：一是吸收合并，一是新设合并。

合并应符合以下程序：①签订合并协议。②股东会特别决议。③编制资产负债表及财产清单。④通知、公告债权人。公司应当自作出合并决议之日起十日内通知债权人，并于三十日内在报纸上公告。债权人自接到通知书之日起三十日内，未接到通知书的自公告之日起四十五日内，可以要求公司清偿债务或者提供相应的担保。⑤办理登记。因合并而新设的公司办理设立登记，因合并而解散的公司办理注销登记，合并后继续存续的公司办理变更登记。

公司合并时，合并各方的债权、债务，应当由合并后存续的公司或者新设的公司承继。

（二）公司的分立

公司的分立是一个公司通过依法签订分立协议，不经过清算程序，分立为两个或两个以上具有独立法人资格的公司的行为。分立的方式分为：派生分立和新设分立。

分立应符合以下程序：①签订分立协议。②股东会特别决议。③编制资产负债表及财产清单。④通知、公告债权人。公司应当自作出分立决议之日起十日内通知债权人，并于三十日内在报纸上公告。⑤办理登记。因分立而新设的公司办理设立登记，因分立而解散的公司办理注销登记，分立后继续存续的公司办理变更登记。

公司分立前的债务由分立后的公司承担连带责任。但是，公司在分立前与债权人就债务清偿达成的书面协议另有约定的除外。

（三）公司组织形式的转换

有限责任公司和股份有限公司的组织形式可相互转换，但应符合《公司法》规定的转换后公司组织形式的相应条件。其中，有限责任公司转换为股份有限公司的，其折合的实收股份总额不得高于公司的净资产额。公司组织形式的转换是股东会的特别决议事项。公司组织形式变更的，变更前的债权、债务由变更后的公司承继。

（四）公司的解散与清算

1. 公司的解散

公司的解散，是已成立的公司因发生法律或者章程规定的事由而停止业务活动，并进行清算，最终使公司终止的活动。

公司因下列原因解散：①公司章程规定的营业期限届满或者公司章程规定的其他解散事由出现；②股东会或者股东大会决议解散；③因公司合并或者分立需要解散；④依法被吊销营业执照、责令关闭或者被撤销；⑤公司经营管理发生严重困难，继续存续会使股东利益受到重大损失，通过其他途径不能解决的，持有公司全部股东表决权百分之十以上的股东，可以请求人民法院解散公司。以上①～③项为公司的自愿解散；④～⑤项为公司的强制解散。

公司有第①种情形的，可以通过修改公司章程而存续。基于此而修改公司章程的，有限

责任公司须经持有三分之二以上表决权的股东通过，股份有限公司须经出席股东大会会议的股东所持表决权的三分之二以上通过。

解散的后果。解散是一种法律事实。解散的公司，其法人资格依然存在，但公司的权利能力仅局限在清算所必要的范围内。清算期间，公司超越清算事务范围所为的民事行为无效。解散的公司，其原有法定代表人和业务执行机关丧失权力，由清算人接替之。

2. 公司的清算

（1）清算组的成立和清算组的职责。

解散的公司，应当在解散事由出现之日起十五日内成立清算组，开始清算。有限责任公司的清算组由股东组成，股份有限公司的清算组由董事或者股东大会确定的人员组成。逾期不成立清算组进行清算的，债权人可以申请人民法院指定有关人员组成清算组进行清算。人民法院应当受理该申请，并及时组织清算组进行清算。

清算组在清算期间行使下列职权：①清理公司财产，分别编制资产负债表和财产清单；②通知、公告债权人；③处理与清算有关的公司未了结的业务；④清缴所欠税款以及清算过程中产生的税款；⑤清理债权、债务；⑥处理公司清偿债务后的剩余财产；⑦代表公司参与民事诉讼活动。

（2）清算程序。清算组成立后，公司进入实质性清算程序。程序如下：

1）清理公司财产，编制资产负债表和财产清单。

2）通知、公告债权人并进行债权登记。清算组应当自成立之日起十日内通知债权人，并于六十日内在报纸上公告。债权人应当自接到通知书之日起三十日内，未接到通知书的自公告之日起四十五日内，向清算组申报其债权。债权人申报债权，应当说明债权的有关事项，并提供证明材料。

3）清算组对债权进行登记。

4）制定清算方案，并报股东会、股东大会或者人民法院确认。

5）分配财产。顺序是：①支付清算费用；②支付职工的工资、社会保险费用和法定补偿金；③缴纳所欠税款；④清偿公司债务；⑤分配剩余财产。有限责任公司按照股东的出资比例分配，股份有限公司按照股东持有的股份比例分配。

清算期间，公司存续，但不得开展与清算无关的经营活动。公司财产在未依照上述规定清偿前，不得分配给股东。

6）办理注销登记。清算结束后，清算组制作清算报告，报股东会、股东大会或者人民法院确认，并报公司登记机关，办理注销登记。

七、国有独资公司和一人有限公司

（一）国有独资公司

1. 国有独资公司的定义

国有独资公司是指国家单独出资，由国务院或者地方人民政府授权本级政府国有资产监督管理机构履行出资人职责的有限公司。

2. 国有独资公司的特别规定

（1）国有独资公司不设股东会，由国有资产监督管理机构行使股东会职权。国有资产监督管理机构可以授权公司董事会行使股东会的部分职权，决定公司的重大事项，但下列事项必须由国有资产监督管理机构决定：①公司的合并、分立、解散；②增加或者减少注册资本；③发行公司债券。其中，重要的国有独资公司合并、分立、解散、申请破产的，应当由国有资产监督管理机构审核后，报本级人民政府批准。

（2）国有独资公司的董事会，董事会成员由国有资产监督管理机构委派的人员和公司职工代表组成。董事每届任期不得超过三年。董事会设董事长一人，可以设副董事长。董事长、副董事长由国有资产监督管理机构从董事会成员中指定。

（3）国有独资公司的经理，由董事会聘任或者解聘。经国有资产监督管理机构同意，董事会成员可以兼任经理。

（4）国有独资公司的监事会。监事会成员不得少于五人，其中职工代表的比例不得低于三分之一，具体比例由公司章程规定。监事会成员由国有资产监督管理机构委派；但是，监事会成员中的职工代表由公司职工代表大会选举产生。监事会主席由国有资产监督管理机构从监事会成员中指定。监事会行使《公司法》第五十四条第一项至第三项规定的职权和国务院规定的其他职权。

（5）国有独资公司高级管理人员兼职的禁止。国有独资公司的董事长、副董事长、董事、高级管理人员，未经国有资产监督管理机构同意，不得在其他有限责任公司、股份有限公司或者其他经济组织兼职。

（二）一人有限公司

1. 一人有限公司的定义

一人有限公司是由一个自然人股东或者一个法人股东出资设立的有限公司。一个自然人出资设立的一人有限公司与个人独资企业的区别在于：①前者的出资人承担有限责任，后者的出资人承担无限责任；②前者是具有独立法人资格的企业，后者为非法人企业。

2. 一人有限公司的特别规定

根据《公司法》，一人有限公司有以下特别规定：

（1）一个自然人只能投资设立一个一人有限责任公司。该一人有限责任公司不能投资设立新的一人有限责任公司。

（2）一人有限责任公司应当在公司登记中注明自然人独资或者法人独资，并在公司营业执照中载明。

（3）一人有限责任公司不设股东会，应由股东会作出的决定由股东作出，该决定应当采用书面形式，并由股东签名后置备于公司。

（4）应当在每一会计年度终了时编制财务会计报告，并经会计师事务所审计。

（5）一人有限责任公司的股东不能证明公司财产独立于股东自己的财产的，应当对公司债务承担连带责任。（法人人格否认制度：举证责任倒置，即股东自己举证。）

【引例解析】

秘书小王应这样回答这些问题：

（1）单某买卖家电的行为不合法。因单某买卖家电的行为违反了公司董事、经理的竞业禁止义务。《公司法》规定："公司的董事、经理不得从事与本公司同类营业性质的商业活动，目的是禁止董事、经理利用其职务，损害公司利益。"在本案中，单某身为电器商场的董事兼总经理，却以百货公司的名义购销家电产品，实际上是为百货公司进行商业活动，显然属于与电器商场的同类营业行为，而且是以营利为目的。因此，单某的行为违反了《公司法》关于竞业禁止义务的规定。

（2）王某所得收入应归电器商场所有，并可由电器商场给予处分。《公司法》规定：“董事、经理违反竞业禁止义务，其所得应当归公司所有，以保护公司及股东的利益。”因此，单某因买卖这批家电产品所得的一切收入，应当归公司所有。如果因单某的竞业行为而使公司的利益遭受损害的，公司还可以要求其损害赔偿。此外，《公司法》第二百一十五条还规定：“董事、经理违反竞业禁止义务，除将其收入归公司所有外，并可由公司给予处分。”所以，电器商场可以根据单某的行为给公司造成的损害大小等情况，给单某以处分。

（3）对单某为建筑工程公司提供担保的行为可作以下处理：①责令取消该担保；②由单某赔偿电器商场损失；③单某因担保所得收入归电器商场所有；④由电器商场给予单某处分。

《公司法》规定：“董事、经理不得以公司资产为本公司的股东或者其他个人债务提供担保。”“董事、经理违反本法规定，以公司资产为本公司的股东或者其他个人债务提供担保的，责令取消担保，并依法承担赔偿责任，将违法提供担保取得的收入归公司所有。情节严重的，由公司给予处分。”

（4）单某卖小轿车给电器商场的行为无效。因为该行为违反了公司董事、经理的自我交易禁止义务。

（5）单某卖小轿车给电器商场的行为经过了董事会的批准，则该行为无效。因为该行为应经公司股东会同意或有章程规定，仅经过董事会批准是不行的。

《公司法》规定：“董事、经理除公司章程规定或者股东会同意外，不得同本公司订立合同或者进行交易。”即公司董事、经理禁止自我交易义务。本案中单某未经股东会同意，擅自作主将自己的小轿车卖与公司，系违反禁止自我交易的行为，公司可主张该行为无效。

【实训内容】

1．为你所在的公司起草一份公司章程。

甲有限责任公司（以下简称“甲公司”）由 A 企业、B 企业、C 企业共同投资，于 2006 年 1 月 1 日成立，注册资本为 1000 万元，其中 A 企业认缴的出资为 600 万元，B 企业认缴的出资为 300 万元，C 企业认缴的出资为 100 万元。根据公司章程的规定，A 企业、B 企业、C 企业的首次出资额为各自认缴出资额的 25%，其余 75%的出资在 2007 年 7 月 1 日前缴足。

假设你是甲公司的秘书，现在你要为公司起草公司章程，那么甲公司章程规定的股东出资期限是否符合法律规定？

分析：出资期限符合规定。《公司法》取消了普通公司的最低限额限制，各股东出资方式符合法律规定。

股份有限公司章程应当载明的事项：

（一）公司名称和住所；

（二）公司经营范围；

（三）公司设立方式；

（四）公司股份总数、每股金额和注册资本；

（五）发起人的姓名或者名称、认购的股份数、出资方式和出资时间；

（六）董事会的组成、职权和议事规则；

（七）公司法定代表人；

（八）监事会的组成、职权和议事规则；

（九）公司利润分配办法；

（十）公司的解散事由与清算办法；

（十一）公司的通知和公告办法；

（十二）股东大会会议认为需要规定的其他事项。

2．模拟撰写一份有限责任公司出资协议。

提示：有限公司出资协议的格式如下所示。

有限公司出资协议

甲方：

乙方：

甲、乙双方经友好协商，就共同出资设立新公司具体事宜达成如下协议：

一、新公司名称、注册地及注册资本

公司名称为____________________有限公司；公司注册资本为__________元；公司注册地址为______________________________。

二、新公司的企业性质

新公司为有限责任公司，甲、乙方以各自的出资额为限对新公司承担责任，新公司以其全部资产对新公司的债务承担责任。

三、出资方式、出资金额及出资比例

甲方以其拥有的位于____________________面积为______平方米、使用期限为____年的国有土地使用权出资，出资金额为______元（具体以____资产评估有限公司的评估值为准），占新公司注册资本的____%；乙方以现金出资，出资金额为______元，占新公司注册资本的____%。

四、出资时间及违约责任

甲方投入新公司的土地使用权应于______年______月______日前办理完毕过户手续，乙方投入新公司的现金亦应于______年______月______日前到达新公司银行账户。未按期履行出资义务的，每逾期一日，应向新公司缴纳尚未出资部分万分之____的违约金。

五、新公司经营范围

公司经营范围为：____________________。

六、新公司组织结构

七、其他

1.本协议未尽事宜，由双方平等协商解决。2.本协议经双方授权代表签字后生效。3.本协议一式______份，均具同等法律效力。

甲方：签字　　　　　　　　乙方：签字

____年__月__日　　　　　　____年__月__日

【案例】

1. 绿源饮品股份有限公司准备在本年 10 月 8 日召开定期股东大会，董事长要求秘书小王制作股东大会会议时间安排和内容安排计划。请你为小王制作股东大会会议时间安排和内容安排计划。

分析：时间安排、通知股东和有关审议事项要符合法律的规定。应当将会议召开的时间、地点和审议的事项于会议召开二十日前通知各股东；发行无记名股票的，应当于会议召开三十日前公告会议召开的时间、地点和审议事项。

2. 某公司股东甲对公司两年没有分配股息表示不满，要求查阅公司账簿和查阅、复制公司章程、股东会会议记录、董事会会议决议、监事会会议决议和财务会计报告，并且提出，如果公司再不分配股息就要求公司回购其股份。请你作为公司董事长秘书，为董事长提出法律建议。

分析：根据《公司法》的规定，股东可以查阅、复制公司章程、股东会会议记录、董事会会议决议、监事会会议决议和财务会计报告；如果有正当理由应当允许查阅公司账簿；但是，股东提出的回购股份的要求不能被允许，因为公司连续五年不向股东分配利润，而公司该五年连续盈利，并且符合本法规定的分配利润条件的，才可以要求公司回购股份。

【思考与练习】

1. 请你虚拟一个公司，为其起草一份公司章程。
2. 请你作为公司秘书为股东提出公司的设立程序。
3. 《公司法》对公司出资的法定要求有哪些？
4. 《公司法》对股东的权利作了哪些规定？
5. 《公司法》对公司董事、监事、高级管理人员的任职资格有哪些要求？
6. 简述有限责任公司和股份有限公司各自的设立条件及股东行使股权回购请求权的情形。
7. 简述一人有限责任公司的特殊规定。
8. 2000 年朱某出资 10 万元，与张某、王某、赵某和飞翔实业有限公司共同投资设立北京安康食品有限公司。但是在随后 8 年的经营中，该公司一直声称经营亏损，拒绝向朱某分配利润，而且拒绝朱某查阅公司的财务会计资料。因此朱某一直无法了解公司的业务和经营状况，进而无法向安康公司侵害股东权益的行为采取必要的法律手段。朱某的哪些权利受到了侵犯？朱某可以采取何种手段获得法律帮助？在此案例中，若安康公司确实连续多年经营亏损，朱某认为，公司继续经营下去，会导致破产，自己的股权利益将无法实现。在这种情况下，朱某可否请求解散公司？

分析：首先公司侵害了股东的知情权。《公司法》第三十三条规定：“股东有权查阅、复制公司章程、股东会会议记录、董事会会议决议、监事会会议决议和财务会计报告。”其次，朱某可以请求人民法院要求公司提供查阅。《公司法》第三十三条第二款规定：“股东可以要求查阅公司会计账簿。公司拒绝提供查阅的，股东可以请求人民法院要求公司提供查阅。”第三，根据《公司法》第一百八十二条规定：“公司经营管理发生严重困难，继续存续会使股东利益受到重大损失，通过其他途径不能解决的，持有公司全部股东表决权百分之十以上的股东，可以请求人民法院解散公司。”朱某的股份数额符合该条规定的起诉条件，可以请求人民法院解散公司。

9．原野电子有限公司的注册资本 5000 万，小王是原野电子有限公司业务部主管，两个月后公司要召开股东会，董事长要求小王写一份税后利润分配方案，要在股东会上讨论。方案计划如下：今年税后利润的 20%作为公积金，将积攒的 3000 万公积金中的 2500 万转增资本。

请问：小王能否按照董事长制定的计划制作利润分配方案？

第二节　合伙企业法

【引例】

甲乙丙三人的合伙企业中，合伙人甲和乙是普通合伙人，丙是有限合伙人，乙是负责人。合伙协议中约定：乙对外代表合伙企业，对合伙企业事务进行经营管理。2018 年 2 月，合伙企业需要购买一台设备，正好丙有合伙企业需要的设备，在没有与甲协商的情况下，乙决定购买丙的设备，并与丙签订买卖合同。甲表示不满，甲认为该买卖行为违反《合伙企业法》关于“合伙人不得与合伙企业进行交易”的规定，买卖行为无效。如果你是合伙企业的秘书，请为合伙企业提出解决意见。

一、合伙企业概述

合伙指两个以上的人为了共同目的，相互约定共同出资、共同经营、共享收益、共担风险的以合同关系建立的自愿联合。合伙企业是两个以上的人为了共同目的、共同出资，在合伙协议的基础上组建的一种企业组织形式。我国《合伙企业法》第二条规定：“本法所称合伙企业，是指自然人、法人和其他组织依照本法在中国境内设立的普通合伙企业和有限合伙企业。”

（一）合伙企业的分类

我国的《合伙企业法》确定了两种合伙企业的类型：普通合伙企业和有限合伙企业。

1．普通合伙企业

普通合伙企业指由普通合伙人组成，全体合伙人共同出资、合伙经营、共享利润和共负亏损，对合伙债务承担无限连带责任的合伙企业。另外我国《合伙企业法》还规定了一种特殊的普通合伙企业，即以专业知识和专门技能为客户提供有偿服务的专业服务机构。特殊的普通合伙企业是指以专门知识和技能为客户提供有偿服务的专业服务机构，这些服务机构可以设立为特殊的普通合伙企业。例如律师事务所、会计师事务所、医师事务所、设计师事务所等。特殊的普通合伙企业名称中应当标明“特殊普通合伙”字样，以区别于普通合伙企业。

2．有限合伙企业

有限合伙企业指由普通合伙人和有限合伙人组成，其中，普通合伙人执行合伙事务，对外代表合伙组织，并对合伙企业债务承担无限连带责任；有限合伙人不执行合伙事务，不对外代表组织，仅以其认缴的出资额为限对合伙企业债务承担责任的合伙企业。

（二）合伙企业的设立程序

申请设立合伙企业，直接由申请人向企业登记机关提交登记申请书、合伙协议书、合伙人身份证明等文件。合伙企业的经营范围中有属于法律、行政法规规定在登记前须经批准的项目的，该项经营业务应当依法经过批准，并在登记时提交批准文件。

申请人提交的登记申请材料齐全、符合法定形式，企业登记机关能够当场登记的，应予当场登记，发给营业执照。不能当场登记的，企业登记机关应当自受理申请之日起二十日内，作出是否登记的决定。予以登记的，发给营业执照；不予登记的，应当给予书面答复，并说明理由。合伙企业的营业执照签发日期，为合伙企业成立日期。合伙企业领取营业执照前，合伙人不得以合伙企业名义从事合伙业务。

合伙企业设立分支机构，应当向分支机构所在地的企业登记机关申请登记，领取营业执照。

（三）合伙企业的涉税事宜

合伙企业是一个商事主体，应以合伙企业的名义办理税务登记，申报并缴纳相应的税款。但是合伙企业的生产经营所得和其他所得，不以合伙企业的名义纳税，而是按照国家有关税收规定，由合伙人分别缴纳所得税。

二、普通合伙企业

（一）普通合伙企业的设立

1. 普通合伙企业的设立条件

（1）有两个以上合伙人。根据《合伙企业法》规定，合伙人可以是自然人、法人和其他组织。合伙人为自然人的，应当具有完全民事行为能力；国有独资公司、国有企业、上市公司以及公益性的事业单位、社会团体不得成为普通合伙人。法律、行政法规禁止从事营利活动的人，不能成为合伙企业的合伙人。

（2）有书面合伙协议。合伙协议是合伙企业成立的基础，也是合伙企业成立的必要条件。合伙协议经全体合伙人签名盖章后生效。

（3）有合伙人认缴或者实际缴付的出资。缴付出资的期限，法律不进行限制，由合伙协议约定。

（4）有合伙企业的名称。合伙企业名称中应当标明“普通合伙”字样，且不得使用“有限”或“有限责任”字样。

（5）有生产经营场所和从事合伙经营的其他必要条件。

合伙协议应当载明下列事项：

根据《合伙企业法》第十八条的规定，合伙协议应当载明下列事项：①合伙企业的名称和主要经营场所的地点；②合伙目的和合伙经营范围；③合伙人的姓名或者名称、住所；④合伙人的出资方式、数额和缴付期限；⑤利润分配、亏损分担方式；⑥合伙事务的执行；⑦入伙与退伙；⑧争议解决办法；⑨合伙企业的解散与清算；⑩违约责任。

根据《合伙企业法》第六十三的规定，合伙协议除符合本法第十八条的规定外，还应当载明下列事项：①普通合伙人和有限合伙人的姓名或者名称、住所；②执行事务合伙人应具备的条件和选择程序；③执行事务合伙人权限与违约处理办法；④执行事务合伙人的除名条件和更换程序；⑤有限合伙人入伙、退伙的条件、程序以及相关责任；⑥有限合伙人和普通合伙人相互转变程序。

2. 合伙人的出资

普通合伙人出资的方式非常灵活，可以用货币、实物、知识产权、土地使用权或者其他财产权利出资，也可以用劳务出资。合伙人以实物、知识产权、土地使用权或者其他财产权利出资，并非一定要评估作价。需要评估作价的，可以由全体合伙人协商确定，也可以由全体合伙人委托法定评估机构评估。合伙人以劳务出资的，其评估办法由全体合伙人协商确定，并在合伙协议中载明。

（二）合伙企业的财产

1. 合伙企业财产的范围及性质

合伙企业的财产由两部分组成：①合伙人出资形成的财产。如果合伙人是以所有权出资，那么归全体合伙人共同共有，如果是以使用权出资，那么归全体合伙人共同共用。②合伙企业收益积累的财产，包括合伙企业存续期间的一切所得。该部分财产属共同共有，但若分割财产，则要按份进行。这种份额是一种潜在的份额，只有在分配合伙企业利润、退伙、合伙企业解散时，份额才具有实际意义。

2. 合伙企业财产的管理和使用

合伙企业财产的共同共有或者共同共用性质，决定了合伙人在完成出资以后不再享有出资财产的所有权，而只享有一定的财产份额，合伙企业的财产应归全体合伙人共同管理、使用。体现在以下方面：

（1）合伙人合伙财产份额的对外转让。除合伙协议另有约定外，合伙人向合伙人以外的人转让其在合伙企业中的全部或者部分财产份额时，须经其他合伙人一致同意（即实行一票否决制）。合伙人向合伙人以外的人转让其在合伙企业中的财产份额的，在同等条件下，其他合伙人有优先购买权。但是，合伙协议另有约定的除外。人民法院强制执行合伙人的财产份额时，应当通知全体合伙人，其他合伙人有优先购买权；其他合伙人未购买，又不同意该财产份额转让给其他人的，依法为该合伙人办理退伙结算，或者办理消减该合伙人相应财产份额的结算。

（2）合伙人之间合伙财产份额的转让。合伙人之间转让在合伙企业中的全部或者部分财产份额时，应当通知其他合伙人。

（3）除法律另有规定外，合伙人在合伙企业清算前，不得请求分割合伙企业的财产，也不得以其在合伙企业中的份额清偿其个人债务（人民法院强制执行的除外）；合伙人在合伙企业清算前私自转移或者处分合伙企业财产的，合伙企业不得以此对抗善意第三人。

（4）合伙人以其在合伙企业中的财产份额出质的，须经其他合伙人一致同意；未经其他合伙人一致同意，其行为无效，由此给善意第三人造成损失的，由行为人依法承担赔偿责任。

（三）普通合伙企业的事务

1. 合伙企业的事务执行方式

合伙企业的事务执行是指合伙企业为实现合伙目的而进行的合伙企业的经营活动。合伙企业的事务执行以全体合伙人共同执行为原则，在此基础上协商选择具体的事务执行方式。可以选择以下几种方式之一作为合伙企业事务执行方式：

（1）由全体合伙人不加分工的执行合伙企业事务。适用于合伙人较少的合伙企业。

（2）由一名合伙人执行合伙企业事务，其他合伙人不再执行。按照合伙协议的约定或者经全体合伙人决定，可以委托一名合伙人负责全体合伙事务的执行。

（3）由数名合伙人共同执行合伙企业事务。即按照合伙协议的约定或者经全体合伙人决定，委托数名合伙人没有分工的负责全体合伙事务的执行。

（4）由数名合伙人分别执行合伙企业事务。即按照合伙协议的约定或者经全体合伙人决定，委托数名合伙人有分工的负责执行合伙企业的事务。

作为合伙人的法人、其他组织执行合伙事务的，由其委派的代表执行。执行合伙企业事务的合伙人对外代表合伙企业，其执行合伙事务所产生的法律后果由合伙企业承担，即所产生的收益归合伙企业，所产生的费用和亏损由合伙企业承担。执行合伙企业事务的合伙人应当定期向其他合伙人报告事务执行情况及合伙企业的经营及财务状况，不执行合伙事务的合伙人有权监督执行事务合伙人执行合伙事务的情况。合伙人为了解合伙企业的经营状况和财务状况，有权查阅合伙企业会计账簿等财务资料。

合伙人可以对合伙人执行合伙事务以及对外代表合伙企业权利的限制，合伙人的内部约定、合伙企业对合伙人执行合伙事务以及对外代表合伙企业权利的限制，不得对抗不知情的善意第三人。

2. 合伙人对其他合伙人执行事务的异议

合伙人分别执行合伙事务的，执行事务合伙人可以对其他合伙人执行的事务提出异议。提出异议时，应当暂停该项事务的执行。如果发生争议，按合伙协议约定的表决办法表决处理，合伙协议未约定或者约定不明的，实行合伙人一人一票，并经全体合伙人过半数通过的表决办法。受委托执行合伙事务的合伙人不按照合伙协议或者全体合伙人的决定执行事务的，其他合伙人可以决定撤销该委托。

3. 合伙企业的事务决定

合伙企业事务的决定不同于合伙企业事务的执行，只能由全体合伙人作出。一般情况下，合伙人对合伙企业有关事项作出决议，按照合伙协议约定的表决办法办理。合伙协议未约定或者约定不明确的，实行合伙人一人一票并经全体合伙人过半数通过的表决办法。《合伙企业法》对合伙企业的表决办法另有规定的，从其规定。

根据《合伙企业法》规定，下列事项除合伙协议另有约定外，必须经全体合伙人一致同意才能决定：①改变合伙企业的名称；②改变合伙企业的经营范围、主要经营场所的地点；③处分合伙企业的不动产；④转让或者处分合伙企业的知识产权和其他财产权利；⑤以合伙企业名义为他人提供担保；⑥聘任合伙人以外的人担任合伙企业的经营管理人员。

4. 合伙人对合伙企业的忠实义务

根据《合伙企业法》规定，合伙人对合伙企业的忠实义务体现在以下几方面：①竞业禁止义务。竞业禁止义务是普通合伙人的一项绝对义务。合伙人不得自营或者同他人合作经营与本合伙企业相竞争的业务。②交易禁止义务。交易禁止义务是相对义务。合伙人不得同本合伙企业进行交易，但合伙协议另有约定或者经全体合伙人一致同意的除外。③合伙人不得从事损害本合伙企业利益的活动。

5. 合伙企业的利润分配、亏损分担

合伙企业的利润分配、亏损分担，按照合伙协议的约定办理；合伙协议未约定或者约定不明确的，由合伙人协商决定；协商不成的，由合伙人按照实缴出资比例分配、分担；无法确定出资比例的，由合伙人平均分配、分担。合伙协议不得约定将全部利润分配给部分合伙人或者由部分合伙人承担全部亏损。

（四）合伙企业的债务清偿

1. 合伙企业的债务清偿

合伙企业对其债务，应先以其全部财产进行清偿。当合伙企业财产不足清偿到期债务的，各合伙人应承担无限连带责任。（该责任是补充性的，即意味着，合伙企业的债权人不得未先向合伙企业主张债权，就直接向合伙人主张债权。）

合伙人由于承担补充性的无限连带责任，合伙企业的债权人可以选择全部、部分、个别合伙人要求清偿，被请求的合伙人不得以自己承担的份额为由拒绝。每个合伙人对合伙企业债务的清偿均对其他合伙人发生清偿的效力。合伙人由于承担无限连带责任所清偿的债务数额超过其亏损分担比例的，有权向其他合伙人追偿。

2. 合伙人个人所负债务的清偿

合伙人个人所负债务以合伙人个人的财产进行清偿。合伙人的自有财产不足清偿其与合伙企业无关的债务的，该合伙人可以以其从合伙企业中分取的收益用于清偿；债权人也可以依法请求人民法院强制执行该合伙人在合伙企业中的财产份额用于清偿。人民法院强制执行合伙人的财产份额时，应当通知全体合伙人，其他合伙人有优先购买权；其他合伙人未购买，又不同意将该财产份额转让给他人的，依法为该合伙人办理退伙结算，或者办理削减该合伙人相应财产份额的结算。

合伙人发生与合伙企业无关的债务，相关债权人不得以其对合伙人的债权抵销其对合伙企业的债务，即合伙企业的债务人不得主张以其对合伙企业的债务与其对合伙人的债权抵销。相关债权人也不得代位行使合伙人在合伙企业中的权利，即合伙人的债权人不得主张对合伙人在合伙企业中的财产的代位权。

（五）普通合伙企业的入伙与退伙

1. 入伙

入伙是在合伙企业存续期间合伙人以外的人加入合伙企业并取得合伙人资格的法律行为。

（1）入伙的程序。新合伙人入伙，除合伙协议另有约定外，应当经全体合伙人一致同意，并依法订立书面入伙协议。（仅经全体合伙人同意，未订立入伙协议的，不产生入伙的效果。）订立入伙协议时，原合伙人应当向新合伙人如实告知原合伙企业的经营状况和财务状况。

（2）新合伙人的权利和责任。入伙的新合伙人与原合伙人享有同等权利，承担同等责任。入伙协议另有约定的，从其约定。新合伙人对入伙前合伙企业的债务承担无限连带责任。（该责任是法定的，不论新入伙人与原合伙人就此问题是否有其他约定，其约定不得对抗合伙企业的债权人，但在合伙人之间，约定还是有效的。）

2. 退伙

退伙是在合伙企业存续期间，合伙人退出合伙企业并使合伙人资格归于消灭的行为。

（1）退伙的类型。

合伙人退伙一般有两种原因：一是自愿退伙，二是法定退伙。

1）自愿退伙：是指合伙人基于自愿的意思表示而退伙。自愿退伙可分为协议退伙和通知退伙。第一，协议退伙指退伙人与其他合伙人协商一致或者按照合伙协议的约定退伙。合伙协议约定了合伙企业的经营期限，在合伙企业存续期间，有下列情形之一的，合伙人可以退伙：①合伙协议约定的退伙事由出现；②经全体合伙人一致同意；③发生合伙人难以继续参加合伙的事由；④其他合伙人严重违反合伙协议约定的义务。协议退伙自退伙事由出现或者协议达成之日起产生退伙的效果。第二，通知退伙是基于退伙人的单方意思表示而退伙。合伙协议未约定合伙企业的经营期限的，合伙人在不给合伙企业事务执行造成不利影响的情况下，可以退伙，但应当提前三十日通知其他合伙人。通知退伙自合伙人提出退伙声明满三十日起产生退伙效果。

2）法定退伙：是基于法律的直接规定而退伙。法定退伙分为两种：当然退伙和除名退伙。

第一，当然退伙指发生了某些客观情况而导致的退伙。当然退伙具体情形有：①作为合伙人的自然人死亡或者被依法宣告死亡；②个人丧失偿债能力；③作为合伙人的法人或者其他组织依法被吊销营业执照、责令关闭撤销，或者被宣告破产；④法律规定或者合伙协议约定合伙人必须具有相关资格而丧失该资格；⑤合伙人在合伙企业中的全部财产份额被人民法院强制执行。

合伙人被依法认定为无民事行为能力人或者限制民事行为能力人的，经其他合伙人一致同意，可以依法转为有限合伙人，普通合伙企业依法转为有限合伙企业。其他合伙人未能一致同意的，该无民事行为能力或者限制民事行为能力的合伙人退伙。当然退伙在法定事由实际发生之日产生退伙的效果。

另外，合伙人死亡或者被依法宣告死亡的，并非必然导致当然退伙。对该合伙人在合伙企业中的财产份额享有合法继承权的继承人，按照合伙协议的约定或者经全体合伙人一致同意，从继承开始之日起，取得该合伙企业的合伙人资格。有下列情形之一的，合伙企业应当向合伙人的继承人退还被继承合伙人的财产份额：①继承人不愿意成为合伙人；②法律规定或者合伙协议约定合伙人必须具有相关资格，而该继承人未取得该资格；③合伙协议约定不能成为合伙人的其他情形。合伙人的继承人为无民事行为能力人或者限制民事行为能力人的，经全体合伙人一致同意，可以依法成为有限合伙人，普通合伙企业依法转为有限合伙企业。全体合伙人未能一致同意的，合伙企业应当将被继承合伙人的财产份额退还该继承人。

第二，除名退伙是其他合伙人一致同意将某一合伙人开除出合伙企业而导致的退伙。合伙人有下列情形之一的，经其他合伙人一致同意，可以决议将其除名：①未履行出资义务；②因故意或者重大过失给合伙企业造成损失；③执行合伙事务时有不正当行为；④发生合伙协议约定的事由。

对合伙人的除名决议应当书面通知被除名人。被除名人接到除名通知之日，除名生效，被除名人退伙。被除名人对除名决议有异议的，可以自接到除名通知之日起三十日内，向人民法院起诉。

（2）退伙的效力。

退伙的效力体现在以下几个方面：①合伙人退伙丧失合伙人身份。②其他合伙人应当与该退伙人按照退伙时的合伙企业财产状况进行清理与结算，退还退伙人的财产份额（以使用权出资的财产须返还给退伙人）。退伙时有未了结的合伙企业事务的，待该事务了结后进行结算。退伙人在合伙企业中财产份额的退还办法，由合伙协议约定或者由全体合伙人决定，可以退还货币，也可以退还实物。退伙人对给合伙企业造成的损失负有赔偿责任的，相应扣减其应当赔偿的数额。③退伙不必然导致合伙企业的解散。只有退伙导致不符合合伙企业的设立条件或者退伙人之外的其他合伙人决议解散时，才涉及解散。④无论退伙人退伙时是否承担了其应承担的合伙企业的债务份额，退伙后退伙人对其退伙前合伙企业的债务仍承担无限连带责任。

（六）特殊的普通合伙企业

特殊的普通合伙企业是对合伙人的责任有特殊规定的一类普通合伙企业。以专业知识和专门技能为客户提供有偿服务的专业服务机构，可以设立为特殊的普通合伙企业。如律师设立的合伙律师事务所、医师设立的合伙诊所、会计师设立的合伙会计师事务所等。

特殊的普通合伙企业的特殊性体现在：

（1）特殊的普通合伙企业名称。特殊的普通合伙企业名称中应当标明“特殊普通合伙”字样。

（2）特殊的普通合伙企业的债务承担：①一个合伙人或者数个合伙人在执业活动中因故

意或者重大过失造成合伙企业债务的，应当承担无限责任或者无限连带责任，其他合伙人以其在合伙企业中的财产份额为限承担责任。合伙人执业活动中因故意或者重大过失造成的合伙企业债务，以合伙企业财产对外承担责任后，该合伙人应当按照合伙协议的约定对给合伙企业造成的损失承担赔偿责任。②合伙人在执业活动中非因故意或者重大过失造成的合伙企业债务以及合伙企业的其他债务，由全体合伙人承担无限连带责任。

（3）特殊的普通合伙企业应当建立执业风险基金、办理职业保险。执业风险基金用于偿付合伙人执业活动造成的债务。执业风险基金应当单独立户管理。具体管理办法由国务院规定。

除法律有特殊规定外，特殊的普通合伙企业准用一般的普通合伙企业的规定。

三、有限合伙企业

（一）有限合伙企业的概念与特征

有限合伙企业是依照《合伙企业法》在我国境内设立的由普通合伙人和有限合伙人组成的，普通合伙人对合伙企业债务承担无限连带责任，有限合伙人以其认缴的出资额为限对合伙企业债务承担责任的营利性组织。

有限合伙企业具有以下特征：

（1）由两类合伙人组成。有限合伙企业中至少应有一个普通合伙人。当有限合伙企业中仅剩有限合伙人时，应当解散。当有限合伙企业仅剩普通合伙人时，转为普通合伙企业。

（2）以合伙协议为成立基础。有限合伙协议内容较为复杂，要载明《合伙企业法》第一十八条、六十三条列举的内容。

（3）两类合伙人承担的责任不同。普通合伙人承担无限连带责任，有限合伙人承担有限责任。

（4）合伙人数有限制。除法律另有规定的以外，有限合伙企业由 2 个以上 50 个以下的合伙人设立。

（二）有限合伙人的出资

有限合伙人可以用货币、实物、知识产权、土地使用权或者其他财产权利作价出资。有限合伙人不得以劳务出资。有限合伙人应当按照合伙协议的约定按期足额缴纳出资；未按期足额缴纳的，应当承担补缴义务，并对其他合伙人承担违约责任。

（三）有限合伙企业的事务

1. 事务执行

有限合伙企业由普通合伙人执行合伙事务。（执行事务合伙人可以要求在合伙协议中确定执行事务的报酬及报酬提取方式。）有限合伙人不执行合伙事务，不得对外代表有限合伙企业。

有限合伙人的下列行为，不视为执行合伙事务：①参与决定普通合伙人入伙、退伙；②对企业的经营管理提出建议；③参与选择承办有限合伙企业审计业务的会计师事务所；④获取经审计的有限合伙企业财务会计报告；⑤对涉及自身利益的情况，查阅有限合伙企业财务会计账簿等财务资料；⑥在有限合伙企业中的利益受到侵害时，向有责任的合伙人主张权利或者提起诉讼；⑦执行事务合伙人怠于行使权利时，督促其行使权利或者为了本企业的利益以自己的名义提起诉讼；⑧依法为本企业提供担保。

如果第三人有理由相信有限合伙人为普通合伙人并与其交易的，该有限合伙人对该笔交易承担与普通合伙人同样的责任。有限合伙人未经授权以有限合伙企业名义与他人进行交易，给有限合伙企业或者其他合伙人造成损失的，该有限合伙人应当承担赔偿责任。

2. 有限合伙企业的事务决定

有限合伙企业的事务决定与普通合伙企业基本相同。但有下列不同之处：有限合伙企业中原则上不得将全部利润分配给部分合伙人；但是，合伙协议另有约定的除外。（即合伙协议可以约定将全部利润分配给部分合伙人。）而普通合伙企业中合伙协议不得约定将全部利润分配给部分合伙人或者由部分合伙人承担全部亏损。

3. 有限合伙人权利的特别规定

因为有限合伙人承担有限责任，又不执行合伙企业的事务，在合伙协议没有约定的情况下，不承担竞业禁止、交易禁止义务，对其财产份额的转让和出质也不做过多限制。具体表现在以下几方面：①有限合伙人可以同本有限合伙企业进行交易；但是，合伙协议另有约定的除外。②有限合伙人可以自营或者同他人合作经营与本有限合伙企业相竞争的业务；但是，合伙协议另有约定的除外。③有限合伙人可以将其在有限合伙企业中的财产份额出质；但是，合伙协议另有约定的除外。④有限合伙人可以按照合伙协议的约定向合伙人以外的人转让其在有限合伙企业中的财产份额，但应当提前三十日通知其他合伙人。⑤有限合伙人个人债务的清偿与普通合伙人相同。

4. 有限合伙人的入伙、退伙与合伙人身份转变

（1）有限合伙人的入伙。

有限合伙人的入伙程序与普通合伙人入伙一样。其区别在于：有限合伙人对入伙前合伙企业的债务以其认缴的出资额为限承担责任。

（2）有限合伙人的退伙。

有限合伙人的退伙与普通合伙人的退伙相比，主要有三点不同：①作为有限合伙人的自然人在有限合伙企业存续期间丧失民事行为能力的，其他合伙人不得因此要求其退伙。②作为有限合伙人的自然人死亡、被依法宣告死亡或者作为有限合伙人的法人及其他组织终止时，该合伙人自然退伙，其继承人或者权利承受人可以依法取得该有限合伙人在有限合伙企业中的资格。③有限合伙人退伙后，对基于其退伙前的原因发生的有限合伙企业债务，以其退伙时从有限合伙企业中取回的财产承担责任。

（3）有限合伙人与普通合伙人之间身份的转变。

根据《合伙企业法》的规定，有限合伙人与普通合伙人之间身份可以转换，具体表现在以下方面：①除合伙协议另有约定外，普通合伙人转变为有限合伙人，或者有限合伙人转变为普通合伙人，应经全体合伙人一致同意。②有限合伙人转变为普通合伙人的，对其作为有限合伙人期间有限合伙企业发生的债务承担无限连带责任。③普通合伙人转变为有限合伙人的，对其作为普通合伙人期间合伙企业发生的债务承担无限连带责任。

5. 对普通合伙企业及其合伙人规定的准用

法律对有限合伙企业及其合伙人未加特别规定的，适用关于普通合伙企业及其合伙人的规定。

四、合伙企业的解散与清算

（一）合伙企业的解散

合伙企业的解散是指基于某种法律事实的发生而使合伙企业消灭的行为。其解散事由包

括：①合伙期限届满，合伙人决定不再经营；②合伙协议约定的解散事由出现；③全体合伙人决定解散；④合伙人已不具备法定人数满三十天；⑤合伙协议约定的合伙目的已经实现或者无法实现；⑥依法被吊销营业执照、责令关闭或者被撤销；⑦法律、行政法规规定的其他原因。

（二）合伙企业的清算

合伙企业的清算是合伙企业解散后，对其债权、债务及未了结事务进行清理，偿还债务，退还合伙人出资的活动。

1. 清算人的确定

合伙企业解散，清算人由全体合伙人担任；经全体合伙人过半数同意，可以自合伙企业解散事由出现后十五日内指定一个或者数个合伙人，或者委托第三人，担任清算人。

自合伙企业解散事由出现之日起十五日内未确定清算人的，合伙人或者其他利害关系人可以申请人民法院指定清算人。

2. 清算人的职责

清算人自被确定之日起十日内将合伙企业解散事项通知债权人，并于六十日内在报纸上公告。债权人应当自接到通知书之日起三十日内，未接到通知书的自公告之日起四十五日内，向清算人申报债权。债权人申报债权，应当说明债权的有关事项，并提供证明材料。清算人应当对债权进行登记。清算期间，合伙企业存续，但不得开展与清算无关的经营活动。

清算人在清算期间执行下列事务：①清理合伙企业财产，分别编制资产负债表和财产清单；②处理与清算有关的合伙企业未了结事务；③清缴所欠税款；④清理债权、债务；⑤处理合伙企业清偿债务后的剩余财产；⑥代表合伙企业参加诉讼或者仲裁活动。

3. 合伙企业财产清偿顺序

合伙企业的财产在支付清算费用后按照下列顺序清偿：①支付所欠职工工资、社会保险费用、法定补偿金；②缴纳所欠税款；③清偿企业债务；④返还合伙人出资。按照上述顺序清偿后仍有剩余的，按合伙协议的约定处理。合伙协议未约定或者约定不明的，由合伙人协商确定。协商不成的，由合伙人按照实际出资比例分配。无法确定实际出资比例的，由合伙人平均分配。

合伙企业办理工商注销登记后，原普通合伙人对合伙企业存续期间的债务仍应承担无限连带责任。

（三）合伙企业破产清算

《合伙企业法》第十二条的规定："合伙企业不能清偿到期债务的，债权人可以依法向人民法院提出破产清算申请，也可以要求普通合伙人清偿。"（注：目前我国《企业破产法》只规定企业法人为《企业破产法》的破产主体，因此这里的破产清算申请只是通过人民法院进行清算，而不是《企业破产法》意义上的破产。）

合伙企业依法被宣告破产的，普通合伙人对合伙企业债务仍应承担无限连带责任。

【引例解析】

甲的主张不符合规定。《合伙企业法》规定："有限合伙人可以同本有限合伙企业进行交易；但是，合伙协议另有约定的除外。"该案中，丙是有限合伙人，其与合伙企业的交易行为不违反《合伙企业法》的规定。

【实训内容】

运用合伙企业法律知识，为所在企业提出解决债务纠纷方案。

案例：甲、乙、丙、丁四人出资设立A普通合伙企业。合伙企业存续期间，发生以下事项：同年7月，A合伙企业向B企业借款100万元，合伙企业向企业还款40万元。未还60万元。如果你是B企业的秘书，请为B企业老板提出讨债方案。

分析：债权人B企业可以要求甲、乙、丙、丁任何一人清偿全部的60万元债务，也可以要求甲、乙、丙、丁按一定比例偿还债务。因为普通合伙人对合伙企业债务，承担无限连带责任。

【案例】

甲、乙、丙、丁四人出资设立A有限合伙企业，其中甲、乙为普通合伙人，丙、丁为有限合伙人。合伙企业存续期间，发生以下事项：同年6月，合伙人丁自营同A合伙企业相竞争的业务，获利150万元。合伙人乙认为，由于合伙协议对此没有约定，因此，丁不得自营同本合伙企业相竞争的业务，其获利150万元应当归A合伙企业所有。如果你是该合伙企业的秘书，请为合伙人提出解决方案。

分析：乙的主张不符合法律规定。根据《合伙企业法》的规定："有限合伙人可以自营或者同他人合作经营与本有限合伙企业相竞争的业务；但是，合伙协议另有约定的除外。"

【思考与练习】

1. 虚拟一个合伙企业，为合伙人起草一份合伙协议。
2. 简述合伙企业财产的范围及性质。
3. 简述普通合伙企业和有限合伙企业各自的事务执行及事务决定。
4. 简述普通合伙企业入伙与退伙的具体内容。
5.《合伙企业法》对特殊的普通合伙企业有哪些特殊规定？
6. 简述有限合伙企业的概念与特征。
7.《合伙企业法》对有限合伙人有哪些特别规定？
8. 简述有限合伙人的入伙、退伙与合伙人身份转变的规定。
9. 甲、乙、丙、丁共同投资设立了A有限合伙企业。合伙协议约定：甲、乙为普通合伙人，分别出资10万元；丙、丁为有限合伙人，分别出资15万元；甲执行合伙企业事务，对外代表A企业。2006年A企业发生下列事实：2月，甲以A企业的名义与B公司签订了一份12万元的买卖合同。乙获知后，认为该买卖合同损害了A企业的利益，且甲的行为违反了A企业内部规定的甲无权单独与第三人签订超过10万元合同的限制，遂要求各合伙人作出决议，撤销甲代表A企业签订合同的资格。11月，丙因所设个人独资企业发生严重亏损不能清偿D公司到期债务，D公司申请人民法院强制执行丙在A企业中的财产份额用于清偿其债务。人民法院强制执行丙在A企业中的全部财产份额后，甲、乙、丁决定A企业以现有企业组织形式继续经营。经查：A企业内部约定，甲无权单独与第三人签订超过10万元的合同，B公司与A企业签订买卖合同时，不知A企业该内部约定。合伙协议未对合伙人以财产份额出质事项进行约定。根据上述材料，分别回答下列问题：

（1）甲以A企业的名义与B公司签订的买卖合同是否有效？并说明理由。

（2）人民法院强制执行丙在A企业中的全部财产份额后，甲、乙、丁决定A企业以现有企业组织形式继续经营是否合法？并说明理由。

分析：

（1）甲以A企业的名义与B公司签订的买卖合同有效。根据《合伙企业法》的规定，合伙企业对合伙人执行合伙企业事务以及对外代表合伙企业权利的限制不得对抗善意的第三人。在本题中，B公司属于不知情的善意第三人，因此，买卖合同有效。

（2）甲、乙、丁决定A企业以现有企业组织形式继续经营不合法。根据《合伙企业法》的规定，有限合伙企业仅剩普通合伙人的，应当转为普通合伙企业。在本题中，人民法院强制执行丙在A企业中的全部财产份额后，有限合伙人丙当然退伙，A企业中仅剩下普通合伙人，A企业应当转为普通合伙企业。

第三节　外商投资企业法

【引例】

1995年6月，日本甲公司与中国乙公司签订了中外合资××有限公司合同，共同投资设立中外合资经营企业生产电器设备。合资合同约定：合资公司的注册资本为380万美元，甲公司以现金形式出资220万美元，乙公司以厂房、设备出资160万美元，双方按出资比例分享利润和分担风险。1995年8月，经有关机关批准，并在领取了营业执照后公司正式成立。之后，甲、乙两公司按照约定及时地履行了出资义务。1996年3月，合营企业召开董事会，鉴于股东甲公司在日本，不方便参与合营企业经营管理，董事会作出决议，由乙公司全权负责合营企业的生产和经营管理，甲公司采取保底分红的方式分取利润，即甲公司每年可分得其出资金额25%的利润，甲公司不承担企业经营上的风险，盈亏由乙公司单方面承担。该决议作出后的头三年，合营企业业绩良好，甲公司取得了约定的利润。此后几年，因市场竞争激烈、企业经营管理不善等原因，合营企业长期处于亏损状态，未再向甲公司支付决议中约定的利润。2015年12月，合营企业召开董事会，作出提前终止合资合同、注销合资公司的决议，双方就偿还甲公司投资款等事宜发生纠纷，经协商未能解决。甲公司便依合资合同中的仲裁条款向仲裁委员会提起仲裁，要求解除合资合同，并要求乙公司返还其出资220万美元及支付所欠保底利润。请问：仲裁庭应如何处理？

一、中外合资经营企业法

（一）中外合资经营企业的概念和特征

中外合资经营企业，是指由中外合营者（中国的企业或其他经济组织同外国的企业、其他经济组织或个人）根据中国法律的规定，按照平等互利的原则，经中国政府批准，在中国境内共同投资、共同经营、共负盈亏、共担风险的企业。

中外合资经营企业具有以下特征：

（1）中外合营者双方共同投资组成一个独立的公司实体，依法取得中国法人的资格。

（2）中外合营者认缴合营企业注册资本，按出资比例分享利润、分担风险及亏损。

（3）中外合营者共同参加经营管理，建立企业统一的决策管理机构。

中外合资经营企业一经中国政府批准成立，就具有中国法人的资格，受中国法律的管辖和保护。在我国法律允许的范围内，在产、供销、人、财、物等方面享有广泛的自主权。

（二）中外合资经营企业的设立

1. 设立的条件

设立中外合资经营企业要符合下列一项或数项要求：①采用先进技术设备和科学管理方法，能增加产品品种，提高产品质量和产量，节约能源和材料；②有利于企业技术改造，能做到投资少、见效快、收益大；③能扩大产品出口，增加外汇收入；④能培训技术人员和经营管理人员。

有下列情形之一的，不予批准：①有损中国主权的；②违反中国法律的；③不符合中国国民经济发展要求的；④造成环境污染的；⑤签订的协议、合同、章程显属不公平，损害合营一方权益的。

2. 设立的程序

（1）合营各方签订合营协议、合同和章程。

（2）审批。设立合作企业应当将中外合作者签订的协议、合同、章程等文件报国务院对外经济贸易主管部门或者国务院授权的部门和地方政府（以下简称审查批准机关）审查批准。审查批准机关应在三个月内决定批准或不批准。应在批准后的一个月内，向中华人民共和国工商行政管理总局登记。

（3）申请。合营企业经批准后，向国家工商行政管理主管部门申请登记。中外合资经营企业申请登记，应提交下列证件：①中华人民共和国外国投资管理委员会的批准文件；②合营各方签订的合营协议、合同和企业章程的中外文副本各三份；③外国合营者所在国（或地区）政府主管部门发给的营业执照副本或其他证件。

（4）登记。中华人民共和国工商行政管理总局委托省、自治区、直辖市工商行政管理局办理所管辖地区内中外合资经营企业的登记手续，经中华人民共和国工商行政管理总局核准后，发给营业执照。

（三）中外合资经营企业的组织形式、注册资本与合营各方的出资方式

1. 合营企业的组织形式

合营企业的组织形式为有限责任公司，即合营企业以其拥有的全部财产对债务负责，而合营各方对企业的责任也仅以其各自认缴的出资额为限。

2. 合营企业的注册资本

合营企业的注册资本是指为设立合营企业在登记管理机构注册的资本总额，即合营各方认缴的出资额之和。在合营企业的注册资本中，外国合营者的投资比例一般不低于 25%。

3. 合营各方的出资方式

合营企业可以用货币出资，也可以用实物（建筑物、厂房、机器设备或其他物料作价）出资，还可以用工业产权、专有技术、场地使用权等作价出资。各方出资应依法办理财产权利的转移手续。中国合营者提供的场地使用权如果未作为其投资的一部分，合营企业应向中国政府交纳场地使用费。

根据《中外合资经营企业合营各方出资的若干规定》，合营合同中规定一次缴清出资的，合营各方应当从营业执照签发之日起 6 个月内缴清。合营合同中规定分期缴付出资的，合营各方第一期出资，不得低于各自认缴出资额的百分之十五，并且应当在营业执照签发之日起 3 个月内缴清。

4. 合营企业股份的转让

股份的转让是指合营企业中合营一方将其全部出资额或部分出资额转让给合营企业的另一方或合营各方以外的第三人。

关于股份的转让，《中外合资经营企业法实施条例》第二十三条作出了具体的规定。其总原则是合营企业的股份转让是依法享有的权利，但在具体的转让中，还应遵守以下几个具体的法律原则：①合营的任何一方转让其出资，必须经合营他方同意。②合营一方转让其部分或全部出资额时，合营他方在同等条件下有优先购买权。③合营企业的股份转让必须经原审批机关批准并在工商行政管理机构办理相关的登记手续。

（四）中外合资经营企业的组织机构

1. 合营企业的董事会

董事会是合营企业的最高权力机构。董事会的职权是按合营企业章程的规定，讨论决定合营企业的一切重大问题；董事会的人数，由合营各方协商，在合营企业合同、章程中确定，但不得少于三人。董事名额的分配，由合营各方参照出资比例协商确定。由合营各方按照分配的名额分别委派董事。董事的任期为四年，经合营者继续委派可以连任。董事长和副董事长由合营各方协商确定或由董事会选举产生。中外合营者的一方担任董事长的，由他方担任副董事长。董事长是合营企业的法人代表。董事长不能履行职责时，应授权副董事长或其他董事代表合营企业。董事会会议每年至少召开一次。经三分之一以上的董事提议，可召开董事会临时会议。董事会会议应有三分之二以上董事出席方能举行。

2. 合营企业的经营管理机构

合营企业经营管理机构设总经理一人，副总经理若干人。正副总经理由合营各方分别担任，均由合营企业董事会聘请。

3. 合营企业的工会组织

合营企业工会有权代表职工与企业签订劳动合同并监督其执行，有权协助合营企业安排和合理使用福利、奖励基金，有权列席董事会研究决定有关职工奖惩、工资制度、劳动保护和保险等与职工利益有密切关系的会议，反映职工意见和要求，依法维护职工的民主权利和物质利益。

（五）中外合资经营企业的经营管理

1. 合营企业的生产经营计划

合营企业在中国法律、法规的范围内，有权自主地从事经营管理活动。

2. 合营企业的物资购买与产品销售

合营企业对所需的机器设备、原材料、燃料、配套件、运输工具和办公用品等，有权自行决定在中国购买或在国际市场购买。在销售方面，中国政府鼓励合营企业向国际市场销售其产品，合营企业有权自行出口其产品，也可以委托外国合营者的销售机构或中国的外贸公司代销或经销。

3. 合营企业的财务会计制度与利润分配

合营企业设总会计师，采用日历年制，自公历每年 1 月 1 日起至 12 月 31 日止为一个会计年度。合营企业会计采用国际通用的权责发生制和借贷记账法记账，原则上采用人民币为记账本位币，各方商定，也可采用一种外国货币为本位币。以外币记账的合营企业，除编制外币的会计报表外，还应另编折合人民币的会计报表。合营企业账簿、报表必须用中文书写，也可以同时用合营各方商定的一种外文书写。

合营企业交纳所得税后的利润，按董事会确定的比例提取储备基金、职工奖励基金、福利基金、企业发展基金后，即为可分配利润，应按照合营各方的出资比例进行分配。但在亏损情况下，以前年度的亏损未弥补前不得分配利润。以前年度未分配的利润，可并入本年度利润分配。

（六）中外合资经营企业的期限、解散和清算

1. 合营企业的合营期限

合营企业可以约定合营期限，也可以不约定期限。约定后，各方同意延长的，应在距合营期满6个月前向审查批准机关提出申请。

2. 合营企业的解散

根据《中外合资经营企业法》及其实施条例的规定，合营企业解散的原因主要有：①合营期限届满。合营企业合同或章程确定的合营期限已经到期，而投资各方又无意继续延长合营期限，则合营企业解散。②合营企业发生严重亏损，无力继续经营。企业因经营管理不善或者其他原因，造成严重亏损，企业无力继续经营，则合营企业解散。③合营一方不履行合营企业协议、合同、章程规定的义务，致使企业无法继续经营。④因自然灾害、战争等不可抗力遭受严重损失，无法继续经营。⑤合营企业未达到其经营目的，同时又无发展前途。⑥合营合同、章程所规定的其他解散原因已经出现。

上述第②、④、⑤、⑥项情况发生的，由董事会提出解散申请书，报审批机关批准。第③项情况发生的，由履行合同的一方提出申请，报审批机关批准。

根据《破产法》规定，企业无力偿还到期债务的，企业债权人可以向法院要求宣告该企业破产；企业也可以自行申请破产。法院宣告企业破产后，企业应予解散。

3. 中外合资经营企业的清算

合营企业宣告解散时，应当进行清算。除企业破产清算应当按照有关法律规定的程序进行清算外，合营企业的清算应当按照《外商投资企业清算办法》的规定成立清算委员会，由清算委员会负责清算事宜。

清算委员会的成员一般应当在合营企业的董事中选任。董事不能担任或者不适合担任清算委员会成员时，合营企业可以聘请中国的注册会计师、律师担任。审批机关认为必要时，可以派人进行监督。清算委员会的主要职责与公司清算组相同。

合营企业的清算工作结束后，由清算委员会提出清算结束报告，提请董事会会议通过后，报告审批机关，并向登记管理机关办理注销登记手续。合营企业解散后，各项账册及文件应由原中国合营者保存。

（七）合营各方争议的解决

合营各方发生争议时，可以采取以下途径解决：①董事会协商解决；②由中国仲裁机构进行调解或仲裁，也可由合营各方协议在其他仲裁机构仲裁；③向有管辖权的中国的人民法院起诉。

二、中外合作经营企业法

（一）中外合作经营企业法概述

1. 中外合作经营企业的概念和特征

中外合作经营企业是指中外合作者依照中国法律的规定，在中国境内共同投资，按合作企业合同约定分配收益或产品、分担风险和亏损的企业。

2. 中外合作经营企业的特征

（1）合作企业是一种契约式的合营企业。

（2）合作企业的出资方式较为灵活。

（3）合作企业的组织形式和组织机构多样化。既可以组织法人型合作企业，也可以组织不具有法人资格大合伙型合作企业，还可以由合作各方确定委托合作一方或第三方管理企业，其他合作者对其实施监督。

（二）中外合作经营企业的设立。（基本与中外合资经营企业相同）

（三）中外合作经营企业的组织形式与管理形式

1. 合作企业的组织形式

（1）法人型合作企业。

法人型合作企业其组织形式为有限责任公司，有自己独立的财产，以企业法人的名义享受权利和承担义务。合作各方以其投资或提供的合作条件为限对合作企业承担责任，合作企业以其全部财产对合作企业的债务承担责任。

（2）非法人型合作企业。

非法人型合作企业不具有法人资格，合作各方应根据其认缴的出资额或提供的合作条件，在合作合同中约定各自承担债务责任的比例。

2. 合作企业的管理形式

合作企业的管理形式有以下三种：

（1）董事会制——法人型，其组成、董事长的人选由合作各方协商确定。（与合营企业相同）

（2）联合管理制——非法人型，由合作各方委派代表组成联合管理委员会。

（3）委托管理制——即经合作企业的中外双方同意，委托合作一方进行管理，另一方不参加管理或者委托合作各方以外的他人经营管理合作企业。合作企业委托第三人经营管理的，必须经董事会或者联合管理委员会一致同意，并报审批机关批准，向工商行政管理机关办理变更登记手续。

董事会或者联合管理委员会是合作企业的权力机构，按照合作企业章程的规定，决定合作企业的重大问题。董事会或者联合管理委员会成员不得少于三人，其名额的分配由中外合作者参照其投资或者提供的合作条件协商确定。董事会或者联合管理委员会成员由任命各方自行委派或者撤换。董事会董事长、副董事长或者联合管理委员会主任、副主任的产生办法由合作企业章程规定；中外合作者一方担任董事长、主任的，副董事长、副主任由他方担任。董事或者委员的任期由合作企业章程规定，但是每届任期不得超过三年。董事或者委员任期届满，委派方继续委任的，可以连任。董事会会议或者联合管理委员会会议每年至少召开一次，由董事长或者主任召集并主持。董事长或者主任因特殊情况不能履行职务时，由董事长或者主任指定副董事长、副主任或者其他董事、委员召集并主持。三分之一以上董事或者委员可以提议召开董事会会议或者联合管理委员会会议。董事会会议或者联合管理委员会会议应当有三分之二以上董事或者委员出席方能举行。不能出席董事会会议或者联合管理委员会会议的董事或者委员，应当书面委托他人代表其出席和表决。董事会会议或者联合管理委员会会议作出决议，必须经全体董事或者委员的过半数通过。董事或者委员无正当理由既不参加又不委托他人代表其参加董事会会议或者联合管理委员会会议的，视为出席会议并在表决中弃权。会议的召开应提前 10 日通知全体董事或者委员。董事会或者联合管理委员会也可以用通讯的方式作出决议。

下列事项由出席董事会会议或者联合管理委员会会议的董事或者委员一致通过，方可作出决议：①合作企业章程的修改；②合作企业注册资本的增加或者减少；③合作企业的资产抵押；④合作企业的解散；⑤合作企业合并、分立和变更组织形式；⑥合作各方约定由董事会会议或者联合管理委员会会议一致通过方可作出决议的其他事项。

（四）中外合作经营企业的投资方式与财产所有权

1. 合作各方的投资方式

合作各方的投资方式可以是现金、实物、土地使用权、工业产权、非专利技术和其他财产权利。中国合作者的投资或提供的合作条件，属于国有资产的，应当依照有关法律、行政法规的规定进行资产评估。外国合作者的投资一般不低于合作企业注册资本的百分之二十五。合作各方的出资不一定都需折算为货币形式计算投资比例，只需确定各方的合作条件。投资或提供的合作条件，应当由中国注册会计师或有关机构验证并出具证明。

2. 合作者投资的财产所有权

如果是法人型的合作企业，其各方投资或提供的合作条件，归独立的合作企业法人所有。如是非法人型合作企业，合作各方的投资或提供的合作条件，为合作各方分别所有。经合作各方约定，也可以共有，或者部分分别所有、部分共有。合作企业经营积累的财产，归合作各方共有。

非法人型合作企业合作各方的投资或提供的合作条件，由合作企业统一管理和使用，未经合作他方同意，任何一方不得擅自处理。

（五）中外合作经营企业收益分配、亏损风险分担及投资回收

1. 合作企业的收益分配与亏损风险分担

合作各方依照合作企业合同的约定，分配收益或产品，承担风险和亏损。在收益分配上，中外合作者可以采用分配利润、分配产品或合作各方共同商定的其他方式分配收益。外国合作者在合作期限内先行收回投资的，中外合作者应当依照有关法律的规定和合作企业合同的约定，对合作企业的债务承担责任。

2. 合作企业的投资回收

中外合作者在合作企业合同中可以约定合作期限届满时，合作企业的全部固定资产无偿归中国合作者所有的，外国合作者在合作期限内可以申请按照一定的方式先行回收其投资。

（1）外国合作者在合作期限内先行回收其投资的方式：

1）在按照投资或者提供合作条件进行分配的基础上，在合作企业合同中约定扩大外国合作者的收益分配比例。

2）经财政税务机关审查批准，外国合作者在合作企业缴纳所得税前回收投资。

3）经财政税务机关和审查批准机关批准的其他回收投资方式。

（2）外国合作者在合作期限内先行回收投资的法定条件。

1）中外合作者在合作企业合同中约定合作期满时，合作企业的全部固定资产无偿归中国合作者所有。

2）对于税前回收投资的，必须向财政税务机关提出申请，并由财政税务机关依法审查批准。

3）中外合作者应当依照有关法律的规定和合作企业合同的约定，对合作企业的债务承担责任。外国合作者提出先行回收投资的申请，应当具体说明先行回收投资的总额、期限和方式，经财政税务机关审查同意后，报审查批准机关审批。

4）外国合作者应当在合作企业的亏损弥补之后，才能先行回收投资。

（六）中外合作经营企业的期限、解散和清算（与中外合资经营企业基本相同）

三、外资企业法

（一）外资企业的概念和特征

1. 外资企业的概念和特征

外资企业，是指依照中国有关法律在中国境内设立的全部资本由外国投资者投资的企业，但不包括外国企业和其他经济组织在中国境内设立的分支机构。

外资企业具有以下特征：①外资企业是依照中国有关法律设立的企业，要依照中国的法律活动。②外资企业是外国投资者在中国境内设立的企业，其主要办事机构必须设在中国境内。③外资企业的全部资本由外国投资者投资，中国企业或其他经济组织不提供任何注册资本。

2. 外资企业的司法管辖和法律保护

（1）管辖：外资企业从法律上说属于中国企业，其取得法人资格后即成为中国法人。所以，外资企业在中国境内从事经营活动，必须遵守中国的法律、法规，受中国法律管辖。

外资企业与中国国家行政机关、企事业单位或个人发生争议，因争议各方都是处于中国属地管辖权之下，其纠纷应由中国法院或仲裁机构按中国法律，根据争议的不同性质分别解决。

（2）法律保护：外资企业既然是中国法人或中国企业，其合法权益理所当然受中国法律保护。

（二）外资企业的组织形式、注册资本与出资方式

1. 外资企业的组织形式

外资企业的组织形式为有限责任公司，经批准，也可以为其他责任形式。

2. 外资企业的注册资本

外资企业的注册资本，是指为设立外资企业在工商行政管理机关登记的资本总额，即外国投资者认缴的全部资额。注册资本与投资总额的比例应当符合中国有关规定。

3. 外资企业的出资方式

外资企业可以用自由兑换的外币出资，也可以用机器设备、工业产权、专有技术等作价出资。经审批，也可以用其从中国境内举办的其他外商投资企业获得的人民币利润出资。

（三）外资企业的经营管理

1. 产、供、销方面的规定

在经营范围内，自主经营管理，可以自行制定生产经营计划，在购买物资、销售产品方面享有与中外合资经营企业大致相同的自主权。

2. 会计、税收及保险方面的规定

应依照中国法律、法规和财政机关的规定，建立财务会计制度并报其所在地财政、税务机关备案。其年度会计报表和清算会计报表，应依照中国财政、税务机关的规定编制，并应聘请中国的注册会计师进行验证和出具报告，在规定的时间内报送财政、税务机关，并报审批机关和工商行政管理机关备案。

与中外合资经营企业相同，外资企业应缴纳增值税、消费税、外商投资企业和外国企业所得税、关税、城市房地产税和车船使用牌照税。并根据规定享有免征关税。

外资企业的各项保险，应向中国境内的保险公司投保。

3. 雇用中国职工和建立工会组织方面的规定

双方应依照中国的法律、法规，就雇用、辞退、报酬、福利、劳动保护和保险等事项签订劳动合同。不得雇用童工。

（四）外资企业的设立、变更、终止和清算（与中外合营企业基本相同）

【引例解析】

经过仲裁庭裁决，终止合资合同，甲公司和乙公司应当依照中国法律的规定，对合资公司进行清算。对于甲公司要求返还其出资及支付所欠保底利润的仲裁请求，仲裁庭认为无合法依据，予以驳回。

中外合资经营企业是指外国的公司、企业和其他经济组织或个人同中国的公司、企业或其他经济组织依照中国法律在中国境内共同投资、共同经营、共担风险、共负盈亏的企业法人。根据《中华人民共和国中外合资经营企业法》第四条的规定："中外合资经营企业的合营各方应按注册资本比例分享利润和分担风险及亏损。"本案中，董事会决议规定将合营企业的经营管理权交予乙公司，并且由乙公司单独承担合资公司的风险与亏损，而甲公司则可每年从合资公司取得其出资 25%的利润。该决议违反了合资合同中关于双方按出资比例分享利润和分担风险的约定，也不符合《合资企业法》要求合营各方共同经营、共担风险、共负盈亏的合资经营法律原则，因此该董事会决议是无效的。甲公司在合营企业处于亏损的状态下仍要求支付利润的主张没有合法依据，不应得到支持。

至于甲公司投入合营企业的 220 万美元，虽为甲公司的出资，但该笔资金在合资公司成立后，已属于合资公司的财产，该财产的处理应当通过合资公司的清算来解决。且该财产的投入，是甲公司赖以获得利润的必要成本支出。由于合营企业已经成立、运营，甲公司也应当在该出资范围内承担责任，因此，甲公司要求返还其投资款的请求没有理由，不应予以支持。

【实训内容】

根据合资企业法律知识，模拟办理一项合营企业审批手续。

提示：设立合营企业需向有关机关提交的文件有：

1. 设立合营企业的申请书；

2. 合营各方共同编制的可行性研究报告；

3. 由合营各方的法定代表人或其授权的代表签署的合营企业合同、章程、董事会成员名单（或联合管理机构人员名单）；

4. 监事委派书及其身份证明复印件；

5. 合营中方的营业执照（复印件）；

6. 合营外方的登记注册资料（复印件）或外方自然人投资者的身份证明资料复印件（港澳台投资者提供身份证复印件，其他国家和地区投资者提供护照复印件），以上资料须经所在国家公证机关公证及我国驻该国使（领）馆认证，属公司投资的公证资料须反映出公司法人或股东会（董事会）成员姓名、股权结构；

7. 中外合营双方资信证明原件；

8. 企业名称预先核准通知书；

9. 合同项下涉及专有技术及专利技术作价出资的，需提交专有或专利技术作价合同书；

10. 合营企业使用的厂房或办公场地的租赁协议（如属自有物业，需提供产权证书复印件）；

11. 外国投资者（授权人）与境内法律文件送达接受人（被授权人）签署的《法律文件送达授权委托书》；

12. 生产型、餐饮业及大型服务业项目需提供环评意见；

13. 中国法律法规要求须提交的其他资料。

以上所列资料，除第6项中所列外国合营者提供的资料外，必须报送中文本，第2、3、7项所列文件可以同时报送合营各方商定的一种外文本。

【案例】

1. 中外合资经营企业合营双方约定，会计账簿、报表必须用英文书写，不用中文制作。请问这个约定是否合法？

分析：根据《中外合资经营企业法实施条例》的规定，合营企业账簿、报表必须用中文书写，也可以同时用合营各方商定的一种外文书写。以外币为记账本位币编制外币的会计报表，同时编制折合人民币的会计报表才是合法的。合营企业原则上采用人民币为记账本位币，各方商定，也可采用一种外国货币为本位币。以外币记账的合营企业，除编制外币的会计报表外，还应另编制折合人民币的会计报表。

2. 中国某公司和美国人DUKE预设立中外合作经营企业。双方约定：①本合作企业是合伙型，双方决定成立联合管理机构进行管理和使用，不设董事会。②外方可提前从税后合作企业净利润中提前回收投资成本。③外方可提前从税后合作企业净利润中提前回收投资成本不需要报有关财政税务机关批准。该合作企业双方的约定是否合法？

分析：①合伙型的中外合作企业成立联合管理机构进行管理，不设董事会是合法的。合作企业设立董事会或者联合管理机构进行管理，法人型合作企业设董事会，合伙型合作企业成立联合管理委员会。②外方可提前从税后合作企业净利润中提前回收投资成本是合法的。③约定外方可提前从税后合作企业净利润中提前回收投资成本不需要报有关财政税务机关批准，不合法。《中华人民共和国中外合作经营企业法》规定："中外合作者在合作企业合同中约定合作期满时合作企业的全部固定资产归中国合作者所有的，可以在合作企业合同中约定外国合作者在合作期限内先行回收投资的办法。合作企业合同约定外国合作者在缴纳所得税前回收投资的，必须向财政税务机关提出申请，由财政税务机关依照国家有关税收的规定审查批准。"

【思考与练习】

1．试比较合营企业、合作企业和外资企业三者的区别。

2．《中外合资经营企业法》对合营各方的出资方式、非货币出资的要求、出资期限及违约出资的后果、出资的转让有哪些规定？

3．合作企业合作各方的出资方式和投资的财产所有权具有哪些特点？

4．《中外合作经营企业法》对中外合作经营企业的收益分配和投资回收有哪些规定？

5．我国某市甲公司与某国乙公司经协商，达成建立一中外合资经营企业的协议。该协议的主要内容包括：双方投资总额为1000万，其中注册资本为420万。甲公司以土地使用权、机器设备和以抵押给本市丙公司的厂房作价出资，出资额为230万；乙公司以货币和正在商标局申请注册的商标出资，出资额为100万，以甲公司名义向中国银行贷款500万，作为合资企业的流动资金。在企业经营1年后，从利润中拨出20万先行返还乙公司投资。双方一旦因合营企业合同发生纠纷，选择适用乙公司所在地的法律。

请问：合营企业协议存在哪些问题？为什么？

提示：乙公司出资额太低，根据《中华人民共和国中外合资经营企业法》第四条规定："在合营企业的注册资本中，外国合营者的投资比例一般不低于百分之二十五。"而此案例中乙公司仅出资100万，只占投资总额的10%，占注册资本的23.8%。

甲公司以抵押给本市丙公司的厂房作价出资，这是违反《中华人民共和国担保法》第四十九条第一款规定："抵押期间，抵押人转让已办理登记的抵押物的，应当通知抵押权人并告知受让人转让物已经抵押的情况；抵押人未通知抵押权人或者未告知受让人的，转让行为无效。"

双方达成协议：一旦因合营企业合同发生纠纷，选择适用乙公司所在地的法律。我国《合同法》第一百二十六条规定："在中华人民共和国境内履行的中外合资经营企业合同、中外合作经营企业合同、中外合作勘探开发自然资源合同，适用中华人民共和国法律。"因此甲乙双方当事人不得自行选择适用其他法律，只能适用法律明确指向国的法律。

第九章　税法

【本章内容结构图】

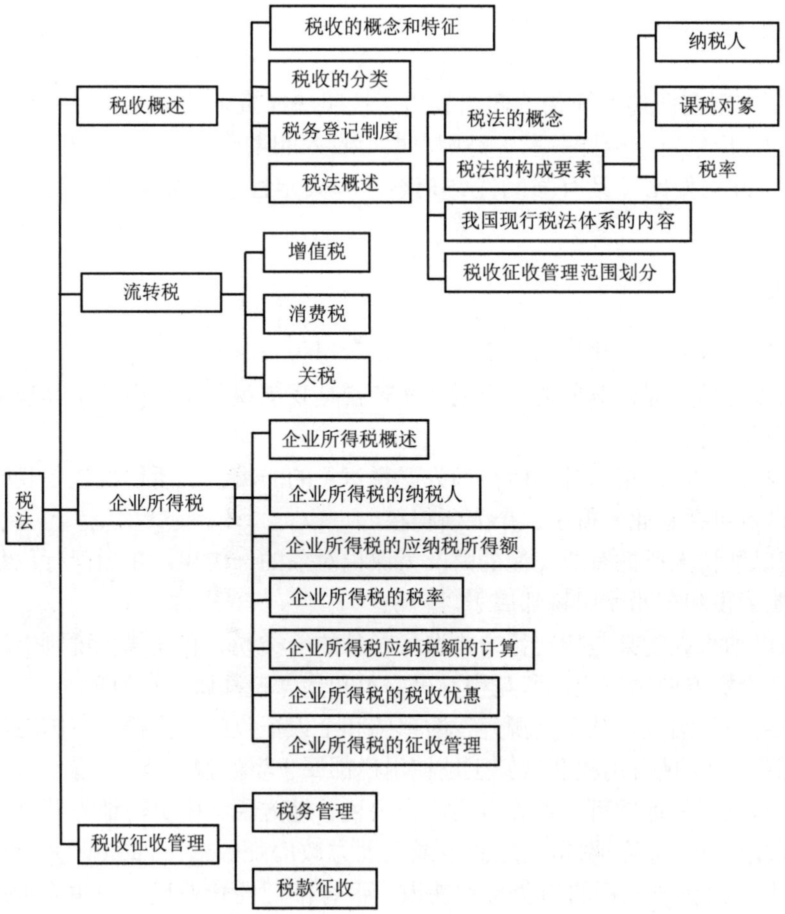

【引例】

某电视机厂的主要业务是生产并销售其产品——电视机，另外，经营一个卡拉OK歌厅，作为其第三产业。该厂为增值税一般纳税人，2018年6月份主要业务如下：

1. 销售给某批发企业彩电500台，每台950元（不含税）。
2. 销售给某零售商店彩电100台，每台1004元（含税）。
3. 奖励给本企业的100名优秀职工每人一台彩电，价值1000/台（不含税）。
4. 外购机床10台，每台单价200000元，取得专用发票，机床已验收入库。
5. 外购电视机配件支付50000元，专用发票注明税款8500元，其中10000元为电视机配件因不符合合同规定质量标准而退货，并收回税款1700元。

6. 该电视机厂在销售彩电的同时提供输送劳务，本月取得运输劳务费收入10000元。

该厂厂长想了解6月份企业应纳税情况，小王作为厂长秘书应怎样向厂长汇报该电视机厂6月份应缴纳哪些税款？

第一节 税收概述

一、税收的概念和特征

税收是国家为了实现其职能，凭借其政治权力，按照法律规定的标准，强制地向纳税人无偿征收货币或实物形成的特定分配关系，是国家取得收入的主要方式。

税收与其他分配方式相比，具有强制性、无偿性和固定性的特征，习惯上称为税收的“三性”。

二、税收的分类

（1）按课税对象划分的不同将税收分为流转税、所得税、财产税、行为税及资源税。

1）流转税是以流转额为课税对象的一类税。流转税是我国税制结构中的主体税类，目前包括增值税、消费税和关税等税种。

2）所得税也称收益税，是指以各种所得额为课税对象的一类税。所得税也是我国税制结构中的主要税类，目前包括企业所得税、个人所得税。

3）财产税是指以纳税人所拥有或支配的财产为课税对象的一类税。我国现行税制中的房产税、契税、车辆购置税和车船使用税都属于财产税。

4）行为税是指以纳税人的某些特定行为为课税对象的一类税。我国现行税制中的城市维护建设税、固定资产投资方向调节税、印花税、屠宰税和筵席税都属于行为税。

5）资源税是指对在我国境内从事资源开发的单位和个人征收的一类税。我国现行税制中的资源税、土地增值税、耕地占用税和城镇土地使用税都属于资源税。

（2）按税收管理权限为标准可将税收分为：中央税、地方税、中央与地方共享税。

1）中央税是指由中央政府征收和管理使用或由地方政府征收后全部划解中央政府所有并支配使用的一类税。如我国现行的消费税和铁道、银行部门的营业税、中央企业所得税、关税等。

2）地方税是指由地方政府征收和管理使用的一类税。如我国现行的城市维护建设税、个人所得税等。

3）中央与地方共享税是指税收的管理权和使用权属中央政府和地方政府共同拥有，收入按一定比例分成的一类税。如我国现行的增值税、证券交易税和资源税等。这种分类方法是实行分税制财政体制的基础。

（3）按税收与价格的关系为标准将税收分为：价内税和价外税。

1）价内税是指税款在应税商品价格内，作为商品价格一个组成部分的一类税。如我国现行的消费税、关税等税种。

2）价外税是指税款不在商品价格之内，不作为商品价格的一个组成部分的一类税。如我国现行的增值税（目前商品的价税合一并不能否认增值税的价外税性质）。

另外，按税收的计算依据为标准将税收分为从量税和从价税；根据税负能否转嫁为标准将税收分为直接税和间接税；根据税收缴纳形式分为货币税和实物税等。

三、税务登记制度

税务登记是税务机关根据税法规定，对纳税人的生产经营活动进行登记管理的一项基本制度。它的意义在于：有利于税务机关了解纳税人的基本情况，掌握税源，加强征收与管理，防止漏管漏征，建立税务机关与纳税人之间正常的工作联系，强化税收政策和法规的宣传，增强纳税意识等。

（一）开业登记

从事生产、经营的纳税人应当自领取营业执照之日起三十日内，向生产、经营地或者纳税义务发生地的主管税务机关申报办理税务登记，如实填写税务登记表，并按照税务机关的要求提供有关证件、资料。税务登记应向税务机关如实提供以下证件和资料：

（1）工商营业执照或其他核准执业证件。

（2）有关合同、章程、协议书。

（3）组织机构统一代码证书。

（4）法定代表人或负责人或业主的居民身份证、护照或者其他合法证件。

（5）主管税务机关要求提供的其他有关证件、资料。

（二）变更登记

纳税人税务登记内容变更即变更名称、法定代表人或者业主姓名、经济类型、经济性质、住所或者经营地点、生产经营范围、经营方式、开户银行及账号等内容发生变化的，应当自工商行政管理机关或者其他机关办理变更登记之日起三十日内，持下列证件向原税务登记机关申报办理变更税务登记。

（1）营业执照。

（2）变更登记的有关证明文件。

（3）国家税务机关发放的原税务登记证件（包括税务登记证及其副本、税务登记表等）。

（4）其他有关证件。纳税人按照规定不需要在工商行政管理机关办理注册登记的，应当自有关机关批准或者宣布变更之日起三十日内，持有关证件向原主管国家税务机关提出变更登记书面申请报告。

四、税法概述

（一）税法的概念

税法是国家制定的用以调整国家与纳税人之间在征纳税方面的权利与义务关系的法律规范的总称。它是国家及纳税人依法征税、依法纳税的行为准则，其目的是保障国家利益和纳税人的合法权益，维护正常的税收秩序，保证国家的财政收入。

（二）税法的构成要素

税法构成要素是税收课征制度构成的基本因素，具体体现在国家制定的各种基本法中。主要包括纳税人、课税对象、税目、税率、减税免税、纳税环节、纳税期限、违章处理等。其中纳税人、课税对象、税率三项是一种税收课征制度或一种税收基本构成的基本因素。

1. 纳税人

纳税义务人简称纳税人，是指法律、行政法规规定直接负有纳税义务的单位和个人，包括自然人和法人，是缴纳税款的主体，直接同国家的税务机关发生纳税关系。

与纳税义务人相联系的另一个概念是扣缴义务人，是指依照法律、行政法规规定负有代扣代缴、代收代缴义务的单位和个人。扣缴义务人并不实际负担税款，而且还可根据所扣缴税款向税务机关收取一定比例的手续费。

2. 课税对象

课税对象，又称征税对象、征税客体，是指税法规定对什么征税。征税对象是各个税种之间相互区别的根本标志。根据征税范围不相交叉的原则设计出来的各个税种都有其各自的征税对象，并通过税法予以明确界定。因此，征税对象决定各个单行税法不同的特点和作用。征税对象按其性质的不同，通常划分为四大类，即流转额、所得额或收益额、财产及行为。

3. 税率

税率是税法规定的每一单位课税对象与应纳税款之间的比例，是每种税收基本法构成的最基本要素之一。它直接关系到国家财政收入的多少和纳税人税负的轻重。我国现行税率可分为比例税率、定额税率和累进税率三种。

（1）比例税率：即对同一征税对象不论数额大小，都按同一比例征税。比例税率的优点表现在：同一课税对象的不同纳税人税收负担相同，有利于公平竞争；计算简便，有利于税收的征收管理。一般适用于对流转税的征收。比例税率在具体运用上可分为以下几种：

1）行业比例税率：即按不同行业规定不同的税率，同一行业采用同一税率。

2）产品比例税率：即对不同产品规定不同税率，同一产品采用同一税率。

3）地区差别比例税率：即对不同地区实行不同税率。

4）幅度比例税率：即中央只规定一个幅度税率，各地可在此幅度内，根据本地区实际情况，选择、确定一个比例作为本地适用税率。

（2）定额税率。定额税率是税率的一种特殊形式。它不是按照课税对象规定征收比例，而是按照征税对象的计量单位规定固定税额，所以又称为固定税额，一般适用于从量计征的税种。定额税率的优点是：从量计征，不是从价计征，有利于鼓励纳税人提高产品质量和改进包装，计算简便。但是，由于税额的规定同价格的变化情况脱离，在价格提高时，不能使国家财政收入随国民收入的增长而同步增长，在价格下降时，则会限制纳税人的生产经营积极性。在具体运用上又分为以下几种：

1）地区差别税额：即为了照顾不同地区的自然资源、生产水平和盈利水平的差别，根据各地区经济发展的不同情况分别制定的不同税额。

2）幅度税额：即中央只规定一个税额幅度，由各地根据本地区实际情况，在中央规定的幅度内，确定一个执行数额。

3）分类分级税额：把课税对象划分为若干个类别和等级，对各类各级由低到高规定相应的税额，等级高的税额高，等级低的税额低，具有累进税的性质。

（3）累进税率。累进税率指按征税对象数额的大小，划分若干等级，每个等级由低到高规定相应的税率，征税对象数额越大税率越高，数额越小税率越低。一般适用于对所得税和财产的征税。累进税率因计算方法和依据的不同，又分以下几种：

1）全额累进税率：即对征税对象的金额按照与之相适应等级的税率计算税额。在征税对象提高到一个级距时，对征税对象金额都按高一级的税率征税。

2）全率累进税率：它与全额累进税率的原理相同，只是税率累进的依据不同。全额累进税率的依据是征税对象的数额，而全率累进税率的依据是征税对象的某种比率，如销售利润率、资金利润率等。

3）超额累进税率：即把征税对象按数额大小划分为若干等级，每个等级由低到高规定相应的税率，每个等级分别按该级的税率计税，将每个等级计算出来的结果相加就是全部计税依据的应纳税额。目前，采取这种税率的是个人所得税中的工资薪金所得项目。

4）超率累进税率：它与超额累进税率的原理相同，只是税率累进的依据不是征税对象的数额而是征税对象的某种比率。

在以上几种不同形式的税率中，全额累进税率和全率累进税率的优点是计算简便。超额累进税率和超率累进税率的计算比较复杂，但累进程度缓和，税收负担较为合理。

（三）我国现行税法体系的内容

我国的现行税制就其实体法而言，是建国后经过几次较大的改革逐步演变而来的，按其性质和作用大致分为 6 类：

（1）流转税类。包括增值税、消费税。主要在生产、流通或者服务业中发挥调节作用。

（2）资源税类。包括资源税、城镇土地使用税。主要是对因开发和利用自然资源差异而形成的级差收入发挥调节作用。

（3）所得税类。包括企业所得税、个人所得税。主要是在国民收入形成后，对生产经营者的利润的个人纯收入发挥调节作用。

（4）特定目的税类。城市维护建设税、土地增值税、车辆购置税、耕地占用税。主要是为了达到特定目的，对特定对象和特定行为发挥调节作用。

（5）财产和行为税类。包括房产税、城市房地产税、车船税、印花税、屠宰税、契税。主要是对某些财产和行为发挥调节作用。

（6）关税。主要是对进出我国国境的货物、物品征收。

上述税种中的关税由海关负责征收管理，其他税种由税务机关负责征收管理。

（四）税收征收管理范围划分

（1）国家税务局系统征管项目：增值税，消费税，车辆购置税，所得税、城市维护建设税，中央企业缴纳的所得税，中央与地方所属企业、事业单位组成的联营企业、股份制企业缴纳的所得税，地方银行、非银行金融企业缴纳的所得税，海洋石油企业缴纳的所得税、资源税，外商投资企业和外国企业所得税，证券交易税，个人所得税中对储蓄存款利息所得征收的部分，中央税的滞纳金、补税、罚款。

（2）地方税务局系统征管项目：城市维护建设税，（不包括上述由国家税务局系征管的部分），原地方国有企业、集体企业、及私营企业缴纳的所得税、个人所得税（不包括上述由国家税务局系统征管储蓄存款利息所得征收的部分），资源税，城镇土地使用税，耕地占用税，土地增值税，房产税，城市房地产税，车船使用税（2007 年 1 月 1 日起由原车船使用税和车船使用牌照税合并修订），印花税，契税，屠宰税，筵席税及其地方附加，地方税的滞纳金、补税、罚款。

（3）中央政府与地方政府税收收入划分。

1）中央政府固定收入：消费税、车辆购置税、关税、海关代征的进口环节增值税等。

2）地方政府固定收入：城镇土地使用税、耕地占用税、土地增值税、房产税、城市房地产税、车船使用税、契税等。

（4）中央政府与地方政府共享收入。

1）增值税（不包括海关代征的进口环节增值税）：中央政府分享 50%，地方政府分享 50%。

2）企业所得税：铁道部、各银行总行及海洋石油企业缴纳的部分归中央政府，其余部分中央政府分享 60%，地方政府分享 40%。

3）个人所得税：除储蓄存款利息的个人所得税外，其余部分中央政府分享 60%，地方政府分享 40%。

4）资源税：海洋石油企业缴纳的部分归中央政府，其余部分归地方政府。

5）城市维护建设税：铁道部、各银行总行、各保险公司集中缴纳的部分归中央政府，其余归地方政府。

第二节　流转税

一、增值税

（一）增值税概述

增值税是对在我国境内从事销售或者加工、修理修配劳务以及从事进口货物的单位和个人在商品生产、流通、劳务服务中多个环节的新增价值或商品的附加值征收的一种流转税。

我国增值税实行增值税专用发票抵扣税款制。我国在全国范围内使用统一的增值税专用发票，实行根据发票注明税金进行税款抵扣的制度。

（二）增值税的纳税人

在中华人民共和国境内销售货物或者提供加工、修理修配劳务以及进口货物的单位和个人，为增值税的纳税义务人。企业租赁或承包给他人经营的，以承包人或租赁人为纳税人。

根据年应征增值税销售额为标准增值税的纳税人分为以下两种类型：

（1）一般纳税人：达到一定的生产经营规模（即超过小规模纳税人标准），并且是会计核算健全，能按照税法的规定，分别核算销项税额、进项税额和应纳税额的单位。一般纳税人应当向主管税务机关申请资格认定，具体认定办法由国务院税务主管部门制定。

（2）小规模纳税人：年应征增值税销售额（以下简称年应税销售额）在规定标准以下，会计核算不健全，不能准确核算增值税的销项税额、进项税额和应纳税额的纳税人。《增值税暂行条例实施细则》规定对增值税小规模纳税人标准和相关规定进行了调整，增值税小规模纳税人年销售额标准 500 万元以下。

（三）增值税的征收范围

增值税征税范围包括货物的生产、批发、零售和进口 4 个环节。此外，加工和修理修配也属于增值税的征税范围。我国进行营业税改增值税后生活服务业、交通运输业、金融业、建筑业、房产业等全面适用增值税，营业税退出历史舞台。

以下 8 种行为即使不是有偿转让货物的所有权，在增值税法中被视同为销售货物，均要征收增值税：

（1）将货物交由他人代销。

（2）代他人销售货物。

（3）将货物从一地移送至另一地（同一县市除外）。

（4）将自产或委托加工的货物用于非应税项目。

（5）将自产、委托加工或购买的货物作为对其他单位的投资。

（6）将自产、委托加工或购买的货物分配给股东或投资者。

（7）将自产、委托加工的货物用于职工福利或个人消费。

（8）将自产、委托加工或购买的货物无偿赠送他人。

（四）增值税的税率

根据2018年国家税务总局的最新规定，增值税税率分为3档：基本税率16%、低税率10%和零税率。增值税一般纳税人适用基本税率、低税率。小规模纳税人适用征收率，从3%调整为2%。

1. 基本税率

我国《税法》规定，对于增值税一般纳税人从事应税行为，除下述低税、免税等以外，一律适用16%的基本税率，对于烟、酒、奢侈品等特殊货物另通过加征消费税来进行税收负担的调节。

2. 低税率

为减轻某些行业的税收负担，除基本税率以外，我国税法还规定了一档 10%的低税率。适用低税率的货物有：①粮食、食用植物油（初级加工产品）；②自来水、暖气、煤气、石油液化气、天然气、沼气、居民用煤炭制品（自来水现在适用 6%的征收率）；③图书、报纸、杂志（具有全国统一刊号或国际统一书号）；④饲料、化肥、农药、农机、农膜（农机中零部件为16%的税率）；⑤国务院规定的其他货物。增值税一般纳税人销售或者进口上述货物，按10%的低税率计征增值税。

3. 征收率

2009年1月1日以前，小规模纳税人适用征收率，其中商业类小规模纳税人，适用的征收率为4%；工业类小规模纳税人，适用的征收率为6%，均不得抵扣进项税。国务院决定自2009年1月1日起全面实施增值税转型改革，从2009年1月1日起，小规模纳税人无论工业还是商业，税率均调整为3%，自2018年5月1日以来，小规模纳税人税率为2%。征收率的调整，由国务院决定。

（五）增值税应纳税额的计算

1. 一般纳税人应纳税额的计算

（1）计算公式：应纳税额=当期销项税额-当期进项税额。

（2）销项税额的计算。

1）销项税额：销项税额是指纳税人销售货物或者提供应税劳务，按照销售额和适用税率计算并向购买方收取的增值税额。

2）销项税额计算公式：销项税额=销售额（不含税）×税率

这里说的销售额不包含收取的增值税额（即是指纳税人销售货物或者应税劳务向购买方收取的全部价款和价外费用。这里的价外费用是指价款外向购买方收取的手续费、运输等费各种性质的价外收费）。不含税销售额的计算公式：

不含税销售额=含税销售额/（1+适用税率）

（3）进项税额的计算。

进项税额是指纳税人购进货物或者接受应税劳务所支付或者负担的增值税额。

根据税法的规定，准予从销项税额中抵扣的进项税额包括：

1）纳税人购买货物和应税劳务，从销售方取得的增值税专用发票上注明的增值税额。

2）纳税人进口货物，从海关取得的完税凭证上注明的增值税额。

3）购进免税农业产品准予抵扣的进项税额，按照买价的13%的扣除率计算：

进项税额=买价×13%。

若当期销项税额小于当期进项税额，不足抵扣的部分可以结转下期继续抵扣。

2. 小规模纳税人的应纳税额的计算

小规模纳税人的应纳税额实行简易办法，按照销售额规定的征收率计算应纳税额，进项税额不能抵扣。计算公式为：

小规模纳税人的应纳税额=含税销售额×征收率

（六）增值税的纳税申报及纳税地点

增值税纳税申报时间与主管国税机关核定的纳税期限是相联系的。以 1 个月为一个纳税期的纳税人，自期满之日起10日内申报纳税；以1日、3日、5日、10日或15日为一个纳税期的纳税人，自期满之日起5日内预缴税款，次月1日至10日申报并结清上月应纳税款。

增值税固定业户向机构所在地税务机关申报纳税，增值税非固定业户向销售地税务机关申报纳税，进口货物应当由进口人或其代理人向报关地海关申报纳税。

（七）增值税起征点

《增值税暂行条例实施细则》第三十七条规定了增值税的起征点。增值税起征点的适用范围限于个人。

起征点的幅度规定如下：

（1）销售货物的，为月销售额5000～20000元。

（2）销售应税劳务的，为月销售额5000～20000元。

（3）按次纳税的，为每次（日）销售额300～500元。省、自治区、直辖市财政厅（局）和国家税务局应在规定的幅度内，根据实际情况确定本地区适用的起征点，并报财政部、国家税务总局备案。

（八）增值税的优惠政策

增值税法规定，免征增值税的项目有：

（1）农业生产者销售的自产初级农业产品。

（2）避孕药品和用具。

（3）古旧图书。

（4）直接用于科学研究、科学试验和教学的进口仪器、设备。

（5）外国政府、国际组织无偿援助的进口物资、设备。

（6）来料加工、来件装配和补偿贸易所需进口的设备。

（7）由残疾人组织直接进口供残疾人专用的物品。

（8）销售的自己使用过的物品（不含游艇、摩托车、应征消费税的汽车）。

除上述规定外，增值税的免税和减税项目由国务院规定。任何地区和部门均不得规定增值税的免税和减税项目。

二、消费税

（一）消费税概述

消费税是对特定消费品的流转额征收的一种税，目的是为了调节消费结构，正确引导消费方向，保证财政收入。我国从 1994 年开始征收消费税，现行消费税为经 2018 年修改后的消费税。消费税具有以下特点：

（1）征收范围具有选择性。消费税是对特定的消费品或消费行为征收的一种间接税。通过对特定的消费品或消费行为征税，以体现国家对这类消费品的产业政策和消费政策。

（2）税率（税额）具有差别性。消费税实行对同一产品设计同一税率，对不同产品设计不同税率。

（3）征收环节具有单一性。消费税只在消费品生产、流通或消费的某一环节一次性征收，而不是在各环节多次征收。

（4）具有特殊的调节性。消费税属于特殊调节税种，鲜明地体现国家调节生产、消费的意图。

（5）税负具有转嫁性。消费税无论在哪个环节征收，采取哪种征收方法，纳税人交纳的消费税都应通过消费品的价格，将负担转嫁给最终消费者。

（二）消费税的纳税人

消费税的纳税人，是指在中华人民共和国境内生产、委托加工和进口应税消费品的单位和个人。

（三）消费税的征税范围

消费税的征税范围可以划分为 5 个大类，13 个税目：①过度消费会对人类健康、社会秩序、生态环境等方面造成危害的特殊消费品，如烟、酒及酒精、鞭炮及焰火；②奢侈品、非生活必需品，如贵重首饰及珠宝玉石；③高耗能及高档消费品，如摩托车、小汽车；④不可再生和替代的石油类产品，如汽油、柴油；⑤具有一定财政意义的产品，如化妆品、护肤护发品。

（四）消费税的税率

消费税采用从价定率和从量定额的办法征税，不同消费品分别采用比例税率和定额税率计征。2018 消费税税目税率表有 15 个税率，13 个项目：

一、烟

1. 卷烟

（1）甲类卷烟 56%加 0.003 元/支（生产环节）

（2）乙类卷烟 36%加 0.003 元/支（生产环节）

（3）批发环节 11%加 0.005 元/支

2. 雪茄烟 36%

3. 烟丝 30%

二、酒

1. 白酒 20%加 0.5 元/500 克（或 500 毫升）

2. 黄酒 240 元/吨

3. 啤酒

（1）甲类啤酒 250 元/吨
（2）乙类啤酒 220 元/吨
4. 其他酒 10%
三、高档化妆品 15%
四、贵重首饰及珠宝玉石
1. 金银首饰、铂金首饰和钻石及钻石饰品 5%（零售环节纳税）
2. 其他贵重首饰和珠宝玉石 10%（生产、进口、委托加工提货环节纳税）
五、鞭炮、焰火 15%
六、成品油
1. 汽油 1.52 元/升
2. 柴油 1.20 元/升
3. 航空煤油 1.20 元/升
4. 石脑油 1.52 元/升
5. 溶剂油 1.52 元/升
6. 润滑油 1.52 元/升
7. 燃料油 1.20 元/升
七、小汽车
1. 乘用车
（1）气缸容量在 1.0（含 1.0）升以下的 1%
（2）气缸容量在 1.0 以上至 1.5（含 1.5）升 3%
（3）气缸容量在 1.5 以上至 2.0（含 2.0）升 5%
（4）气缸容量在 2.0 以上至 2.5（含 2.5）升 9%
（5）气缸容量在 2.5 以上至 3.0（含 3.0）升 12%
（6）气缸容量在 3.0 以上至 4.0（含 4.0）升 25%
（7）气缸容量在 4.0 升以上 40%
2. 中轻型商用客车（含驾驶员座位在内的座位数≤23 座）5%
八、摩托车
1. 气缸容量在 250 毫升（只这一个容量）3%
2. 气缸容量在 250 毫升以上的 10%
九、高尔夫球及球具 10%
十、高档手表 20%
十一、游艇 10%
十二、木制一次性筷子 5%
十三、实木地板 5%

（五）消费税应纳税额的计算

1. 销售应税消费品应纳税额的计算公式

我国消费税分别实行从价定率（以价格为计税依据）和从量定额（以销售量为计税依据）。其计算公式分别为：

（1）消费税实行从价定率的：应纳税额=销售额×适用税率

（2）消费税实行从量定额的：应纳税额=销售数量×单位税额

2. 自产自用应税消费品应纳税额的计算公式

纳税人自产自用金银首饰以外的应税消费品，用于连续生产应税消费品的，免征消费税；用于其他方面的，其计税价格按照纳税人生产的同类消费品的销售价格计算纳税；没有同类消费品销售价格的，按组成计税价格计算纳税。

组成计税价格=（成本+利润）/（1-消费税税率）

应纳税额=组成计税价格×消费税税率

3. 委托加工应税消费品应纳税额的计算

委托加工的应税消费品，按照受托方的同类消费品的销售价格计算纳税；没有同类消费品价格的，按照组成计税价格计算纳税。

组成计税价格=（材料成本+加工费）/（1-消费税税率）

应纳税额=组成计税价格×消费税税率

4. 进口应税消费品应纳税额的计算公式

进口的应税消费品，实行从价定率办法计算应纳税额的，按照组成计税价格计算纳税。

组成计税价格=（关税完税价格+关税）/（1-消费税率）

应纳税额=组成计税价格×消费税税率

5. 消费税的减免税

对纳税人出口的应税消费品，免征消费税。其他应税消费品不允许减税、免税。

三、关税

（一）关税概述

关税是对进出我国国境的货物或物品所征收的一种流转税。关税不仅是国家取得财政收入的一个重要税种，而且是维护国家主权，保护民族工业的重要工具。我国关税分为进口关税和出口关税两种，由海关负责征收。

关税具有以下特点：

（1）关税的征税对象限于进出境的货物或物品。

（2）关税在货物或物品进出关境的环节一次性征收。

（3）关税的计税依据为关税的完税价格。完税价格通常为到岸价格或离岸价格，不能确定到岸价格的，由海关估定。

（4）关税具有涉外性。

（二）关税的纳税人

税法规定，进口货的收货人、出口货物的发货人是关税的纳税人，接受委托办理有关进出口货物手续的代理人负有代纳关税义务。对非贸易物品征收关税的，关税纳税人是指：①入境旅客随身携带的行李、物品的持有人；②各种运输工具上服务人员入境时携带自用物品的持有人；③馈赠物品以及以其他方式入境的个人物品的所有人；④进口个人邮件的收货人。

（三）关税的征税对象

关税的征税对象是进出我国国境的货物或物品。货物是指贸易性商品；物品是指非贸易性物品，它主要包括入境旅客随身携带的行李和物品、个人邮递物品、各种运输工具上的服务人员携带进口的自用物品、馈赠物品以及以其他方式进入国境的个人物品。

（四）关税的税率

进口关税税率设普通税率和优惠税率。对原产于与中华人民共和国未订有关税互惠协议的国家或者地区的进口货物，按照普通税率征税；对原产于与中华人民共和国订有关税互惠协议的国家或者地区的进口货物，按照优惠税率征税。按照普通税率征收的进口货物，经国务院关税税则委员会特别批准，可以按照优惠税率征税。出口关税税率没有普通税率与优惠税率之分，按不同商品实行差别比例税率。

（五）关税应纳税额的计算

关税的计税依据是关税的完税价格，完税价格是指海关在从价征税时，计算进出口货物和物品应缴税的价格依据。我国对进口货物，一般采用该货物的“到岸价格”作为完税价格；对出口货物，一般采用该货物的“离岸价格”作为完税价格。

应纳税额=关税完税价格×适用税率

（六）关税的减免

根据我国《海关法》的规定，我国关税减免权属于中央，各地海关一般按海关法和税则规定以及中央的指示等执行。根据《海关法》的规定，享受关税减免的主要有：

（1）进出口关税征收额在人民币一元以下，免征关税。

（2）在国外运输途中或起卸时遭受损失的，可以酌情减免进口关税。

（3）进、出口广告品和专作化验用的进口货样，以及国家机关、企业购买和免费赠送给国外的货样，免征关税。

（4）暂时进出口的展览品和货样，免征关税。

（5）专为制造特种外销商品的主要进口原料，可以减免关税。

（6）非贸易性自用物品的关税在人民币 150 元以下的，可由海关关长酌情减免。

（7）直接用于教学、科研、实验的进口用品和样品，免征关税和工商统一税。

1. 免税货物

下列货物，经海关审查无误，可以免税：①关税税额在人民币 50 元以下的一票货物；②无商业价值的广告品和货样；③外国政府、国际组织无偿赠送的物资；④进出境运输工具装载的途中必需的燃料、物料和饮食用品。

2. 酌情减税免税物品

有下列情形之一的进口货物，海关可以酌情减税免税：①在境外运输途中或者起卸时，遭受损坏或者损失的；②起卸后海关放行前，因不可抗力遭受损坏或者损失的；③海关检查时已经破漏、损坏或者腐烂，经证明不是保管不慎造成的；④我国缔结或参与的国际条约规定减征、免征关税的货物和物品。

第三节　企业所得税

一、企业所得税概述

企业所得税是对在中华人民共和国境内的企业和其他取得收入的组织，就其应税所得额征收的一种税。2007 年 3 月 16 日，第十届全国人民代表大会第五次会议通过了《中华人民共和国企业所得税法》自 2008 年 1 月 1 日起施行；1991 年 4 月 9 日第七届全国人民代表大会第四次会议通过的《中华人民共和国外商投资企业和外国企业所得税法》和 1993 年 12 月 13 日国务院发布的《中华人民共和国企业所得税暂行条例》同时废止。现行税法增加了新理念，充实了新内容，为各类企业的发展创造了公平的税收环境。此后，为了鼓励各类企业的发展，国务院对企业所得税进行了多次调整。

二、企业所得税的纳税人

企业所得税的纳税人是我国境内的企业和其他取得收入的组织（以下统称“企业”，个人独资企业、合伙企业除外）。

企业分为居民企业和非居民企业。居民企业是指依法在中国境内成立，或者依照外国（地区）法律成立但实际管理机构在中国境内的企业；非居民企业是指依照外国（地区）法律成立且实际管理机构不在中国境内，但在中国境内设立机构、场所的，或者在中国境内未设立机构、场所，但有来源于中国境内所得的企业。居民企业应当就其来源于中国境内、境外的所得缴纳企业所得税。非居民企业在中国境内设立机构、场所的，应当就其所设机构、场所取得的来源于中国境内的所得以及发生在中国境外但与其所设机构、场所有实际联系的所得缴纳企业所得税；非居民企业在中国境内未设立机构、场所的，或者虽设立机构、场所但取得的所得与其所设机构、场所没有实际联系的，应当就其来源于中国境内的所得缴纳企业所得税。

三、企业所得税的应纳税所得额

企业所得税的应纳税所得额是企业每一纳税年度的收入总额，减除不征税收入、免税收入、各项扣除以及允许弥补的以前年度亏损后的余额。

企业收入总额是企业以货币形式和非货币形式从各种来源取得的收入。包括：①销售货物收入；②提供劳务收入；③转让财产收入；④股息、红利等权益性投资收益；⑤利息收入；⑥租金收入；⑦特许权使用费收入；⑧接受捐赠收入；⑨其他收入。

不征税收入项目：①财政拨款；②依法收取并纳入财政管理的行政事业性收费、政府性基金；③国务院规定的其他不征税收入。

免税收入：①国债利息收入；②符合条件的居民企业之间的股息、红利等权益性投资收益；③中国境内设立机构、场所的非居民企业从居民企业取得与该机构、场所有实际联系的股息、红利等权益性投资收益；④符合条件的非营利组织的收入。

各项扣除包括：①企业实际发生的与取得收入有关的、合理的支出，包括成本、费用、税金、损失和其他支出。②企业发生的公益性捐赠支出，在年度利润总额 12%以内的部分。③企业按照规定计算的固定资产折旧。④企业按照规定计算的无形资产摊销费用。⑤企业发生的下列支出作为长期待摊费用，按照规定摊销的部分（已足额提取折旧的固定资产的改建支出；租人固定资产的改建支出；固定资产的大修理支出）。⑥企业使用或者销售存货，按照规定计算的存货成本。⑦企业转让资产，该项资产的净值。

在计算应纳税所得额时下列支出不得扣除：向投资者支付的股息、红利等权益性投资收益款项；企业所得税税款；税收滞纳金；罚金、罚款和被没收财物的损失；捐赠支出在本年度利润总额 12%以外的部分；赞助支出；未经核定的准备金支出；与取得收入无关的其他支出。房屋、建筑物以外未投入使用的固定资产；以经营租赁方式租入的固定资产；以融资租赁方式租出的固定资产；已足额提取折旧仍继续使用的固定资产；与经营活动无关的固定资产；单独估价作为固定资产入账的土地；其他不得计算折旧扣除的固定资产；自行开发的支出已在计算应纳税所得额时扣除的无形资产；自创商誉；与经营活动无关的无形资产；其他不得计算摊销费用扣除的无形资产；企业对外投资期间，投资资产的成本。

企业纳税年度发生的亏损，准予向以后年度结转，用以后年度的所得弥补，但结转年限最长不得超过五年。

非居民企业应纳税所得额：①股息、红利等权益性投资收益和利息、租金、特许权使用费所得，以收入全额为应纳税所得额；②转让财产所得，以收入全额减除财产净值后的余额为应纳税所得额；③其他所得，参照前两项规定的方法计算应纳税所得额。

四、企业所得税的税率

企业所得税的税率为 25%；非居民企业在中国境内未设立机构、场所的，或者虽设立机构、场所但取得的所得与其所设机构、场所没有实际联系的，应当就其来源于中国境内的所得，适用税率为 20%。

这一税率的主要根据是：与涉外企业所得税相衔接；与股份制试点企业和大多数“税制分流”试点企业现行的税率相一致；与目前企业的实际负担相接近；与多数国家的税率相接近。目前，全世界 159 个实行企业所得税的国家（地区）的平均税率为 28.6%，我国周边 18 个国家（地区）的平均税率为 26.7%。现行税法规定的 25%及 20%的税率，在国际上是适中偏低的水平，有利于提高企业竞争力和吸引外商投资。

五、企业所得税应纳税额的计算

企业的应纳税所得额乘以适用税率，减除依照本法关于税收优惠的规定减免和抵免的税额后的余额，为应纳税额。

应纳所得税额=应纳税所得额×税率-或/依照本法关于税收优惠的规定减免和抵免的税额

六、企业所得税的税收优惠

（1）国家对重点扶持和鼓励发展的产业和项目，给予企业所得税优惠。

（2）企业的下列收入为免税收入：国债利息收入；符合条件的居民企业之间的股息、红利等权益性投资收益；在中国境内设立机构、场所的非居民企业从居民企业取得与该机构、场所有实际联系的股息、红利等权益性投资收益；符合条件的非营利组织的收入。

（3）企业的下列所得，可以免征、减征企业所得税：牧、渔业项目的所得；从事国家重点扶持的公共基础设施项目投资经营的所得；从事符合条件的环境保护、节能节水项目的所得；符合条件的技术转让所得；非居民企业在中国境内未设立机构、场所的，或者虽设立机构、场所但取得的所得与其所设机构、场所没有实际联系的其来源于中国境内的所得。

（4）符合条件的小型微利企业，减按 20%的税率征收企业所得税；国家需要重点扶持的高新技术企业，减按 15%的税率征收企业所得税。

（5）民族自治地方的自治机关对本民族自治地方的企业应缴纳的企业所得税中属于地方分享的部分，可以决定减征或者免征。自治州、自治县决定减征或者免征的，须报省、自治区、直辖市人民政府批准。

（6）企业的下列支出，可以在计算应纳税所得额时加计扣除：开发新技术、新产品、新工艺发生的研究开发费用；安置残疾人员及国家鼓励安置的其他就业人员所支付的工资。

（7）投资企业从事国家需要重点扶持和鼓励的创业投资，可以按投资额的一定比例抵扣应纳税所得额。

（8）企业的固定资产由于技术进步等原因，确需加速折旧的，可以缩短折旧年限或者采取加速折旧的方法。

（9）企业综合利用资源，生产符合国家产业政策规定的产品所取得的收入，可以在计算应纳税所得额时减计收入。

（10）企业购置用于环境保护、节能节水、安全生产等专用设备的投资额，可以按一定比例实行税额抵免。

（11）根据国民经济和社会发展的需要，或者由于突发事件等原因对企业经营活动产生重大影响的，国务院可以制定企业所得税专项优惠政策，报全国人民代表大会常务委员会备案。

（12）境外缴纳的所得税税额的抵免。企业取得的下列所得已在境外缴纳的所得税税额，可以从其当期应纳税额中抵免，抵免限额为该项所得依照所得税法规定计算的应纳税额；超过抵免限额的部分，可以在以后五个年度内，用每年度抵免限额抵免当年应抵税额后的余额进行抵补：①居民企业来源于中国境外的应税所得；②非居民企业在中国境内设立机构、场所，取得发生在中国境外但与该机构、场所有实际联系的应税所得。

（13）境外法定所得抵免。居民企业从其直接或者间接控制的外国企业分得的来源于中国境外的股息、红利等权益性投资收益，外国企业在境外实际缴纳的所得税税额中属于该项所得负担的部分，可作为该居民企业的可抵免境外所得税税额，在境外缴纳的所得税税额的抵免规定的抵免限额内抵免。

七、企业所得税的征收管理

企业所得税的征收管理除现行所得税法规定外，依照《中华人民共和国税收征收管理法》的规定执行。

除税收法律、行政法规另有规定外，居民企业以企业登记注册地为纳税地点；但登记注册地在境外的，以实际管理机构所在地为纳税地点；居民企业在中国境内设立不具有法人资格的营业机构的，应当汇总计算并缴纳企业所得税；非居民企业取得本法第三条第二款规定的所得，以机构、场所所在地为纳税地点。非居民企业在中国境内设立两个或者两个以上机构、场所的，经税务机关审核批准，可以选择由其主要机构、场所汇总缴纳企业所得税；非居民企业在中国境内未设立机构、场所的，或者虽设立机构、场所但取得的所得与其所设机构、场所没有实际联系的，其来源于中国境内的所得以扣缴义务人所在地为纳税地点。

除国务院另有规定外，企业之间不得合并缴纳企业所得税；企业所得税按纳税年度计算。纳税年度自公历 1 月 1 日起至 12 月 31 日止。企业在一个纳税年度中间开业，或者终止经营活动，使该纳税年度的实际经营期不足十二个月的，应当以其实际经营期为一个纳税年度。企业依法清算时，应当以清算期间作为一个纳税年度。企业所得税分月或者分季预缴。企业应当自月份或者季度终了之日起十五日内，向税务机关报送预缴企业所得税纳税申报表，预缴税款。企业应当自年度终了之日起五个月内，向税务机关报送年度企业所得税纳税申报表，并汇算清缴，结清应缴应退税款。企业在报送企业所得税纳税申报表时，应当按照规定附送财务会计报告和其他有关资料。企业在年度中间终止经营活动的，应当自实际经营终止之日起六十日内，向税务机关办理当期企业所得税汇算清缴。企业应当在办理注销登记前，就其清算所得向税务机关申报并依法缴纳企业所得税。依照现行所得税法缴纳的企业所得税，以人民币计算。所得以人民币以外的货币计算的，应当折合成人民币计算并缴纳税款。

第四节　税收征收管理

税收征收管理法是指调整税收征收与管理过程中所发生的社会关系的法律规范的总称。包括《税收征收管理法》及其实施细则、《发票管理办法》及其实施细则等法律文件及刑法中有关危害税收征管罪的有关规定等。现行《税收征收管理法》是新中国成立后制定的第一部税收程序法，在加强税收征收管理，保障国家税收收入，保护纳税人的合法权益方面，起到了重要作用。

一、税务管理

税务管理是国家税务机关依据税收法律、行政法规对税务活动所进行的决策、计划、组织、协调和监督检查等一系列活动的总称。主要包括税务管理、发票凭证管理和纳税申报三个环节。

（一）税务登记

1. 税务登记的范围和时间

凡经国家工商行政管理部门批准，在我国从事生产经营的企业，企业在外地设立的分支机构和从事生产、经营的场所，个体工商户和从事生产、经营的事业单位，都应在自领取营业执照之日起三十日内，持有关证件，向当地主管税务机关，申报办理税务登记。税务机关审核后发给税务登记证件。

从事生产、经营的纳税人，税务登记内容发生变化的，自工商行政管理机关办理变更登记之日起三十日内，或者在向工商行政管理机关申请办理注销登记之前，持有关证件向税务机关申报办理变更或者注销税务登记。

2. 税务登记的内容

纳税人办理税务登记，应当提出申请登记报告，如实填写税务登记表。税务登记表的主要内容包括：①单位名称、法定代表人或者业主姓名及其居民身份证、护照或者其他合法证件的号码；②住所、经营地点；③经营性质；④企业形式、核算方式；⑤生产经营范围、经营方式；⑥注册资金（资本）、投资总额、开户银行及账号；⑦生产经营期限、从业人数、营业执照号码；⑧财务负责人、办税人员；⑨其他有关事项。企业在外地设立的分支机构或者从事生产、经营的场所，还应当登记总机构名称、地址、法定代表人、主要业务范围、财务负责人等。主管税务机关对其审核后，予以登记，发给税务登记证。

（二）账簿、凭证管理

从事生产、经营的纳税人、扣缴义务人应自领取营业执照之日起十五日内，按国务院财政、税务主管部门的规定设置账簿，根据合法有效凭证记账进行核算，并将有关报表送税务机关备案。

个体工商户确实不能设置账簿的，经税务机关批准，可以不设账簿，但可以聘请注册会计师或者经税务机关认可的财务人员代为建账和办理账务。

纳税人使用的发票由税务机关负责印制或监制。纳税人必须凭税务登记证或其他有关证件向税务机关申请购买发票。发票只限于纳税人自己使用，不得转让、借用、出售、涂改或撕毁。

（三）纳税申报

纳税人和扣缴义务人在税法规定或税务机关依法确定的纳税期限或扣缴税款期内，无论有无应税收入、应税所得及其他应税项目，或无论有无代扣、代收税款，均应在法律、行政法规规定或者税务机关依照法律、行政法规的规定所确定的申报期限内，到主管税务机关办理纳税申报。纳税人即使是享受减税、免税待遇的，在减免税期间也应按照规定办理纳税申报。

二、税款征收

税款征收是国家税务机关依照税收法律、法规规定，将纳税人应当缴纳的税款组织征收入库的一系列活动的总称，是税收征收管理工作的中心环节，直接关系到国家税款能否及时、定额入库的问题。税款征收的方式如下：

（1）查账征收。即是纳税人在规定的期限内根据自己的财务报表或经营成果，向税务机关申报应税所得及应纳税额，并向税务机关报送有关账册和资料，经税务机关审查核实后，填写纳税缴款书，由纳税人到指定的银行缴纳税款的一种征收方式。

（2）查定征收。即是由税务机关通过按期查实纳税人的生产经营情况而确定应纳税额，分期征收税款的一种征收方式。

（3）查验征收。即是税务机关对某些难以进行税源控制的征税对象，通过查验证照和实物，据以确定应纳税额的一种征收方式。

（4）定期定额征收。即是税务机关根据纳税人的生产经营情况，按期核定应纳税额，分期征收税款的一种征收方式。

（5）自核自缴。即是纳税人在规定的期限内依照税法的规定自行计算应纳税额，自行审核后填开税款缴款书，自己直接到指定银行缴款的一种征收方式。

（6）代扣代缴、代收代缴。即是负有代扣代缴、代收代缴义务的单位和个人，按照税法规定对纳税人应当缴纳的税款进行扣缴或收缴的一种征收方式。

（7）海关代征。

（8）税收保全制度。

【引例解析】

该电视机厂作为生产型企业首先应缴纳增值税，而且该厂为增值税一般纳税人，应按照一般纳税人的纳税办法缴纳增值税税款：

（1）销售给某批发企业彩电 500 台，每台 950 元（不含税）

销项税：950 × 500 × 16%=76000 元

（2）销售给某零售商店彩电 100 台，每台 1004 元（含税）

销项税：1004 × （1+16%） × 16% × 100=18634.24 元

（3）奖励给本企业的 100 名优秀职工每人一台彩电，价值 1000 元/台（不含税）。奖励给本企业的职工，视同销售，计算销项税：1000 × 100 × 16%=16000 元

（4）外购机床 10 台，每台单价 200000 元，取得专用发票，机床已验收入库。外购的机

床为固定资产，进项税不得抵扣。

（5）外购电视机配件支付50000元，专用发票注明税款8500元，其中10000元电视机配件因不符合合同规定质量标准而退货。并收回税款1600元。

进项税：8500-1600=6900元

（6）该电视机在销售彩电的同时提供输送劳务，本月取得运输劳务费收入10000元。运输劳务属于混合销售行为，应征收增值税。

销项税：10000/（1+16%）× 16%=1379.21元

综上，销项税：76000+14588.03+16000+1379.21=107967.24元；进项税：6900元

该厂6月份应缴纳增值税为：当期销项税-当期进项税=107967.24-6900=101067.26元

因此，该厂当月应纳税为：增值税101067.26元。

【实训内容】

根据税法的有关知识，练习某企业应纳税的判断和计算。

案例：中外合资化妆品公司（一般纳税人），9月购进香水精，取得增值税专用发票上注明价款30万元，本月货到并验收入库。该公司用其中的10万元香水精，委托一日化厂加工化妆品，本月化妆品公司收回并支付加工费及增值税金，日化厂代收代缴了消费税，并开具了增值税专用发票，注明加工费6万元（包括代垫辅料1万元）。该公司将收回的化妆品80%售给某特约经销商，开具增值税专用发票上注明价款40万元货款已收到。另动用外购香水精18万元，动用委托加工收回的化妆品2万元，生产成套化妆品售出，专用发票已开出，注明价款90万元，货已发出，并办妥银行托收手续。

根据上述资料对化妆品公司和日化厂各自增值税纳税情况进行计算。

分析：

（1）日化厂提供加工劳务应纳增值税：6 × 16% =0.96（万元）

（2）化妆品公司应纳增值税：(40+90) × 16%-30 × 16%-0.96=15.04（万元）

【案例】

某企业2008年度取得收入6000万元，其他业务收入2000万元，发生各项成本费用支出6300万元，尚有未弥补完的2002年度发生的亏损12万元。企业当年申报纳税情况如下：应纳所得税额：(6000+2000-6300-12) × 33% = 557. 04（万元）

税务机关核查发现该企业在成本费用中列支了以下几项支出：

（1）工资总额130万元（该企业职工总数100人，计税工资标准每月人均800元）。

（2）工资总额提取的职工福利费、职工教育经费、职工工会经费共计22.75万元。

（3）直接赞助“城市运动会”50万元。

根据相关法律指出企业纳税的错误之处，并计算企业应补交的企业所得税额。

分析：

1. 应纳税所得额：

（1）超过亏损弥补期限的亏损不能税前弥补，所以12万元的亏损额不能从销售收入中扣减。

（2）超出计税工资标准的工资不允许扣除。

允许扣除的工资总额：800（元）×12（月）×100（人）= 96 万元

超标准扣除的工资总额：130−96 = 34（万元）

（3）超出标准的职工福利费、职工教育经费、职工工会经费（以下简称“三费”）不允许扣除。

允许扣除的职工福利费：96 × 14% = 13.44（万元）

允许扣除的职工教育经费：96 × 1.5% = 1.44（万元）

允许扣除的职工工会经费：96 × 2% = 1.92（万元）

超标准扣除的“三费”：22.75−(13.44+1.44+1.92) = 5.95（万元）

（4）非广告性质的赞助支出 50 万元不允许扣除。

2. 企业应补缴所得税额：(12+34+5.95 +50) × 33% = 33.6435（万元）

【思考与练习】

1．作为某新设公司的秘书，模拟为刚登记不久的公司办理税务登记。

2．什么是增值税？增值税应纳税额如何计算？

3．哪些货物应缴纳消费税？

4．在计算企业所得税时，收入总额中准予扣除的和不准予扣除的项目有哪些？

5．某酒厂为增值税一般纳税人，8 月份发生下列业务：

（1）从农民手中收购玉米，收购凭证注明买价 5 万元，玉米已验收入库。

（2）从粮店购进高粱，专用发票注明价款 20 万元，税款 2.6 万元，高粱已验收入库。

（3）从某厂购进一台设备，专用发票注明价款 3 万元，税款 0.51 万元。

（4）本月销售白酒获得销售额 100 万元（粮食白酒的消费税税率为 25%）。

根据税法的有关规定请指出酒厂应缴纳的税款的种类及其税额并说明理由。

第十章　消费者权益保护法和产品质量法

【本章内容结构图】

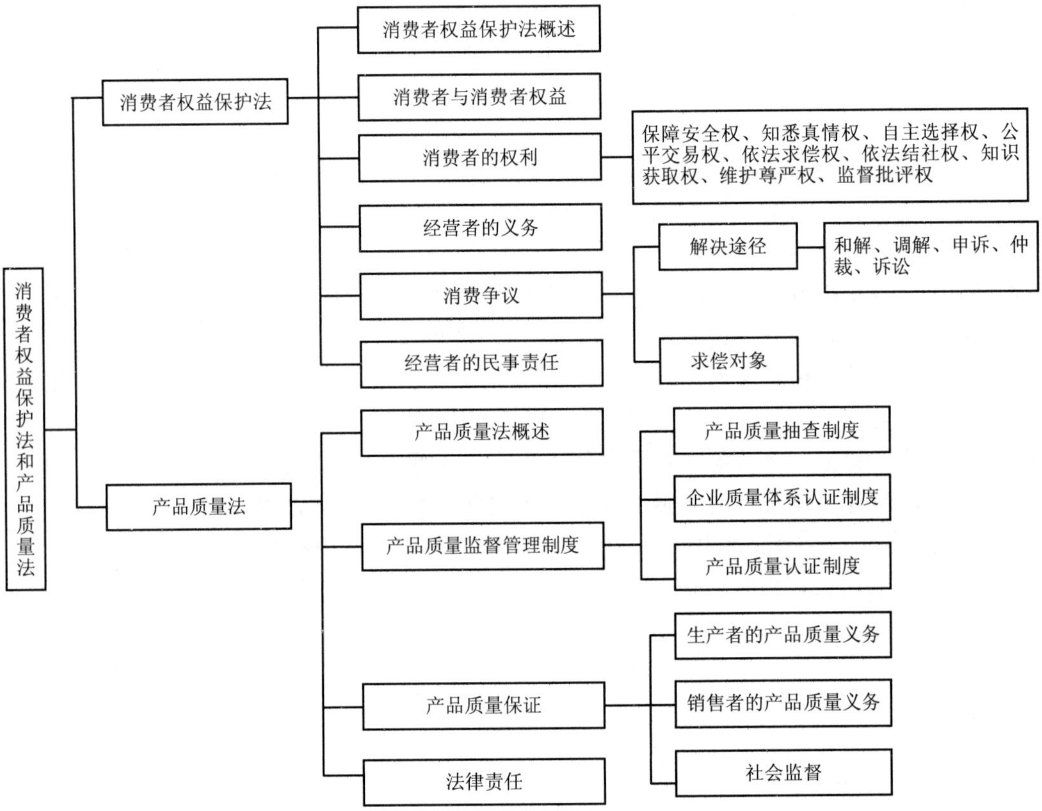

【引例】

"双十一"购物节时，姜小姐在某购物网站上看到一件羽绒服，款式新颖，价格也很适合，姜小姐毫不犹豫地点击购买，并支付了货款。收到货后，姜小姐觉得这件羽绒服虽然新颖，但做工、颜色与网页上介绍的出入很大，于是便联系网店店主，要求退货，并愿意承担来往的运费，但遭到店主的拒绝。

请问：姜小姐可以要求退货吗？

第一节 消费者权益保护法

一、消费者权益保护法概述

消费者权益保护法，是调整国家、经营者和消费者三者之间在保护消费者权益过程中发生的社会关系的法律规范的总称。它是经济法的重要组成部分。1993 年 10 月 31 日第八届全国人民代表大会常务委员会第四次会议通过并颁布了《中华人民共和国消费者权益保护法》，2009 年 8 月 27 日第十一届全国人民代表大会常务委员会第十次会议对《中华人民共和国消费者权益保护法》进行了第一次修正，2013 年 10 月 25 日第十二届全国人民代表大会常务委员会第五次会议对《中华人民共和国消费者权益保护法》（以下简称《消费者权益保护法》）进行了第二次修正。

消费者在交易中往往处于一种弱势地位，这种弱势地位表现在：一方面，作为个人，消费者往往势单力薄；另一方面，因消费者不是专门从事商品买卖的人，与经营者相比较，通常欠缺交易的经验，或者缺乏足够的交易信息和交易的能力。为了平衡交易双方当事人的利益，有必要对消费者进行特别保护。于是，《消费者权益保护法》应运而生。该法的立法宗旨是：通过制定保护消费者权益的专门法律，来保护消费者的合法权益，维护社会经济秩序，促进社会主义市场经济的健康发展。

我国《消费者权益保护法》在以下范围适用：

第一，消费者在购买、使用商品和接受服务的过程中，受本法保护。这是从消费法律关系中的一方主体——消费者的消费角度来讲的。

第二，经营者为消费者提供其生产、销售的商品或提供服务，必须遵守本法。这是从消费法律关系中的另一方主体——经营者角度来讲的。

第三，农民购买、使用直接用于农业生产的生产资料参照本法执行。这是《消费者权益保护法》的特殊的适用范围。

二、消费者与消费者权益

1. 消费者

《消费者权益保护法》第二条规定："消费者为生活消费需要购买、使用商品或者接受服务，其权益受本法保护；本法未作规定的，受其他有关法律、法规保护。"据此，我们可以将消费者定义为是为了满足生活消费需要而购买、使用商品或接受商业服务的，由国家专门法律确认其主体地位和保护其合法权益的个体社会成员。消费者具有以下特征：

（1）消费者的行为目的是为了生活消费。生活消费是人们为了生存和发展而最终消耗物质产品和精神产品的行为过程，它与人们的日常生活密切相关。

（2）消费者消费的客体是商品和服务。法律禁止购买、使用的商品和禁止接受的服务，不属于消费者权益保护法规定的商品和服务。

（3）消费的客观行为必须要有为满足生活需要而购买、使用商品或接受服务的行为。

（4）消费者仅限于个体社会成员即自然人，不包括法人等社会组织。消费者保护立法的主要目的在于保护作为弱者的个人，将消费者界定为个人或个体社会成员较为妥当。至于单位购买生活资料时所享有的权利可以通过合同法等其他法律、法规加以保护。

2. 消费者权益

与消费者相伴而生的是消费者权益。没有消费者及其权益，消费者权益保护法就失去了其赖以存在的前提和基础。消费者权益，是指消费者依法享有的权利及该权利受到保护时而给消费者带来的应得的利益。其核心是消费者的权利，并且，在广义上，消费者的权利已包含了消费者的利益，消费者权利的有效实现体现在消费者应得利益的获得和满足。

三、消费者的权利

消费者的权利，是指法律所规定的，消费者在消费领域中所享有的权利。消费者的权利是消费者利益在法律上的体现，是国家对消费者进行保护的前提和基础。《消费者权益保护法》根据我国经济和文化发展水平，规定消费者享有以下 9 项权利：

1. 保障安全权

保障安全权是消费者最基本的权利，它是消费者在购买、使用商品和接受服务时所享有的保障其人身、财产安全不受损害的权利。

2. 知悉真情权

知悉真情权即消费者享有知悉其购买、使用的商品或者接受的服务的真实情况的权利，这是消费者作出消费决定的前提。消费者有权根据商品或者服务的不同情况，要求经营者提供商品的价格、产地、生产者、用途、性能、规格、等级、主要成分、生产日期、有效期限、检验合格证明、使用方法说明书、售后服务或者服务的内容、规格、费用等有关情况。

3. 自主选择权

自主选择权是指消费者享有的自主选择商品或者服务的权利。消费者的自主决定不受任何人的强制。该权利包括以下几方面：

（1）有权自主选择提供商品或者服务的经营者。

（2）有权自主选择商品品种或者服务方式。

（3）有权自主决定购买或者不购买任何一种商品，接受或者不接受任何一项服务。

（4）在自主选择商品或者服务时，有权进行比较、鉴别和挑选。

4. 公平交易权

公平交易权是消费者依法享有公平交易的权利。交易是市场经济的核心，公平交易是市场经济持续发展的保障。这项权利主要体现在两个方面：①消费者在购买商品或者接受服务时，有权获得质量保障、价格合理、计量正确等公平交易条件。②消费者有权拒绝经营者的强制交易行为。

5. 依法求偿权

依法求偿权是指消费者在因购买、使用商品或者接受服务受到人身、财产损害时，依法享有的要求并获得赔偿的权利。

6. 依法结社权

依法结社权是指消费者享有的依法成立维护自身合法权益的社会团体的权利。

7. 知识获取权

知识获取权是指消费者享有获得有关消费和消费者权益保护方面的知识的权利。

8. 维护尊严权

维护尊严权是指消费者在购买、使用商品和接受服务时所享有的其人格尊严、民族风俗习惯得到尊重的权利，个人信息依法得到保护的权利。

9. 监督批评权

监督批评权是指消费者对商品和服务以及保护消费者权益工作进行监督、批评、建议，对违法行为进行检举、控告的权利。

四、经营者的义务

由于经营者是为消费者提供其生产、销售的商品或者提供服务的市场主体，是与消费者直接进行交易的另一方。因此，明确经营者的义务对于保护消费者权益至关重要。

1. 依法律、法规的规定或约定履行义务，诚信经营

（1）经营者向消费者提供商品或者服务，应当依照《消费者权益保护法》和其他有关法律、法规的规定履行义务。

（2）经营者和消费者有约定的，应当按照约定履行义务，但双方的约定不得违背法律、法规的规定。

（3）经营者向消费者提供商品或者服务，应当恪守社会公德，诚信经营，保障消费者的合法权益；不得设定不公平、不合理的交易条件，不得强制交易。

2. 听取意见和接受监督

经营者应当听取消费者对其提供的商品或者服务的意见，接受消费者的监督。这不仅可以提高商品和服务质量，减轻消费者所遭受的损害，还可以减少和及时地解决纠纷。

3. 保障人身和财产安全

为了实现消费者的安全保障权，经营者应当保证其提供的商品或者服务符合保障人身、财产安全的要求；对可能危及人身、财产安全的商品和服务，应当向消费者作出真实的说明和明确的警示，并说明和标明正确使用商品或者接受服务的方法以及防止危害发生的方法。

宾馆、商场、餐馆、银行、机场、车站、港口、影剧院等经营场所的经营者，应当对消费者尽到安全保障义务。

经营者发现其提供的商品或者服务存在缺陷，有危及人身、财产安全危险的，应当立即向有关行政部门报告和告知消费者，并采取停止销售、警示、召回、无害化处理、销毁、停止生产或者服务等措施。采取召回措施的，经营者应当承担消费者因商品被召回支出的必要费用。

4. 不做虚假宣传

为了保障消费者的知悉真情权的实现，经营者向消费者提供有关商品或者服务的质量、性能、用途、有效期限等信息，应当真实、全面，不得做虚假或者引人误解的宣传。

经营者对消费者就其提供的商品或者服务的质量和使用方法等问题提出的询问，应当作出真实、明确的答复。同时，经营者提供商品或者服务应当明码标价。

5. 经营者应当标明其真实名称和标记

经营者应当标明其真实名称和标记。租赁他人柜台和场地的经营者应当标明其真实名称和标记，即使租赁期满后，在法律规定的情况下，消费者仍然有权要求其承担责任。

6. 出具相应的凭证和单据

经营者提供商品或者服务，应当按照国家有关规定或者商业惯例向消费者出具发票等购

货凭证或者服务单据；消费者索要发票等购货凭证或者服务单据的，经营者必须出具。

7. 提供符合要求的商品或服务

经营者应当保证在正常使用商品或者接受服务的情况下，其提供的商品或者服务应当具有质量、性能、用途和有效期限，但消费者在购买该商品或者接受该服务前已经知道其存在瑕疵，且存在该瑕疵不违反法律强制性规定的除外。

此外，经营者以广告、产品说明、实物样品或者其他方式表明商品或者服务的质量状况的，应当保证其提供的商品或者服务的实际质量与表明的质量状况相符。

8. 承担举证责任的义务

经营者提供的机动车、计算机、电视机、电冰箱、空调器、洗衣机等耐用商品或者装饰装修等服务，消费者接受商品或者服务发现瑕疵而发生争议的，经营者应承担有关瑕疵的举证责任。

9. 承担退货、更换、修理等售后服务义务

经营者提供的商品或者服务不符合质量要求的，消费者可以依照国家规定、当事人约定退货，或者要求经营者履行更换、修理等义务。没有国家规定和当事人约定的，消费者可以自收到商品之日起 7 日内退货；7 日后符合法定解除合同条件的，消费者可以及时退货，不符合法定解除合同条件的，可以要求经营者履行更换、修理等义务。进行退货、更换、修理的，经营者应当承担运输等必要费用。

经营者采用网络、电视、电话、邮购等方式销售商品，消费者有权自收到商品之日起 7 日内退货，且无需说明理由。但下列商品除外：①消费者定作的；②鲜活易腐的；③在线下载或者消费者拆封的音像制品、计算机软件等数字化商品；④交付的报纸、期刊。除上述所列商品外，其他根据商品性质并经消费者在购买时确认不宜退货的商品，不适用无理由退货。

消费者退货的商品应当完好。经营者应当自收到退回商品之日起 7 日内返还消费者支付的商品价款。退回商品的运费由消费者承担；经营者和消费者另有约定的，按照约定。

10. 不得从事不公平、不合理的交易

为了保证消费者的公平交易权等权利的实现，经营者在经营活动中使用格式条款的，应当以显著方式提醒消费者注意商品或者服务的数量和质量、价款或者费用、履行期限和方式、安全注意事项和风险警示、售后服务、民事责任等与消费者有重大利害关系的内容，并按照消费者的要求予以说明。

经营者不得以格式条款、通知、声明、店堂告示等方式，作出排除或者限制消费者权利、减轻或者免除经营者责任、加重消费者责任等对消费者不公平、不合理的规定，不得利用格式条款并借助技术手段强制交易。

格式条款、通知、声明、店堂告示等含有上述所列内容的，其内容无效。

11. 提供商品或者服务相应信息

采用网络、电视、电话、邮购等方式提供商品或者服务的经营者，以及提供证券、保险、银行等金融服务的经营者，应当向消费者提供经营地址、联系方式、商品或者服务的数量和质量、价款或者费用、履行期限和方式、安全注意事项和风险警示、售后服务、民事责任等信息。

12. 依法收集和使用消费者个人信息

经营者收集、使用消费者个人信息，应当遵循合法、正当、必要的原则，明示收集、使用信息的目的、方式和范围，并经消费者同意。经营者收集、使用消费者个人信息，应当公开

其收集、使用规则，不得违反法律、法规的规定和双方的约定收集、使用信息。

经营者及其工作人员对收集的消费者个人信息必须严格保密，不得泄露、出售或者非法向他人提供。经营者应当采用技术措施和其他必要措施，确保信息安全，防止消费者个人信息泄露、丢失。在发生或者可能发生信息泄露、丢失的情况时，应当立即采取补救措施。

经营者未经消费者同意或者请求，或者消费者明确表示拒绝的，不得向其发送商业性信息。

五、消费争议

（一）消费争议的解决途径

依据我国《消费者权益保护法》的规定，消费者和经营者发生消费者权益争议的，可以通过下列途径解决：与经营者协商和解，请求消费者协会或者依法成立的其他调解组织调解，向有关行政部门申诉，根据与经营者达成的仲裁协议提请仲裁机构仲裁，向人民法院提起诉讼。

（二）求偿对象

1. 生产者、销售者、服务者

（1）消费者在购买、使用商品时，其合法权益受到损害的，可以向销售者要求赔偿。销售者赔偿后，属于生产者的责任或者属于向销售者提供商品的其他销售者的责任的，销售者有权向生产者或者其他销售者追偿。

（2）消费者或者其他受害人因商品缺陷造成人身、财产损害的，可以向销售者要求赔偿，也可以向生产者要求赔偿。属于生产者责任的，销售者赔偿后，有权向生产者追偿。属于销售者责任的，生产者赔偿后，有权向销售者追偿。

（3）消费者在接受服务时，其合法权益受到损害的，可以向服务者要求赔偿。

（4）消费者在展销会、租赁柜台购买商品或者接受服务，其合法权益受到损害的，可以向销售者或者服务者要求赔偿。展销会结束或者柜台租赁期满后，也可以向展销会的举办者、柜台的出租者要求赔偿。展销会的举办者、柜台的出租者赔偿后，有权向销售者或者服务者追偿。

2. 变更后的企业

消费者在购买、使用商品或者接受服务时，其合法权益受到损害，因原企业分立、合并的，可以向变更后承受其权利义务的企业要求赔偿。

3. 营业执照的使用人或持有人

使用他人营业执照的违法经营者提供商品或者服务，损害消费者合法权益的，消费者可以向其要求赔偿，也可以向营业执照的持有人要求赔偿。

4. 利用虚假广告的经营者和广告的经营者、发布者、推荐者

消费者因经营者利用虚假广告或者其他虚假宣传方式提供商品或者服务，其合法权益受到损害的，可以向经营者要求赔偿。广告经营者、发布者不能提供经营者的真实名称、地址和有效联系方式的，应当承担赔偿责任。

广告经营者、发布者设计、制作、发布关系消费者生命健康商品或者服务的虚假广告，造成消费者损害的，与提供该商品或者服务的经营者承担连带责任。

社会团体或者其他组织、个人在关系消费者生命健康商品或者服务的虚假广告或者其他虚假宣传中向消费者推荐商品或者服务，造成消费者损害的，与提供该商品或者服务的经营者承担连带责任。

5．网络交易平台的提供者

消费者通过网络交易平台购买商品或者接受服务，其合法权益受到损害的，可以向销售者或者服务者要求赔偿。网络交易平台提供者不能提供销售者或者服务者的真实名称、地址和有效联系方式的，消费者也可以向网络交易平台提供者要求赔偿。网络交易平台提供者赔偿后，有权向销售者或者服务者追偿。

网络交易平台提供者明知或者应知销售者或者服务者利用其平台侵害消费者合法权益，未采取必要措施的，与该销售者或者服务者承担连带责任。

六、经营者的民事责任

1．人身伤害的民事责任

经营者提供商品或者服务，造成消费者或者其他受害人人身伤害的，应当赔偿医疗费、护理费、交通费等为治疗和康复支出的合理费用，以及因误工减少的收入。造成残疾的，还应当赔偿残疾生活辅助具费和残疾赔偿金。造成死亡的，还应当赔偿丧葬费和死亡赔偿金。

经营者有侮辱诽谤、搜查身体、侵犯人身自由等侵害消费者或者其他受害人人身权益的行为，造成严重精神损害的，受害人可以要求精神损害赔偿。

经营者侵害消费者的人格尊严、侵犯消费者人身自由或者侵害消费者个人信息依法得到保护的权利的，应当停止侵害、恢复名誉、消除影响、赔礼道歉，并赔偿损失。

2．财产损害的民事责任

经营者提供商品或者服务，造成消费者财产损害的，应当依照法律规定或者当事人的约定承担修理、重做、更换、退货、补足商品数量、退还货款和服务费用或者赔偿损失等民事责任。

3．以预收款方式提供商品或者服务的民事责任

经营者以预收款方式提供商品或者服务的，应当按照约定提供。未按照约定提供的，应当按照消费者的要求履行约定或者退回预付款，并应当承担预付款的利息、消费者必须支付的合理费用。

4．惩罚性赔偿责任

经营者提供商品或者服务有欺诈行为的，应当按照消费者的要求增加赔偿其受到的损失，增加赔偿的金额为消费者购买商品的价款或者接受服务的费用的 3 倍；增加赔偿的金额不足 500 元的，为 500 元。法律另有规定的，依照其规定。

经营者明知商品或者服务存在缺陷，仍然向消费者提供，造成消费者或者其他受害人死亡或者健康严重损害的，受害人有权要求所受损失 2 倍以下的惩罚性赔偿。

第二节　产品质量法

一、产品质量法概述

1．产品

根据我国《产品质量法》的规定，产品是经过加工、制作，用于销售的各种制成品。不包括初级农产品、未经加工的天然物品、军工产品，也不包括建筑工程（建筑工程的质量适用

关于建设工程质量的规定），但建筑工程使用的建筑材料、配件和设备属于《产品质量法》规定的产品的范围。

2. 产品质量

产品质量，指产品符合人们需要的内在素质与外观形态的各种特性的综合状态。根据《中华人民共和国标准化法》，我国产品质量的标准分为：

（1）国家标准。国家标准由国务院有关主管部门组织制定并负责审批，国家标准化行政部门发布。国家标准在全国范围内适用。

（2）行业标准。行业标准由国务院有关主管部门制定，并报国务院行政部门备案。行业标准在某一行业领域内适用。

（3）地方标准。地方标准由省级人民政府及直辖市、自治州的人民政府各有关部门组织制定，同级标准化行政部门发布，并报国务院标准化行政部门备案。地方标准在相应地方范围内适用。

3. 产品质量法

产品质量法是调整产品生产与销售，以及对产品质量进行监督管理过程中所形成的社会关系的法律规范的总称。我国现行的《产品质量法》是 1993 年 2 月 22 日第七届全国人大常委会第三十次会议通过，于 1993 年 9 月 1 日开始实施，并经 2000 年 7 月 8 日第九届全国人大常委会第十六次会议修订的。

二、产品质量监督管理制度

产品质量监督管理是指国家技术监督行政部门以及地方技术监督行政部门依据法定的行政权力，以实现国家职能为目的，对产品质量进行管理的活动。

1. 产品质量抽查制度

检查的产品范围分为三类：第一，可能危及人体健康和人身、财产安全的产品；第二，影响国计民生的重要工业产品；第三，消费者、有关组织反映有重要质量问题的产品。

抽查取样的方式：随机抽查市场上待销的产品和企业成品仓库中待销的产品。抽查取样的数量不得超过检验的合理需要。

监督抽查的费用：按照国务院规定列支，不得向被抽查人收取。

2. 企业质量体系认证制度

企业质量体系认证是指依据国家质量管理和质量保证体系标准，经过认证机构对企业质量体系的检查和确认并通过颁发认证证书，证明企业质量保证能够符合相应要求的活动。

国家根据国际通用标准，推选企业质量认证，企业根据自愿原则申请企业质量体系认证。经过质量体系认证的企业在申请生产许可证、产品质量认证及申请其他质量认证时可免于质量体系审查。国际通用的质量标准为 ISO，即国际标准化组织推行的 ISO9000（质量标准）系列标准和 ISO14000（环保标准）系列标准。

国家技术监督局对全国的企业质量体系认证工作实行统一管理。中国质量体系认证机构国家委员会是经过技术监督局授权的国家认证机构。

由有权认证机构出具的企业质量管理体系认证书

3. 产品质量认证制度

产品质量认证是依据产品标准和相应的技术要求，经认证机构确认并通过颁发认证标志来证明某一产品符合相应标准的活动。这一制度是西方国家在市场经济条件下，由消费者希望获得一个第三方的公证证明，以表明产品质量的可信赖程度而产生出来的一种证实评价产品质量的制度。我国产品质量法规定，国家参照国际先进的产品标准和技术要求，由企业自愿申请产品质量认证；认证合格，由认证机构颁发证书，准许企业在产品或其包装上使用产品质量认证标志。

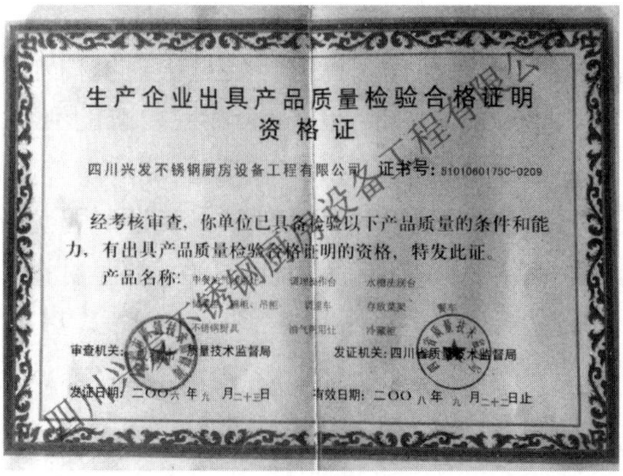

产品质量认证证书

三、产品质量保证

1. 生产者的产品质量义务

产品质量义务是指产品生产者、销售者在保证产品质量方面应该从事的行为。根据《产品质量法》的规定，生产者的产品质量义务主要有下列各项：

（1）产品质量应当符合要求：1）不存在危及人身、财产安全的不合理的危险，有保障人体健康和人身、财产安全的国家标准、行业标准的，应符合该标准。2）除了对产品存在使用性能的瑕疵做出说明以外，产品质量应当具备基本的使用性能。3）产品的实际质量应符合在产品或者其包装上注明采用的产品标准，符合以产品说明、实物样品等方式表明的质量状况。

（2）产品或者其包装上的标识必须真实，并符合下列要求：1）有产品质量检验合格证明。2）有中文标明的产品名称、生产厂厂名和厂址。3）根据产品的特点和使用要求，需要标明产品规格、等级、所含主要成分的名称和含量的，用中文相应予以标明；需要事先让消费者知晓的，应当在外包装上标明，或者预先向消费者提供有关资料。4）限期使用的产品，应当在显著位置清晰地标明生产日期和安全使用期或者失效日期。5）使用不当，容易造成产品本身损坏或者可能危及人身、财产安全的产品，应当有警示标志或者中文警示说明。裸装的食品和其他根据产品的特点难以附加标识的裸装产品，可以不附加产品标识。

（3）特殊产品的包装应符合要求：剧毒、危险、易碎、储运中不能倒置以及有其他特殊要求的产品，其包装必须符合相应要求，有警示标志或者中文警示说明，以标明储藏运输的注意事项。

（4）不得违反禁止性规定：1）生产者不得生产国家明令淘汰的产品。2）生产者不得伪造产地，不得伪造或者冒用他人的厂名、厂址。3）生产者不得伪造或冒用认证标志、名优标志等质量标志。4）生产者生产产品，不得掺杂、掺假，不得以假充真、以次充好，不得以不合格产品冒充合格产品。

2. 销售者的产品质量义务

根据《产品质量法》规定，销售者的产品质量义务有四个方面：

（1）销售者进货时应当执行进货检查验收制度。

（2）销售者进货后、销售前应当采取合理措施，保持所销售产品的质量。

（3）销售者销售的产品的标识应当符合产品质量法对生产者产品标识的有关规定。

（4）销售者不得违反法律规定的禁止性规范。1）销售者不得销售失效、变质的产品。2）销售者不得伪造产地，不得伪造或冒用他人的厂名、厂址。3）销售者不得伪造或者冒用认证标志、名优标志等质量标志。4）销售者销售产品，不得掺杂、掺假，不得以假充真、以次充好，不得以不合格产品冒充合格产品。

3. 社会监督

对产品质量进行监督的权利除了国家机关外，社会监督也是非常有效的监督形式。主要包括舆论监督、社会团体监督和消费者监督。

所谓社会团体监督，主要是指消费者协会和其他消费者组织依法对产品质量所进行的社会监督。

四、法律责任

我国《产品质量法》第四条规定，生产者、销售者依照本法规定承担产品质量责任。产品质量责任是指生产者、销售者因产品质量以及对产品质量负有直接责任的人违反产品质量法规定的产品质量义务而应承担的一种综合责任，包括民事责任、行政责任、刑事责任。

（1）判断是否需要承担产品质量责任的依据有以下几点：

1）违反国家法律、法规所规定的产品质量要求。

法律、法规规定产品质量必需满足的条件，生产者、销售者不得以任何形式予以限制或排除，这也就是所谓的默示担保义务。

2）违反生产者、销售者明示的产品质量标准。生产者、销售者自己对产品质量做出保证和承诺，也即明示担保，生产者、销售者提供的产品若不能达到其以产品说明、标识、预告、样品、合同中的质量标准条款等方式表明的质量状况，应当承担产品质量责任。

3）产品质量缺陷。产品质量缺陷是指生产者、销售者提供的产品存在危及他人人身、财产安全的不合理的危险或不符合有关标准，并造成了用户或消费者的人身伤害或财产损失。

在违反默示担保和违反明示担保的情况下，无论是否给用户、消费者造成人身或财产损害，生产者、销售者均需承担产品质量责任。在产品质量存在缺陷的情况下，只有同时给用户造成了人身或财产损害后果，生产者、销售者才承担产品质量责任。

（2）归责原则。

按照《产品质量法》第四十一条的规定，产品责任的责任主体是产品的生产者，生产者对因产品存在缺陷造成他人损害的，除证明有法定免责条件外，应承担无过错责任。

如果生产者能够证明有下列情形之一的，不承担赔偿责任。

1）未将产品投入流通的。

2）产品投入流通时，引起损害的缺陷尚不存在的。

3）将产品投入流通时的科学技术水平尚不能发现缺陷的存在的。

按照《产品质量法》第四十二条的规定，为更好保护受害人利益，规定了销售者的过错责任。

（3）责任构成要件。

1）产品存在缺陷。即“产品存在危及人身、他人财产安全的不合理的危险”、产品不符合“保障人体健康，人身、财产安全的国家标准、行业标准”。

2）存在损害事实，即消费者人身或者他人人身、缺陷产品以外的财产已经存在损害。

3）消费者人身或者他人人身、财产存在损害是由于产品缺陷造成的。

三个条件须同时具备，生产者方可承担产品责任。

（4）诉讼时效。

因产品缺陷造成损害要求赔偿的诉讼时效期间为 2 年，自当事人知道或应当知道其权益受到损害之日起计算。因产品缺陷造成损害要求赔偿的请求权在造成损害的缺陷产品交付最初用户、消费者满 10 年丧失，但是尚未超过明示的安全使用期的除外。

【引例解析】

姜小姐可以要求退货。《消费者权益保护法》规定，经营者采用网络、电视、电话、邮购等方式销售商品，消费者有权自收到商品之日起 7 日内退货，且无需说明理由。但下列商品除外：①消费者定作的；②鲜活易腐的；③在线下载或者消费者拆封的音像制品、计算机软件等数字化商品；④交付的报纸、期刊。除上述所列商品外，其他根据商品性质并经消费者在购买时确认不宜退货的商品，不适用无理由退货。

姜小姐购买的羽绒服不属于不宜退货商品范围，可以要求经营者退货，但需要注意的是必须在收到羽绒服之日起 7 日内提出退货，而且羽绒服应当完好，当然，退回商品的运费应由姜小姐承担。

【实训内容】

熟悉《产品质量法》对商品或其包装上标识的要求。

某企业生产的皮鞋，其包装上写有产品名称、鞋的型号、颜色，依《产品质量法》对商品或其包装上标识的要求，你认为还应写明哪些事项？

【案例】

甲从国外低价购进一批未获当地政府批准销售的专利产品“近视治疗仪”。甲将产品样品和技术资料提交给我国 A 市卫生局指定的医疗产品检验机构。该机构未作任何检验，按照甲书写的文稿出具了该产品的检验合格报告。随后，该市退休医师协会的秘书长乙又以该协会的名义出具了该产品的质量保证书。该产品投入市场后，连续造成多起青少年因使用该产品致眼睛严重受损事件。作为受害者，可以向上述哪些主体追究民事责任？

分析：销售者的过错责任；认证机构违法行为应承担连带责任；退休医师协会作为社会团体随意对产品质量作出承诺也应承担连带责任。

【思考与练习】

1．我国消费者享有哪些权利？

2．因产品瑕疵引起法律责任的构成要件有哪些？

3．甲伙同乙到某电扇厂仓库盗窃未经检验的轮船用小型电扇两台，两人各分得一台。甲将电扇以 50 万元的价格卖给丙。丙在使用时，被飞出的扇叶削掉半截耳朵。丙以扇叶及保护网设计及制造中有瑕疵为由，向电扇厂提出索赔。

请问：丙是否有权向电扇厂提出索赔？说明理由？

4. 张先生在某商场购买了一台冰箱，可使用两个月后，冰箱出现了不制冷的状况。张先生找到商场，但商场认为冰箱系人为损坏，不同意帮张先生免费修理。张先生欲将商场告上法庭，但张先生拿不出证据证明所购冰箱存在质量问题。

请问：张先生拿不出证据证明所购冰箱存在质量问题，怎么办？

第十一章　劳动法

【本章内容结构图】

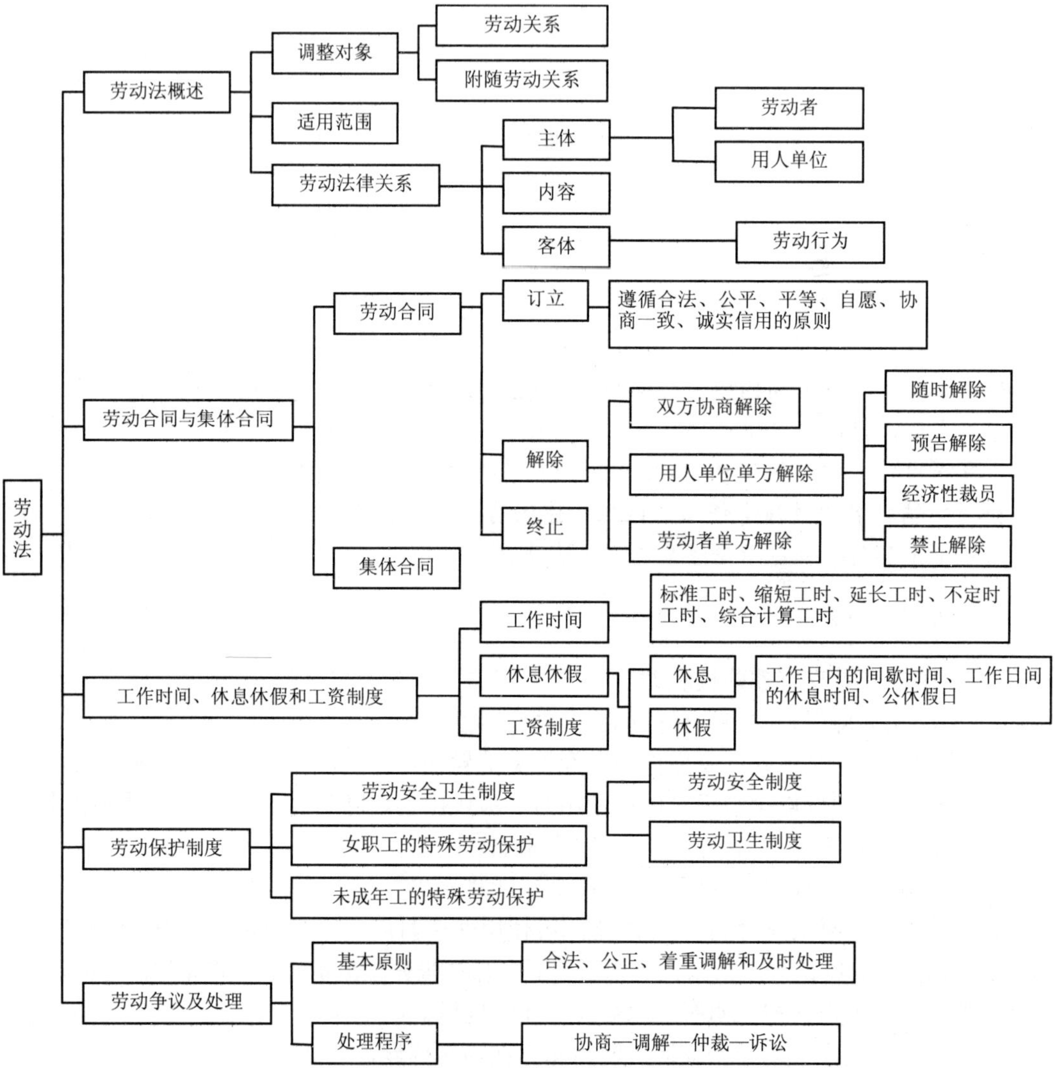

【引例】

胡某和王某是某私营企业的职工，胡某于 1998 年 5 月 8 日与企业签订了为期 5 年的劳动合同；王某于 1998 年 6 月 1 日与企业签订了为期 3 年的劳动合同，二人的试用期均为 3 个月。1998 年 12 月底企业对员工进行年终考核，结果胡某没有通过考核，按企业规章制度中的规定，考核不合格即为不能胜任工作。而王某于 1998 年 11 月的一天在工作时间脱岗，致使企业一台机器发生故障未能及时处理而报废。针对此事，假设人事部经理让你提出一个对这两位员工的处理意见，你应怎样处理才能既合法又不影响企业效益？

第一节　劳动法概述

一、劳动法的概念和调整对象

（一）劳动法的概念

劳动法是我国社会主义法律体系中一项重要的基本法，属于社会法的范畴，是调整劳动关系以及与劳动关系有密切联系的其他社会关系的法律规范的总称。

（二）劳动法的调整对象

我国劳动法具有自己特定的调整对象，与其他法律部门的调整对象有着严格的区别。劳动法的调整对象是劳动关系以及与劳动关系有密切联系的其他社会关系，其中，劳动关系是劳动法调整的最基本的社会关系。

1. 劳动关系

为了确定劳动法调整的劳动关系的范围，必须明确劳动关系的特征。我国劳动法调整的劳动关系具有以下特征：①劳动关系的当事人，一方是公民，另一方是用人单位。②劳动关系的内容是在实现劳动过程中发生的社会关系。③劳动关系是人身关系属性和财产关系属性相结合的社会关系。④劳动关系是平等性质与隶属性质兼有的社会关系。

2. 与劳动关系有密切联系的其他社会关系——附随劳动关系

这类关系本身虽不属于劳动关系，但是与劳动关系有着密切的联系。因此，劳动法将这些关系也纳入其调整范围。劳动法调整的与劳动关系有密切联系的其他社会关系包括以下几种：①劳动行政管理关系；②劳动服务关系；③劳动团体关系；④劳动争议处理关系；⑤劳动法监督执行关系。

二、劳动法的适用范围

我国《劳动法》规定："在中华人民共和国境内的企业，个体经济组织（以下统称用人单位）和与之形成劳动关系的劳动者，适用本法。国家机关、事业组织、社会团体和与之建立劳动关系的劳动者，依照本法执行。"可见，我国劳动法所调整的劳动关系包括两种：一是中华人民共和国境内的企业、个体经济组织和与之形成劳动关系的劳动者。二是国家机关、事业组织、社会团体和与之建立劳动合同关系的劳动者。

此外，从《劳动法》的适用范围来看，《劳动法》不适用于国家机关、事业组织、社会团体与其职工发生的非合同劳动关系；农村农业劳动者；现役军人；家庭保姆等。

三、劳动法律关系

劳动法律关系，是指劳动法律规范在调整劳动关系过程中形成的法律上的劳动权利和劳动义务关系，是劳动关系在法律上的表现，是当事人之间发生的符合劳动法律规范、具有权利义务内容的关系。

劳动法律关系的构成要素，是指构成劳动法律关系不可缺少的组成部分。任何一种劳动法律关系，都是由劳动法律关系主体、劳动法律关系客体和劳动法律关系内容三要素构成的。

（一）劳动法律关系主体

劳动法律关系主体，是指在劳动法律关系中依法享有权利并承担义务的当事人。狭义劳动法律关系主体，主要是劳动者和用人单位。附随劳动法律关系主体，除了有狭义劳动法律关系主体之外，主要还有劳动行政机关、劳动服务机构、工会等。

1. 劳动者

《劳动法》第十五条规定，禁止用人单位招用未满16周岁的未成年人。对于需要从小培养的文艺、体育和特种工艺，法律也规定用人单位可以招用未满16周岁的未成年人，但必须依照国家有关规定，履行审批手续，并保障其接受义务教育的权利。可见，我国公民法定的最低就业年龄一般应为16周岁。

2. 用人单位

用人单位，又称用工单位，在狭义劳动法律关系中是劳动者的对称，是指依法使用和管理劳动者并付给其劳动报酬的单位。我国劳动法调整的用人单位包括两类：一是中华人民共和国境内的有雇工的各类企业和个体工商户，它们是劳动法律关系中最主要的用人单位。二是国家机关、事业单位和社会团体，这些组织在与劳动者建立劳动合同关系时视为用人单位。

（二）劳动法律关系内容

劳动法律关系内容，就是依据劳动法规定，劳动法律关系主体双方享有的权利和承担的义务。狭义劳动法律关系的内容，主要指劳动者与用人单位之间依法享有的权利和承担的义务。

1. 劳动者的权利与义务

根据《劳动法》的规定，劳动者的权利主要有：①平等就业和选择职业的权利；②取得劳动报酬的权利；③休息休假的权利；④获得劳动安全卫生保护的权利；⑤接受职业技能培训的权利；⑥享受社会保险和福利的权利；⑦依法参加工会和民主管理的权利；⑧提请劳动争议处理的权利；⑨法律规定的其他劳动权利。

劳动者的义务主要有劳动者应按时完成劳动任务、提高职业技能、执行劳动安全卫生规程、遵守劳动纪律和职业道德、爱护和保卫公共财产、保守国家秘密和用人单位商业秘密等。

2. 用人单位的权利与义务

劳动法律关系主体双方的权利和义务是一致的，用人单位的权利与义务和劳动者的权利和义务是相对应的。用人单位的权利主要有：①招工权；②用人权；③奖惩权；④分配权。用人单位的义务一般包括：①应当依法建立和完善规章制度，保障劳动者享有劳动权利和履行劳动义务；②执行劳动法律法规、劳动政策和劳动标准，接受国家劳动计划的指导，服从劳动行政部门和其他有关部门的管理和监督。

（三）劳动法律关系客体

劳动法律关系客体，是指劳动法律关系主体双方的权利与义务共同指向的对象。它是劳动关系赖以存续的基础。劳动行为是劳动者与用人单位权利与义务所共同指向的对象。附随劳动法律关系客体因法律关系种类不同而存在一定差异，劳动行政管理关系的客体是管理行为，劳动服务法律关系的客体是服务行为。

第二节　劳动合同和集体合同

一、劳动合同的概念、特征和订立

（一）劳动合同的概念和特征

劳动合同，是劳动者与用人单位之间确立、变更和终止劳动权利和义务的协议。它是劳动法中极其重要的一种法律制度，是产生劳动关系的基础，也是用人单位重要的劳动力管理制度之一。

劳动合同的特征主要包括：①劳动合同的主体，即双方当事人，一方是劳动者，另一方是用人单位。②劳动合同的内容，即劳动合同中所确定的双方当事人的权利和义务。③劳动合同确立的劳动关系既有平等性也有隶属性。④劳动合同的内容和形式具有较强的法定性。

按照有效期限的不同，劳动合同分为固定期限劳动合同、无固定期限劳动合同和以完成一定工作任务为期限的劳动合同。

（二）劳动合同的订立

《劳动合同法》规定："订立劳动合同，应当遵循合法、公平、平等、自愿、协商一致、诚实信用的原则。"

建立劳动关系，应当订立书面劳动合同，已建立劳动关系，未同时订立书面劳动合同的，应当自用工之日起一个月内订立书面劳动合同，它对于减少劳动争议，维护双方当事人的合法权益都有重要作用。但非全日制用工双方当事人可以订立口头协议，这类劳动合同适用于当事人之间的权利、义务可以短时间内结清的劳动关系，它的履行只能依据当事人的信誉和相互之间的信任。

劳动合同的内容具体表现为劳动合同的条款，一般分为必备条款和可备条款。《劳动合同法》规定，劳动合同应当具备以下条款：①用人单位的名称、住所和法定代表人或者主要负责人；②劳动者的姓名、住址和居民身份证或者其他有效证件号码；③劳动合同期限；④工作内容和工作地点；⑤工作时间和休息休假；⑥劳动报酬；⑦社会保险；⑧劳动保护、劳动条件和职业危害防护；⑨法律、法规规定应当纳入劳动合同的其他事项。劳动合同除前款规定的必备条款外，用人单位与劳动者可以约定试用期、培训、保守秘密、补充保险和福利待遇等其他事项。

二、劳动合同的解除和终止

（一）劳动合同的解除

劳动合同的解除，是指在劳动合同订立后，尚未履行完毕之前，由于某种因素导致双方当事人提前终止合同效力的法律行为。

1. 双方协商解除劳动合同

在劳动合同有效的前提下，双方当事人协商一致提前结束劳动合同。双方协商解除劳动合同是双方法律行为，只有劳动合同双方当事人根据平等自愿、协商一致的原则进行协商并且达成协议，劳动合同才能解除。

2. 用人单位单方解除劳动合同

劳动者有下列情形之一的，用人单位可以解除劳动合同：①在试用期间被证明不符合录用条件的；②严重违反用人单位的规章制度的；③严重失职、营私舞弊、给用人单位造成重大损失的；④劳动者同时与其他用人单位建立劳动关系，对完成本单位的工作任务造成严重影响，或者经用人单位提出，拒不改正的；⑤以欺诈、胁迫的手段或者乘人之危，使对方在违背真实意思的情况下订立或者变更劳动合同，致使劳动合同无效的；⑥被依法追究刑事责任的。上述情况是由于劳动者本身的原因造成的，应允许用人单位解除劳动合同。

有下列情形之一的，用人单位提前 30 日以书面形式通知劳动者本人或者额外支付劳动者一个月工资后，可以解除劳动者：①劳动者患病或者非因工负伤，在规定的医疗期满后不能从事原工作，也不能从事由用人单位另行安排的工作的；②劳动者不能胜任工作，经过培训或者调整工作岗位，仍不能胜任工作的；③劳动合同订立时所依据的客观情况发生重大变化，致使劳动合同无法履行，经用人单位与劳动者协商，未能就变更劳动合同内容达成协议的。

有下列情形之一，需要裁减人员二十人以上或者裁减不足二十人但占企业职工总数百分之十以上的，用人单位提前 30 日向工会或者全体职工说明情况，听取工会或者职工的意见后，裁减人员方案经向劳动行政部门报告，可以裁减人员：①依照企业破产法规定进行重整的；②生产经营发生严重困难的；③企业转产、重大技术革新或者经营方式调整，经变更劳动合同后，仍需裁减人员的；④其他因劳动合同订立时所依据的客观经济情况发生重大变化，致使劳动合同无法履行的。用人单位裁减人员，在六个月内重新招用人员的，应当通知被裁减的人员，并在同等条件下优先招用被裁减的人员。

劳动者有下列情形之一的，用人单位禁止解除劳动合同：①从事接触职业病危害作业的劳动者未进行离岗前职业健康检查，或者疑似职业病病人在诊断或者医学观察期间的；②在本单位患职业病或者因工负伤并被确认丧失或者部分丧失劳动能力的；③患病或者非因工负伤，在规定的医疗期内的；④女职工在孕期、产期、哺乳期的；⑤在本单位连续工作满 15 年，且距法定退休年龄不足 5 年的；⑥法律、行政法规规定的其他情况。

3. 劳动者单方解除劳动合同

单位以暴力、威胁或者非法限制人身自由的手段强迫劳动者劳动的，或者用人单位违章指挥、强令冒险作业危及劳动者人身安全的，劳动者可以立即解除劳动合同，不需事先告知用人单位。

劳动者提前 30 日以书面形式通知用人单位，可以解除劳动合同。劳动者在试用期内提前 3 日通知用人单位，可以解除劳动合同。用人单位有下列情形之一的，劳动者可以解除劳动合同：①未按照劳动合同约定提供劳动保护或者劳动条件的；②未及时足额支付劳动报酬的；③未依法为劳动者缴纳社会保险费的；④用人单位的规章制度违反法律、法规的规定，损害劳动者权益的；⑤以欺诈、胁迫的手段或者乘人之危，使对方在违背真实意思的情况下订立或者变更劳动合同，致使劳动合同无效的；⑥法律、行政法规规定劳动者可以解除劳动合同的其他情形。

（二）劳动合同的终止

劳动合同的终止，是指劳动合同双方当事人约定的期限已到期或终止的条件出现，立即终止合同的法律行为。有下列情形之一的，劳动合同终止：①劳动合同期满的；②劳动者依法享受基本养老保险待遇的；③劳动者死亡或者被人民法院宣告死亡或者宣告失踪的；④用人单位被依法宣告破产的；⑤用人单位被吊销营业执照、责令关闭、撤销或者用人单位决定提前解散的；⑥法律、行政法规规定的其他情况。

三、集体合同的概念、特征和种类

（一）集体合同的概念和特征

集体合同，指工会或职工代表与用人单位或其团体为规范劳动关系而订立的，以全体劳动者的共同利益为中心内容的书面协议。集体合同制度是当今市场经济国家为调整集体劳动关系而普遍实行的一项基本法律制度，是协调劳动关系、保护劳动者权益的重要手段。

集体合同除了具备一般合同的特征外，还具有以下自身的特征：①主体的特定性。一方是能够依法代表职工的工会组织或职工推举的代表，另一方是用人单位。②内容的通用性。它以集体劳动关系中全体劳动者的共同权利和义务为内容，并普遍适用于用人单位的全体职工。③义务主体的特殊性。集体合同虽然是由工会或职工代表与企业签订的，但合同规定的义务是由企业和职工承担。④形式的法定性。我国的集体合同必须采用书面形式。

（二）集体合同的种类

从国际上看，集体合同可以按不同的标准进行分类。具有法律意义的分类主要有以下两种：①按集体合同的适用范围划分，分为用人单位集体合同、行业性集体合同和区域性集体合同。②按集体合同的内容划分，分为综合性集体合同和专项集体合同。

四、集体合同的订立、变更、解除和终止

（一）集体合同的订立

集体合同的订立，是指工会或职工代表与用人单位或其协会之间，依法就集体合同条款进行协商，建立集体合同关系的法律行为。

1. 集体合同的内容

集体合同的内容表现为集体合同的条款，集体合同一般包括以下条款：①劳动报酬；②工作时间；③休息休假；④保险福利；⑤劳动安全与卫生；⑥合同期限；⑦变更、解除、终止集体合同的协商程序；⑧双方履行集体合同的权利和义务；⑨履行集体合同发生争议时协商处理的约定；⑩违反集体合同的责任；⑪双方认为应当协商约定的其他内容。

2. 集体合同订立的程序

订立集体合同一般应经过以下程序：①确定集体协商双方代表；②拟定集体合同草案，进行集体协商；③审议通过，双方签字；④报送登记、审查、备案；⑤公布。

（二）集体合同的变更、解除和终止

依法订立的集体合同，具有法律约束力。因此，变更或解除集体合同，必须符合一定的法定条件。根据我国《集体合同规定》的规定，有下列情形之一的，可以变更或解除集体合同：①用人单位因被兼并、解散、破产等致使集体合同无法履行的；②因不可抗力等原因致使集体合同无法履行或部分无法履行的；③集体合同约定的变更或解除条件出现的；④法律、法规、规章规定的其他情形。

我国集体合同的法定期限为1～3年，当事人可以据此加以约定。此外，在依法解除、有效期届满或双方约定的终止条件出现时，集体合同即行终止。

五、集体合同争议的处理

（1）因签订集体合同而发生争议的处理。因签订集体合同发生争议，首先双方应谋求协商解决，协商解决不成可由劳动保障行政部门协商处理。

（2）因履行集体合同而发生争议的处理。因履行集体合同发生争议，当事人协商解决不成的，可以向劳动争议仲裁委员申请仲裁；对仲裁裁决不服的，可以自收到仲裁裁决书之日起15日内向人民法院提起诉讼。

第三节　工作时间、休息休假和工资制度

一、工作时间

工作时间，是指劳动者为履行劳动义务，依法在一昼夜之内和一周之内从事劳动或工作的时间。它包括每日工作的小时数，每周工作的天数和小时数。

关于工作时间的种类，从学理上，大体分为以下几种：

（一）标准工时

标准工时，是指法律规定的用人单位在正常情况下，职工从事工作或劳动的时间。我国现行法律规定的标准工时为职工每日工作 8 小时，每周工作 40 小时。

（二）缩短工时

缩短工时，是指劳动者从事少于标准工作日的工作时间。规定缩短工时的目的，主要是为了解决不能通过劳动报酬解决的特殊情况下对劳动者的劳动消耗的补偿问题。我国目前实行缩短工时的劳动者主要有以下几类：①从事矿山井下、高山、有毒害、特别繁重或过度紧张等作业的劳动者；②从事夜班工作的劳动者；③哺乳期内的女职工；④未成年工和怀孕女工。

（三）延长工时

延长工时，是指用人单位在法定工作时间之外要求劳动者继续工作而增加一定工作时间，即我们通常所说的“加班加点”。根据《劳动法》规定，有下列情形之一的，可以延长工作时间：①发生自然灾害、事故或者因其他原因，使人民的安全健康和国家资财遭到严重威胁，需要紧急处理的。②生产设备、交通运输线路、公共设施发生故障、影响生产和公众利益，必须及时抢修的。③必须利用法定节日或公休日的停产期间进行设备检修保养的。④国家机关、事业单位为完成国家紧急任务或完成上级安排的其他紧急任务，以及商业、供销企业在旺季完成收购、运输、加工农副产品紧急任务的。⑤为完成国防紧急任务，或者完成上级在国家计划外安排的其他紧急生产任务。⑥法律、行政法规规定的其他特殊情况。

根据劳动法规定，用人单位延长工时每日不得超过 1 小时，特殊原因需要延长工时的，每日不得超过 3 小时，但每月不得超过 36 小时。

根据《劳动法》的规定，用人单位延长工作时间，必须按以下标准支付给劳动者工资报酬：①在标准工作日内安排劳动者延长工作时间的，支付不低于工资的 150%的工资报酬；②休息日安排劳动者工作又不能安排补休的，支付不低于工资的 200%的工资报酬；③法定节假日安排劳动者工作的，支付不低于工资的 300%的工资报酬。

（四）不定时工时和综合计算工时

1. 不定时工时

不定时工时，是指没有固定工作时间限制的工作日。主要适用于一些因工作性质或工作条件不受标准工作时间限制的工作。不定时工时一般适用于下列人员：①企业中的高级管理人员、外勤人员、推销人员、部分值班人员和其他因工作无法按标准工作时间衡量的职工。②企业中的长途运输人员，出租汽车司机和铁路、港口、仓库的部分装卸人员以及因工作性质特殊，需机动作业的职工。③其他因生产特点，工作特殊需要或职责范围的关系，适合实行不定时工作制的职工。

2. 综合计算工时

综合计算工时，是指用人单位根据生产和工作的特点，分别采取以周、月、季、年等为周期综合计算劳动者工作时间的一种工时形式。综合计算工作时间制适用于符合下列条件之一的企业职工：①交通、铁路、邮电、水运、航空、渔业等行业中因工作性质特殊，需连续作业的职工。②地质及资源勘探、建筑制造、制糖、旅游等受季节和自然条件限制的行业的部分职工。③其他适合实行综合计算工时工作制的职工。

二、休息休假

休息休假，是指劳动者在任职期间，根据法律规定，不从事劳动和工作而自行支配的休息时间和法定节假日。休息休假的规定是实现劳动者休息权的一项重要保证，休息权是我国宪法规定的公民的基本权利之一。

休息休假的种类，随着社会经济条件的发展而有所变化。目前，我国职工享有的休息休假可分为以下几种：

（一）休息

（1）工作日内的间歇时间。工作日内的间歇时间是指职工在每个工作日内所享有的休息和用餐时间。间歇时间的长短可由各单位根据具体情况确定，一般不少于半小时。

（2）工作日间的休息时间。工作日间的休息时间是指职工在一个工作日结束后至下一个工作日开始的休息时间。在正常情况下，两个工作日之间的休息时间一般不应少于 16 小时。

（3）公休假日。公休假日是指职工工作满一个工作周以后应给予的休息时间。自 1995 年 5 月 1 日起，我国实行每周 5 天 40 小时工作制度后，普遍适用的周休息日为星期六和星期日。

（二）休假

（1）法定节假日。法定节假日是国家法律统一规定的用以开展纪念、庆祝活动的休息时间。我国的法定节假日有：元旦放假 1 日；春节放假 3 日；清明节放假 1 日；国际劳动节放假 1 日；端午节放假 1 日；中秋节放假 1 日；国庆节放假 3 日；法律、法规规定的其他休假节日。

（2）探亲假。凡在国家机关、人民团体和全民所有制企业、事业单位工作满一年的国家职工，与配偶或者父母不在一起，又不能在公休假日团聚的，可以享受探望配偶或者父母的待遇。但职工如果与父亲母亲一方能够在公休假日团聚的，不能享受探望父母的待遇。

（3）年休假。《劳动法》第四十五条规定：“国家实行带薪年休假制度。劳动者连续工作一年以上的，享受带薪年休假。具体办法由国务院规定。”

（4）其他假。女职工生育享受不少于 98 天的产假。职工本人结婚或职工的直系亲属死亡时，可以根据具体情况，给予1～3天的婚丧假并酌情给予路程假。

三、工资制度

（一）工资的概念和特征

工资，又称薪金，是指用人单位依据国家有关规定或劳动合同的约定，根据劳动者提供劳动的数量和质量，以货币形式支付给劳动者的劳动报酬。

工资与其他劳动报酬相比，主要有以下特征：①工资是基于劳动关系而对劳动者付出劳动的物质补偿。②工资标准必须是事先规定的，事先规定的形式可以是工资法规、工资政策、集体合同、劳动合同等。③工资须以法定货币形式定期支付给劳动者本人。④工资的支付是以劳动者提供的劳动数量和质量为依据的。

（二）工资形式

工资形式，是指计量劳动和支付劳动报酬的方式。企业根据本单位生产经营特点和经济效益依法自主确定本单位的工资分配形式。

（1）计时工资。计时工资是最基本的工资形式，根据计算工资的时间单位的不同，计时工资可分为月工资制、日工资制和小时工资制。

（2）计件工资。计件工资是用间接劳动时间来计量，是计时工资的转化形式，能较好地把劳动与报酬直接联系起来，是贯彻按劳分配原则的一种主要工资形式。

（3）奖金。奖金是对超额劳动计发的一种工资形式，它是职工工资收入的重要组成部分，是对在工作和生产建设中取得卓越成绩的职工的一种奖励，如超产奖、质量奖、节约奖、安全生产奖等。

（4）津贴。津贴是为了补偿劳动者在特殊劳动条件下所付出的额外劳动消耗和生活费用而支付给劳动者的劳动报酬。如井下津贴、高温津贴、有毒有害岗位津贴、海岛津贴、科研津贴等。

（5）补贴。补贴是为了劳动者的工资水平不受特殊因素的影响而直接由国家政策规定支付给劳动者的劳动报酬。如物价补贴、冬季取暖补贴、房租补贴等。

（6）特殊情况下的工资。主要有：加班加点工资，事假、病假、婚假、探亲假等工资以及履行国家和社会义务期间的工资等。

（三）工资分配原则

根据《劳动法》规定，现阶段我国工资分配主要遵循以下几项原则：①按劳分配原则；②同工同酬原则；③工资水平随经济发展逐步提高原则；④用人单位自主分配原则；⑤工资总量宏观调控原则。

（四）工资支付保障

工资支付保障是为了保障劳动者劳动报酬权的实现，防止用人单位滥用工资分配权而制定的有关工资支付的一系列规则。

根据《劳动法》和《工资支付暂行规定》的规定，用人单位支付工资必须按照下列规定执行：

（1）工资支付的一般规则：①工资应依法定货币支付，不得以实物及有价证券代替货币支付。②支付工资时，用人单位必须书面记录支付劳动者工资的数额、时间、领取者的姓名及签字，并保存两年以上备查。③支付工资时，应向劳动者提供一份其个人的工资清单。④工资必须在用人单位与劳动者约定的日期支付，如遇节假日或休息日，则应提前在最近的工作日支付。⑤工资至少每月支付一次，实行周、日、小时工资制的，可按周、日、小时支付工资。对于完成一次性临时性劳动或某些具体工作的劳动者，用人单位应按有关协议或合同的规定在其完成劳动任务后即支付工资。⑥劳动者与用人单位依法解除或终止劳动合同时，用人单位应同时一次付清劳动者工资。⑦用人单位依法破产时，应将劳动者的工资列入清偿顺序，首先支付。

（2）特殊情况下工资支付：①职工在规定工作时间内依法参加社会活动，用人单位应视同其提供了正常劳动而支付工资。②职工在法定休息日和年休假、探亲假、婚假、丧假期间，用人单位应按规定标准支付工资。③非因劳动者原因造成单位停工，停产在一个工资支付周期内的，用人单位应按劳动合同规定的标准支付劳动者工资。④职工加班加点，应当依法定标准支付加班加点工资。⑤职工在调动工作期间、脱产学习期间、被错误羁押期间、错判服刑期间，用人单位应当按国家规定或劳动合同规定的标准支付工资。⑥职工被公派在国（境）外工作学习期间，其国内工资按国家规定的标准支付。

（3）禁止非法扣除工资：对代扣工资的限制。有下列情形之一的，用人单位可以代扣劳动者工资：用人单位代扣代缴个人所得税；用人单位代扣代缴应由劳动者个人负担的社会保险费用；用人单位依审判机关判决，裁定扣除劳动者工资；法律、法规规定可以从劳动者中扣除的其他费用。

（4）对代扣工资金额的限制：因劳动者本人原因给用人单位造成经济损失的，用人单位可以按照劳动合同的约定要求劳动者赔偿其经济损失；用人单位对劳动者违纪罚款，一般不得超过本人月工资标准的20%。

（五）最低工资保障制度

最低工资保障制度，是国家通过立法，强制规定用人单位支付给劳动者的工资不得低于国家规定的最低工资标准，以保障劳动者能够满足其自身及家庭成员基本生活需要的法律制度。

《劳动法》第四十九条规定，确定和调整最低工资标准应综合考虑以下因素：①劳动者本人及平均赡养人口的最低生活费用；②社会平均工资水平；③劳动生产率；④就业状况；⑤地区之间经济发展水平的差异。

第四节　劳动保护制度

一、劳动保护的概念

劳动保护的含义，在学理上存在广义和狭义之分。广义的劳动保护是指对劳动者各个方面合法权益的保护，即通常所称的劳动者保护。狭义的劳动保护仅指对劳动者在劳动过程中的安全和健康的保护，又称劳动安全卫生或职业安全卫生。

二、劳动安全卫生制度

劳动安全卫生，是指国家为了保护劳动者在劳动过程中的安全和健康而制定的各种法律规范的总称。

劳动安全卫生包括以下五个方面的含义：①用人单位是提供劳动保护的主体，劳动者是被保护主体。②劳动保护的对象是劳动者的安全和健康。③劳动者保护的范围仅限于劳动过程中。④劳动保护的目的是为了使劳动者在劳动过程中的生命安全能得以保障，劳动者的健康状况不致因劳动而受不良影响。⑤劳动保护的途径主要是通过不断改善劳动条件来实现。

劳动安全卫生包括劳动安全与劳动卫生两类法律规范。劳动安全制度，指为了加强安全生产监督管理，防止生产过程中的安全事故，维护劳动者的生命和财产安全而制定的一系列法律制度的总称。劳动卫生制度，是为保护劳动者在劳动过程中的健康，预防和消除职业病、职业中毒和其他职业危害而制定的各种法律规范。

劳动安全卫生工作的方针是：安全第一，预防为主。

三、女职工的特殊劳动保护

女职工的特殊劳动保护，是指根据女职工的身体结构、生理特点和抚育子女的需要，对其在劳动过程中的安全健康所采取的有别于男子的特殊保护。

（一）一般女职工的劳动保护

《劳动法》第五十九条规定："禁止安排女职工从事矿山井下，国家规定的第四级体力劳动强度的劳动和其他禁忌从事的劳动。"

（二）女职工的"四期"保护

（1）经期。不得安排女职工从事高处、低温、冷水作业和国家规定的第三级体力劳动强度的劳动。

（2）孕期。不得安排女职工从事国家规定的第三级体力劳动强度的劳动；对怀孕 7 个月以上的女职工，不得安排其延长工作时间和夜班劳动。

（3）产期。女职工生育享受不少于 98 天的产假，难产的增加产假 15 天，多胞胎生育的每多生一胎，增加产假 15 天。

（4）哺乳期。不得安排女职工在哺乳未满 1 周岁的婴儿期间从事国家规定的第三级体力劳动强度的劳动和哺乳期禁忌从事的其他劳动，不得安排其延长工作时间和夜班劳动。

四、未成年工的特殊劳动保护

未成年工是指年满 16 周岁未满 18 周岁的劳动者。未成年工的特殊劳动保护是指根据未成年工的生理特点及成长需要而规定的对未成年工在劳动过程中进行的有别于成年工的特殊保护。

对未成年工的特殊劳动保护的措施主要有：①上岗前培训。未成年工上岗，用人单位应对其进行有关的职业安全卫生教育、培训。②禁止安排未成年工从事有害健康的工作。用人单位不得安排未成年工从事矿山井下、有毒有害、国家规定的第四级体力劳动强度和其他禁忌从事的劳动。③提供适合未成年工身体发育的生产工具等。④对未成年工定期进行健康检查。

第五节　劳动争议的处理

一、劳动争议的概念和分类

劳动争议，是指用人单位与劳动者之间因劳动权利和劳动义务所发生的纠纷。

劳动争议按照不同的标准，可分为以下几种类型：①按照劳动争议人数多少的不同，可分为个别劳动争议和集体劳动争议。个别劳动争议是劳动者个人与用人单位发生的劳动争议；集体劳动争议是指劳动者一方当事人在 3 人以上，并有共同理由的劳动争议。②按照劳动争议的内容，可分为因履行劳动合同发生的争议；因履行集体合同发生的争议；因企业开除、除名、辞退职工和职工辞职、自动离职发生的争议；因执行国家有关工作时间和休息休假、工资、保险、福利、培训、劳动保护的规定发生的争议等。③按照当事人国籍的不同，可分为国内劳动争议与涉外劳动争议。

二、劳动争议处理的基本原则

（一）合法原则

合法原则，是指劳动争议处理机构在处理劳动争议时所从事的活动，无论内容和程序都必须符合法律规定。在处理劳动争议过程中，必须以事实为依据，实事求是，认真的进行调查研究，搜集和审查证据，全面、客观地了解争议的事实真相。

（二）公正原则

公正原则，是指当事人在适用法律上一律平等的原则。这一原则要求劳动争议处理人员在处理劳动争议时必须以事实为依据，以法律为准绳，不偏袒任何一方。同时，在处理劳动争议过程中，劳动争议双方当事人法律地位一律平等，任何一方都没有超越另一方的特权。

（三）着重调解和及时处理原则

由于劳动争议发生后，直接损害一方当事人的合法权益，这不仅影响生产劳动的正常进行，而且容易激化矛盾，调解作为解决劳动争议的有效手段贯穿于劳动争议处理的全过程，其目的是在当事人自愿的前提下，争取双方达成和解，结束争议。处理劳动争议案件遵循调解原则的同时，为了防止久调不决而引起矛盾激化，还要注意及时处理。

三、劳动争议的处理程序

劳动争议的处理，是指法律、法规授权的专门机构依法对劳动关系双方当事人之间发生的劳动争议进行调解、仲裁和审判的活动。

（一）劳动争议的协商

劳动争议发生后，当事人应当协商解决，协商一致后，双方可达成和解协议，但和解协议无必须履行的法律效力，而是由双方当事人自觉履行。协商不是处理劳动争议的必经程序。

（二）劳动争议的调解

劳动争议发生后，当事人双方愿意调解的，可以书面或口头形式向调解委员会申请调解。调解委员会接到调解申请后，可依自愿、合法原则进行调解。

1. 劳动争议的调解机构

劳动争议调解委员会由职工代表、用人单位代表和工会代表组成，没有建立工会组织的用人单位，调解委员会的设立及其组成由职工代表和用人单位代表协商决定。

2. 劳动争议调解程序

调解委员会调解劳动争议，应当自当事人申请调解之日起 30 日内结束，到期未结束的，视为调解不成，当事人可以向当地劳动争议仲裁委员会申请仲裁。经调解达成协议的，制作调解书，双方当事人自觉履行。调解不是劳动争议的必经程序，调解协议也无必须履行的法律效力。

（三）劳动争议的仲裁

劳动争议发生后，当事人任何一方都可直接向劳动争议仲裁委员会申请仲裁。

1. 劳动争议仲裁机构

根据“三方性”原则，仲裁委员会由劳动保障行政部门的代表，同级工会的代表和用人单位的代表组成。劳动争议仲裁委员会仲裁劳动争议，实行仲裁庭仲裁制度。仲裁庭仲裁实行少数服从多数的原则。

2. 劳动争议仲裁程序

发生劳动争议的当事人应当自劳动争议发生之日起60日内向仲裁委员会提出书面申请，劳动争议仲裁委员会接到仲裁申请后，应当在7日内作出是否受理的决定，受理后，应当在收到仲裁申请的60日内作出仲裁裁决。仲裁委员会可依法进行调解，经调解达成协议的，制作仲裁调解书。仲裁调解书具有法律效力，自送达之日起具有法律约束力，当事人必须自觉履行，一方当事人不履行的，另一方可向人民法院申请强制执行。

当事人对劳动争议仲裁委员会作出的仲裁裁决不服的，可在收到仲裁裁决书的15日内向人民法院提起诉讼。逾期不起诉的，仲裁裁决即发生法律效力，当事人必须自觉履行，一方当事人不履行的，另一方当事人可向人民法院申请强制执行。

（四）劳动争议的诉讼

劳动争议的诉讼，是劳动争议当事人不服劳动争议仲裁委员会的裁决，在法定的期限内，持劳动争议仲裁裁决书向人民法院起诉，由人民法院依民事诉讼程序进行审理的法律活动。

1. 劳动争议诉讼机构

审理劳动争议案件的是各级人民法院的民事审判庭。劳动争议案件由用人单位所在地或者劳动合同履行地的基层人民法院管辖，劳动合同履行地不明确的，由用人单位所在地的基层人民法院管辖。

2. 人民法院受理劳动争议案件的条件

人民法院受理劳动争议案件的条件是：①劳动关系当事人之间的劳动争议，必须先经过劳动争议仲裁委员会仲裁。②劳动关系当事人必须是在接到仲裁裁决书之日起15日内向人民法院起诉，超过15日，人民法院不予受理。③劳动争议案件属于受诉人民法院管辖。

3. 劳动争议诉讼程序

人民法院审理劳动争议案件，实行两审终审制，人民法院一审审理终结后，对一审判决不服的，当事人可在15日内向上一级人民法院提起上诉，对一审裁定不服的，当事人可在10日内向上一级人民法院提起上诉，经二审审理作出的裁决是终审裁决，自送达之日起发生法律效力，当事人必须履行。

【引例解析】

依照《劳动法》第二十六条规定，劳动者不能胜任工作，应先经过培训或者调整工作岗位，仍不能胜任工作的才可以解除劳动合同。因此，企业应当先调整胡某的工作岗位，如果仍不能胜任工作，企业应提前30日以书面形式通知劳动者解除劳动合同。

王某在工作时间脱岗，致使企业一台机器发生故障未能及时处理而报废，属于严重失职，企业完全可以依照《劳动法》规定随时解除其劳动合同。

【实训内容】

1．根据所提供的材料，撰写一份劳动进修合同。

案例：2009 年 10 月 15 日，广大电器有限公司与职员任婷签订一份进修协议，双方约定：①广大电器有限公司派任婷外出进修与培训，广大电器有限公司承担任婷全部进修与培训费用，进修期间，广大电器有限公司发给任婷见习期工资待遇；②进修结束后，必须在广大电器有限公司工作服务 5 年以上；③如有违约，任婷需赔付实际发生的进修与培训费及退还见习期间的工资。

假设你是广大电器有限公司办公室文员，请根据该案例，结合所学的法律知识撰写一份劳动进修合同。

2．模拟劳动合同签订的过程。

【案例】

谢某于 1998 年 9 月 1 日应聘到某食品有限公司当行政秘书，双方签订了 1 年期的劳动合同，双方约定谢某每月工资 800 元。1998 年 10 月 1 日是国庆节，公司为答谢常年客户，决定向常年客户附赠赠品。谢某负责送赠品工作，但由于谢某工作懈怠，未按公司规定将赠品送交一些常年客户，致使 12 个常年客户未收到赠品。公司发觉后，以违纪为名扣发了谢某 9 月、10 月的工资 1600 元。该公司制定的规章制度中有一条规定为经查实未按规定送交赠品或将赠品移作他用的，每发现一家扣发工资的 20%。

问题：假设你就是行政秘书谢某，应如何运用《劳动法》知识，来尽量减少自己的损失？

分析：为了保障劳动者的劳动报酬权的实现，限制用人单位滥扣、滥罚工资，《劳动法》规定了对用人单位扣除工资数额的限制，即依法从劳动者工资中每月扣除的部分不得超过劳动者当月工资的 20%。该公司全部扣除谢某工资不符合这一规定，该公司应补发谢某剩余部分的工资，如谢某被扣除后的剩余工资部分低于当地最低工资标准，应当要求公司按最低工资标准支付。

【思考与练习】

1．举例说明《劳动法》的适用范围。

2．用人单位提前解除劳动合同的条件和程序是什么？

3．用人单位支付工资必须遵守哪些规定？

4．举例说明我国对女职工的特殊保护。

5．人民法院受理劳动争议的条件是什么？

6．2004 年 7 月，王某投资办了一家饮食店（个体工商户），因经营需要，聘请李某为服务员，双方口头约定，每月工资 1000 元。头两个月，王某按时支付了工资，第三个月时，老板对李某说："现在生意不景气，先付给你 600 元，400 元等到年底生意好时一并支付。"可到了年底，老板却将饮食店转让给了他人，不仅未补发拖欠李某的工资，最后一个月的工资也没支付。李某认为老板违反了《劳动法》，找到老板索要工资，老板却说："我是个体工商户，《劳动法》对我不起作用。"

请问：假设你是李某，应如何据理力争，要回自己应得的工资。

7．甲公司与李某签订一份2年期劳动合同。双方在劳动合同中约定：试用期3个月，试用期间李某的工资按约定工资的60%执行；如在劳动合同履行期间甲公司发生经营方式调整，则劳动合同即行终止。

请问：

（1）甲公司与李某在劳动合同中约定的事项有哪些不合法之处？

（2）假定双方在合同中同时约定：如双方发生劳动争议只能向甲公司所在地的人民法院提起诉讼。该约定是否合法，为什么？

第十二章　档案法和保密法

【本章内容结构图】

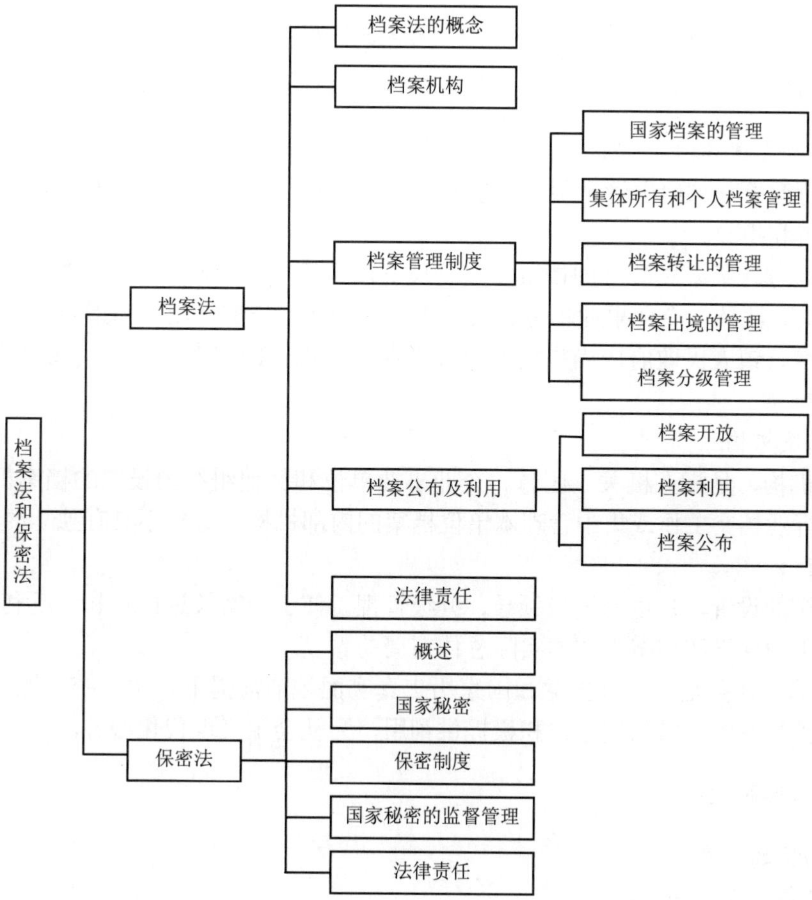

【引例】

周舟是长春人，今年 29 岁。2015 年从吉林省某重点大学毕业后，到北京一家医药杂志社上班，后来跳槽到一家医药公司打工。去年考公务员时，需要提交档案副本，他这才想起来，自己的档案在哪里他都不知道。回学校问，对方说不知道。这下急坏了周舟，他开始到处寻找，两天后终于在长春市人才服务中心找到，但档案已经 4 年多没有补充过了，留下大片空白。无奈，周舟又拿着档案走遍学校、杂志社、医药公司，用了一个多月时间，多次往返北京、长春之间，花费了 5000 多元钱才将档案补充完整。

问题：对上述现象进行评析并指出对策。

第一节 档案法

一、档案法的概念

档案法是调整国家机关、企业、事业单位及其他社会组织和公民在档案管理、保护、利用过程中所发生的社会关系的法律规范的总和。档案，是指过去和现在的国家机构、社会组织以及个人从事政治、军事、经济、科学、技术、文化、宗教等活动直接形成的对国家和社会有保存价值的各种文字、图表、声像等不同形式的历史记录。

二、档案机构

1. 档案行政管理部门

国家档案行政管理部门主管全国档案事业，对全国的档案事业实行统筹规划，组织协调，统一制度，监督和指导。

县级以上地方各级人民政府的档案行政管理部门主管本行政区域内的档案事业，并对本行政区域内机关、团体、企业事业单位和其他组织的档案工作实行监督和指导。

乡、民族乡、镇人民政府应当指定人员负责保管本机关的档案，并对所属单位的档案工作实行监督和指导。

2. 内部档案机构

内部档案机构，是指在机关、团体、企业事业单位和其他组织内设置的档案机构。它们是本系统、本行业档案工作或集中管理本单位档案的内部机构，对外不具有独立的法律地位。

3. 档案馆

我国档案馆的设置，是遵循统一领导、分级管理，便于档案长远保管和广泛利用的原则，根据社会主义事业建设和档案工作的实际总体布局的。

档案馆的基本任务是：在维护党和国家历史真实面貌的前提下，集中统一地管理党和国家的档案，维护档案的完整与安全，积极提供利用，为社会主义现代化服务。

三、档案管理制度

1. 国家档案的管理

（1）文件材料立卷归档。

文件材料立卷，是指机关、团体、企业事业单位和其他社会组织在工作生产活动中形成的文件材料办理完毕后的系统整理的过程。归档，是指办理完毕的文件材料经系统整理后，依据有关规定向档案机构或档案人员移交保存的过程。

（2）档案集中管理。

档案的集中管理，是指经过整理立卷的文件材料应由本单位的档案机构或档案工作人员集中管理，任何人都不得据为己有或拒绝归档。

（3）定期向档案馆移交档案。

机关、团体、企业事业单位和其他组织形成的档案在本单位保管一定的时间后，按照有关规定交给档案馆，由档案馆集中保管。

2. 集体所有和个人档案管理

集体所有的和个人所有的对国家和社会具有保存价值的或者应当保密的档案，档案所有者应当妥善保管。对于保管条件恶劣或者其他原因被认为可能导致档案严重损毁和不安全的，国家档案行政管理部门有权采取代为保管等确保档案完整和安全的措施；必要时，可以收购或者征购。向国家捐赠档案的，档案馆应当予以奖励。

3. 档案转让的管理

档案转让的管理指企业事业单位资产与产权变动过程中，在档案行政管理部门的监督指导下，依法将档案有偿交付受让对方的活动。

4. 档案出境的管理

档案出境的管理是指档案行政管理部门对将档案携带、运输或者邮寄出国的行为进行审查批准和禁止的活动。属于国家所有的档案以及集体所有的和个人所有的对国家和社会具有保存价值的或者应当保密的档案，包括这些档案的复制件，禁止私自携运出境。

5. 档案分级管理

所谓档案分级管理是指各级国家档案馆根据国家有关规定对本馆保有的永久档案实行区分等级，采取相应的管理措施的档案管理行为。

档案实行分级管理对合理使用资金、依法管理和查处档案违法行为、扩大对外交流、增加对重点档案保护力度，全面提高现有档案管理水平等具有现实和长远的意义。

四、档案公布及利用

1. 档案开放

档案开放，是指将各级国家档案馆保存的可以公开的保密期满的档案，解除封闭，向社会公开、提供利用。一般档案自形成之日起满 30 年向社会开放。科技、经济、文化等类的档案可以随时向社会开放。

2. 档案利用

为研究或解决问题而使用档案，这是学理意义上的档案利用。档案法所称的档案利用，是指单位和个人通过阅览、复制和摘录等形式，依法利用国家档案馆或档案室保存的档案的行为。

我国公民和组织持有合法证明都可以直接利用已开放的档案；外国组织和个人利用已开放的档案，须经我国外事部门或主管部门介绍并经保存该档案的单位的同意，方可利用该档案。公民或法人利用未开放档案，须经过保存档案的档案馆和单位同意批准后，方可有权利用。

各级各类档案保管单位，可以向社会提供有偿利用，但收费标准和范围，必须按照有关规定实行。

3. 档案公布

依照法律，拥有档案的主体可以通过各种出版物发表，公众媒体传播、出版发行档案史料、公开陈列、展览等多种形式公布档案。

五、法律责任

1. 承担法律责任的行为

损毁、丢失属于国家所有的档案的；擅自提供、抄录、公布、销毁属于国家所有的档案的；涂改、伪造档案的；违反《档案法》第十六条、第十七条规定，擅自出卖或者转让档案的；

倒卖档案牟利或者将档案卖给、赠送外国人的；违反本法第十条、第十一条规定，不按规定归档或者不按期移交档案的；明知所保存的档案面临危险而不采取措施，造成档案损失的；档案工作人员玩忽职守，造成档案损失的。

2. 责任类型

（1）行政责任：法人和公民违反档案法律造成损失，但尚未构成犯罪所应负的行政方面的法律责任。

（2）民事责任：公民、法人违反民事法律规范，造成档案损失而应承担的补救性的法律责任。

（3）刑事责任：公民、法人违反刑事法律规范，造成档案损失应负的一种最严重法律责任。

第二节　保密法

一、概述

我国于 1988 年 9 月 5 日第七届全国人民代表大会常务委员会第三次会议通过《中华人民共和国保密法》（以下简称《保密法》）。为适应时代发展，协调保密与信息公开之间的关系，又于 2010 年 4 月 29 日第十一届全国人民代表大会常务委员会第十四次会议通过对保密法的修订，自 2010 年 10 月 1 日起施行。

二、国家秘密

1. 国家秘密的概念

国家秘密是关系国家安全和利益，依照法定程序确定，在一定时间内只限一定范围的人员知悉的事项。国家秘密受法律保护。

2. 国家秘密的范围

下列涉及国家安全和利益的事项，泄露后可能损害国家在政治、经济、国防、外交等领域的安全和利益的，应当确定为国家秘密：

（1）国家事务重大决策中的秘密事项。

（2）国防建设和武装力量活动中的秘密事项。

（3）外交和外事活动中的秘密事项以及对外承担保密义务的秘密事项。

（4）国民经济和社会发展中的秘密事项。

（5）科学技术中的秘密事项。

（6）维护国家安全活动和追查刑事犯罪中的秘密事项。

（7）经国家保密行政管理部门确定的其他秘密事项。

政党的秘密事项中符合前款规定的，属于国家秘密。

3. 国家秘密的等级划分

国家秘密的密级分为绝密、机密、秘密三级。

绝密级国家秘密是最重要的国家秘密，泄露会使国家安全和利益遭受特别严重的损害；机密级国家秘密是重要的国家秘密，泄露会使国家安全和利益遭受严重的损害；秘密级国家秘密是一般的国家秘密，泄露会使国家安全和利益遭受损害。

国家秘密及其密级的具体范围，由国家保密行政管理部门分别会同外交、公安、国家安全局和其他中央有关机关规定。军事方面的国家秘密及其密级的具体范围，由中央军事委员会规定。

中央国家机关、省级机关及其授权的机关、单位可以确定绝密级、机密级和秘密级国家秘密；设区的市、自治州一级的机关及其授权的机关、单位可以确定机密级和秘密级国家秘密。

4. 国家秘密的保护期限

国家秘密的保密期限，应当根据事项的性质和特点，按照维护国家安全和利益的需要，限定在必要的期限内；不能确定期限的，应当确定解密的条件。

国家秘密的保密期限，除另有规定外，绝密级不超过三十年，机密级不超过二十年，秘密级不超过十年。

国家秘密的保密期限已满的，自行解密。

机关、单位应当根据工作需要，确定具体的保密期限、解密时间或者解密条件。

机关、单位对在决定和处理有关事项工作过程中确定需要保密的事项，根据工作需要决定公开的，正式公布时即视为解密。

5. 国家秘密的知悉范围

国家秘密的知悉范围，应当根据工作需要限定在最小范围。

国家秘密的知悉范围能够限定到具体人员的，限定到具体人员；不能限定到具体人员的，限定到机关、单位，由机关、单位限定到具体人员。

国家秘密的知悉范围以外的人员，因工作需要知悉国家秘密的，应当经过机关、单位负责人批准。

6. 国家秘密的媒介

单位对承载国家秘密的纸介质、光介质、电磁介质等载体（以下简称国家秘密载体）以及属于国家秘密的设备、产品，应当做出国家秘密标志。

不属于国家秘密的，不应当做出国家秘密标志。

三、保密制度

1. 加强对涉密信息系统的管理

机关、单位应当加强对涉密信息系统的管理，任何组织和个人不得有下列行为：①将涉密计算机、涉密存储设备接入互联网及其他公共信息网络；②在未采取防护措施的情况下，在涉密信息系统与互联网及其他公共信息网络之间进行信息交换；③使用非涉密计算机、非涉密存储设备存储、处理国家秘密信息；④擅自卸载、修改涉密信息系统的安全技术程序、管理程序；⑤将未经安全技术处理的退出使用的涉密计算机、涉密存储设备赠送、出售、丢弃或者改作其他用途。

2. 加强对涉密载体的管理

机关、单位应当加强对国家秘密载体的管理，任何组织和个人不得有下列行为：①非法获取、持有国家秘密载体；②买卖、转送或者私自销毁国家秘密载体；③通过普通邮政、快递等无保密措施的渠道传递国家秘密载体；④邮寄、托运国家秘密载体出境；⑤未经有关主管部门批准，携带、传递国家秘密载体出境。

3. 正确处理国家秘密与其他社会行为的关系

任何组织和个人都不得非法获取、持有国家秘密载体；不得通过普通邮政、快递等无保密措施的渠道传递国家秘密载体等；正确处理保密与科技成果的宣传报道、经贸合作交流、对外交往、合作中提供国家秘密事项、学术交流的关系。

4. 加强对涉密工作人员的管理

在涉密岗位工作的人员，应按照涉密程度分为核心涉密人员、重要涉密人员和一般涉密人员，实行分类管理。

涉密人员上岗应当经过保密教育培训，掌握保密知识技能，签订保密承诺书，严格遵守保密规章制度，不得以任何方式泄露国家秘密。

涉密人员出境应当经有关部门批准，涉密人员离岗离职实行脱密期管理。

机关、单位应当建立健全涉密人员管理制度，明确涉密人员的权利、岗位责任和要求，对涉密人员履行职责情况开展经常性的监督检查。

四、国家秘密的监督管理

国家秘密的监督管理工作由国家保密行政管理部门负责。

（1）制定有关规章及国家保密标准。

（2）依法组织开展保密宣传教育、保密检查、保密技术防护和泄密案件查处工作，对机关、单位的保密工作进行指导和监督。具体表现为：

1）发现国家秘密确定、变更或者解除不当的，应当及时通知有关机关、单位予以纠正。

2）发现有关机关、单位存在泄密隐患的，应当要求其采取措施，限期整改；对存在泄密隐患的设施、设备、场所，应当责令停止使用；对严重违反保密规定的涉密人员，应当建议有关机关、单位给予处分并调离涉密岗位；发现涉嫌泄露国家秘密的，应当督促、指导有关机关、单位进行调查处理。涉嫌犯罪的，移送司法机关处理。

3）对保密检查中发现的非法获取、持有的国家秘密载体，应当予以收缴。

4）办理涉嫌泄露国家秘密案件的机关，需要对有关事项是否属于国家秘密以及属于何种密级进行鉴定的，由国家保密行政管理部门或者省、自治区、直辖市保密行政管理部门鉴定。

5）机关、单位对违反保密规定的人员不依法给予处分的，保密行政管理部门应当建议纠正，对拒不纠正的，提请其上一级机关或者监察机关对该机关、单位负有责任的领导人员和直接责任人员依法予以处理。

五、法律责任

（1）违反《保密法》规定的个人将承当行政责任或刑事责任。单位违反保密法规造成严重后果的对直接负责的主管人员和其他直接责任人员给予处分等措施。

（2）承担法律责任的行为有：

1）非法获取、持有国家秘密载体的。

2）买卖、转送或者私自销毁国家秘密载体的。

3）通过普通邮政、快递等无保密措施的渠道传递国家秘密载体的。

4）邮寄、托运国家秘密载体出境，或者未经有关主管部门批准，携带、传递国家秘密载体出境的。

5）非法复制、记录、存储国家秘密的。

6）在私人交往和通信中涉及国家秘密的。

7）在互联网及其他公共信息网络或者未采取保密措施的有线和无线通信中传递国家秘密的。

8）将涉密计算机、涉密存储设备接入互联网及其他公共信息网络的。

9）在未采取防护措施的情况下，在涉密信息系统与互联网及其他公共信息网络之间进行信息交换的。

10）使用非涉密计算机、非涉密存储设备存储、处理国家秘密信息的。

11）擅自卸载、修改涉密信息系统的安全技术程序、管理程序的。

12）将未经安全技术处理的退出使用的涉密计算机、涉密存储设备赠送、出售、丢弃或者改作其他用途的。

有上述行为尚不构成犯罪，且不适用处分的人员，由保密行政管理部门督促其所在机关、单位予以处理。

【引例解析】

档案的真实性、原始性等特性，使得它具有其他任何材料都不可替代的依据和凭证作用。转正定级、职称申报、办理各种社会保险以及开具出国、考研等有关证明，都会用到档案。一个人退休后，档案也不会销毁，而是继续保存于所在单位或人才服务机构。

弃档后可能影响将来工作关系的转正、工龄的计算、职称评定，甚至不能顺利办理贷款等一系列问题。

我们应该针对以下几方面进行补救：

（1）把档案留在人才服务机构但一直没有理会的，只需要补齐代管费、办妥相关手续，就可将档案关系理顺。

（2）自己携带的“口袋档案”要尽快向人才服务机构咨询，如果档案袋被打开，里面的资料需要经过相关部门核实，如果档案资料遗失，还要到原单位去补充和确认。

（3）“跳槽”人员将档案遗留在原单位长期未办理转档手续的，要与原单位协商，解决跳槽后的遗留问题，以便及时将档案转交。

（4）对于那些不知档案在何方的，则可以向学校、原户籍所在地的人事部门及第一份工作的用人单位咨询。

【案例】

机关秘书小王在临时负责本局办公室工作时，在布置办公室时未请示领导也未对相关材料亲自审查情况下，擅自允许他人将1969年到1973年的档案搬离到其他处室，事后小王未在过问此事。时隔半年，这档批案被当成废品处理掉。

请问：小王是否需要承担法律责任？承担何种法律责任？

分析：小王的行为构成《档案法》第二十四条第一款的规定：“档案工作人员玩忽职守，造成档案损失的，应由县级以上人民政府档案行政管理部门、有关主管部门对直接负责的主管人员或者其他直接责任人员依法给予行政处分；构成犯罪的，依法追究刑事责任。”

【思考与练习】

1．试论述档案管理对于企业的意义。

2．保密法修订的社会背景是什么？

3．某市一家机械厂于 2017 年 2 月与市机械研究所合作研制生产一款新型装载机，正当工作人员进行生产前准备时，机械厂办公室秘书小王利用工作之便盗配档案室钥匙，并在夜间将装载机设计图纸盗出，以 1 万元价格出售给外地一家机械厂，致使该市机械厂遭受严重损失。

请根据《保密法》有关规定，制作一份企业涉密材料的保管制度。

4．大道公司刘总招聘文化服务部门负责人，条件是有机关背景，最好在党校、行政学院学习过；公关能力强。在此条件下，张东键各方面都符合要求，因而进入面试。刘总的面试题目是要求张东键把党校某高级研讨班情况搞清楚。有人提醒刘总，这个班的级别确实很高，有关信息可能涉及国家秘密。刘总却认为，如果是随便搞得到的东西，又怎能看出张东键的本事？

对于这个“考题”，张东键很有底气。出乎刘总的意料，张东键表示他能拿出来的并不是有关这个党校高级研讨班的报告，而是两份材料。这两份材料因为涉及研讨班学员的特殊身份和研讨内容，均被确定为机密级国家秘密。

张东键这一招果然奏效。刘总被打动了，高兴之余，他表示自己想看看这两份材料。刘总借阅涉密材料是想了解一下这个高级得有些神秘的研讨班，其实他只不过是想看一看谁是什么职务。但拿到材料后，他的想法变了，他让秘书把材料复印下来，并整理出一份内部资料以作参考。这就过去了两天。然而就在此时，情况出现了重大变化。谁也没预料到，保密工作部门开展的大检查未打招呼突然就开始了。纸包不住火，张东键朋友的问题在第一时间就暴露了。顺藤摸瓜，又牵出了张东键和大道公司的刘总。

请同学们讨论刘总、张东键的做法有何不妥之处？

第十三章　仲裁和诉讼

【本章内容结构图】

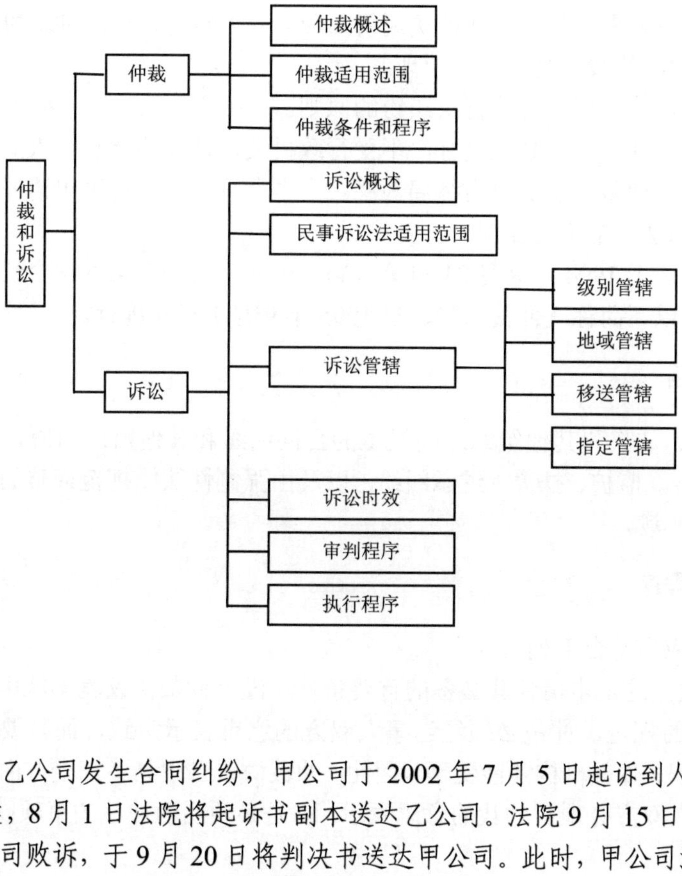

【引例】

甲公司和乙公司发生合同纠纷，甲公司于 2002 年 7 月 5 日起诉到人民法院。法院审查于 7 月 20 日立案，8 月 1 日法院将起诉书副本送达乙公司。法院 9 月 15 日开庭。经过开庭审理，最终判决甲公司败诉，于 9 月 20 日将判决书送达甲公司。此时，甲公司法定代表人正在国外，等他回来已是 10 月中旬，此时早已过了上诉期。

请问：（1）法院在审判程序上存在哪些错误？

（2）若甲公司不服一审判决，应采取何种措施保护自己的合法权益？

（3）若一审判决错误，还可以通过什么途径加以纠正？

第一节　仲裁

人类生活中常存在种种矛盾，纵观人类历史，人们通过私力救济、公力救济等手段解决矛盾。当今，解决社会矛盾的手段更是多样——协商、调解、仲裁、诉讼等——依靠这些手段，防患于未然、定分止争、保护权利，从而使各种矛盾能及时解决，保证社会的安定。

当然，各种解决矛盾的方式各有优势，针对不同情况具体适用。本章主要介绍其中的仲裁和诉讼。

一、仲裁概述

（1）仲裁，是指仲裁机构根据纠纷当事人之间自愿达成的协议，以第三者的身份对所发生的纠纷进行审理，并作出对争议各方均有约束力的裁决的解决纠纷的活动。

（2）仲裁原则是指在仲裁过程中仲裁机构和当事人应当遵循的活动准则。根据《仲裁法》规定，包括以下几个方面：

1）自愿原则。当事人采用仲裁方式解决纠纷，应当双方自愿，达成仲裁协议。没有仲裁协议，一方申请仲裁的，仲裁委员会不予受理。

2）依据事实和法律，公平合理地解决纠纷的原则。

3）独立仲裁原则。仲裁依法独立进行，不受行政机关、社会团体和个人的干涉。

4）一裁终局原则。仲裁庭的裁决为终局裁决。当事人就同一纠纷再申请仲裁或向人民法院起诉，仲裁委员会和法院都不会受理。

（3）仲裁法。我国于 1994 年 8 月 31 日第八届全国人大常委会第九次会议通过了《中华人民共和国仲裁法》（以下简称《仲裁法》），自 1995 年 9 月 1 日起施行。

二、仲裁适用范围

平等主体的公民、法人和其他组织之间发生的合同纠纷和其他财产纠纷，可以仲裁。与人身有关的婚姻、收养、监护、扶养、继承纠纷，以及由强制性法律规范调整的法律关系的争议、行政争议、不能仲裁。

三、仲裁条件与程序

当事人申请仲裁应当符合下列条件：

（1）有仲裁协议，这是申请仲裁必备的首要条件，没有仲裁协议就不能申请仲裁。

根据《仲裁法》的规定，仲裁必须经当事人双方的意思表示一致，而且要有书面的仲裁协议，明确的仲裁组织、仲裁机构才能受理。因此，仲裁协议必须具备三个方面的内容才是合法有效的。一是当事人双方必须有仲裁的意思表示；二是必须明确仲裁的事项；三是应有明确的仲裁机构。

有效的仲裁协议表现在对当事人双方的约束力，可以排除人民法院就同一争议的主管，而使约定的仲裁机构取得处理该争议的权利。

当事人对仲裁协议的效力有异议的，可以请求仲裁委员会作出决定或者请求人民法院作出裁定。

当事人达成仲裁协议，一方向人民法院起诉未声明有仲裁协议，人民法院受理后，另一方在首次开庭前提交仲裁协议的，人民法院应当驳回起诉，但仲裁协议无效的除外；另一方在首次开庭前未对人民法院受理该案提出异议的，视为放弃仲裁协议，人民法院应当继续审理。

有下列情形之一的，仲裁协议无效：

1）口头形式约定的仲裁协议。

2）约定的事项超出了仲裁的范围。

3）无民事行为能力人或者限制民事行为能力人签订的仲裁协议。

4）仲裁协议对仲裁事项或仲裁委员会没有约定或者约定不明确，当事人又达不成补充协议的，仲裁协议无效。

5）一方采取胁迫手段，迫使对方订立的仲裁协议无效。

6）当事人约定争议可以向仲裁机构申请仲裁也可以向人民法院起诉的，仲裁协议无效。但一方向仲裁机构申请仲裁，另一方未在仲裁庭首次开庭前提出异议的除外。

7）仲裁协议约定两个以上仲裁机构的，当事人可以协议选择其中的一个仲裁机构申请仲裁；当事人不能就仲裁机构选择达成一致的，仲裁协议无效。

8）仲裁协议约定由某地的仲裁机构仲裁且该地仅有一个仲裁机构的，该仲裁机构视为约定的仲裁机构。该地有两个以上仲裁机构的，当事人可以协议选择其中的一个仲裁机构申请仲裁；当事人不能就仲裁机构选择达成一致的，仲裁协议无效。

（2）有具体的仲裁请求和事实、理由。

仲裁程序示意图

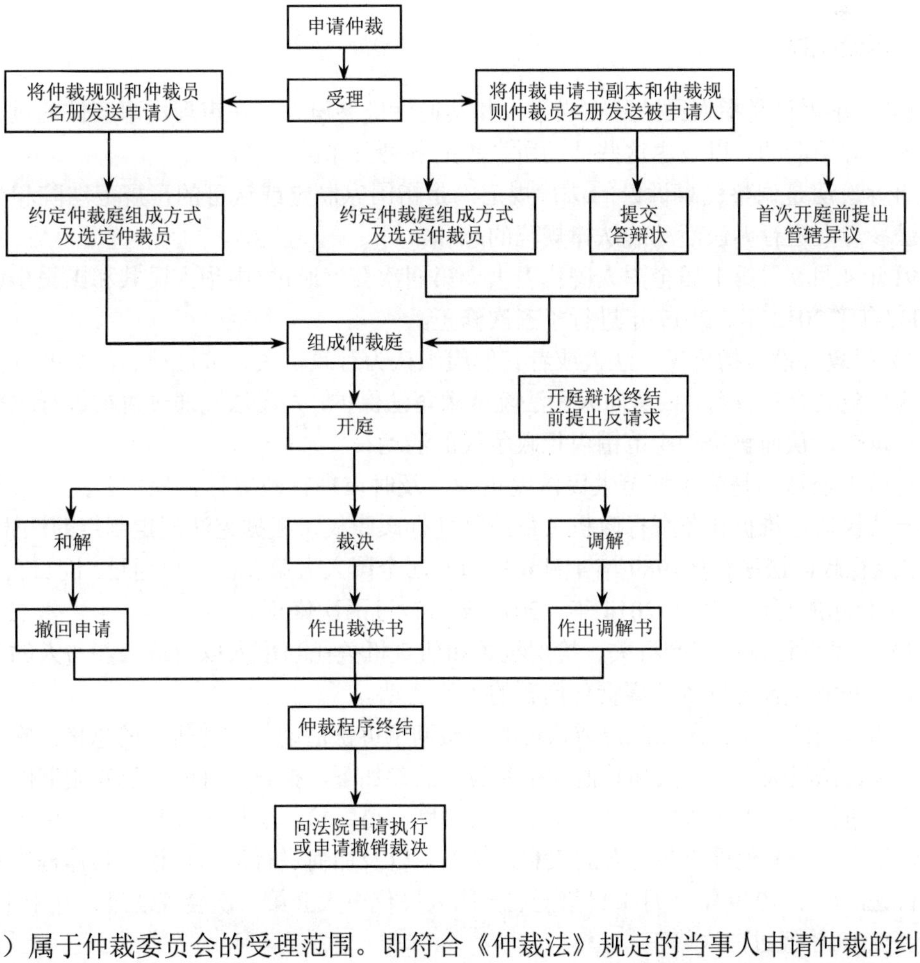

（3）属于仲裁委员会的受理范围。即符合《仲裁法》规定的当事人申请仲裁的纠纷应当是平等主体的公民、法人和其他组织之间发生的合同纠纷和其他财产权益纠纷。不属于仲裁委员会的受案范围，不能申请仲裁。

仲裁程序主要包含以下四个方面：

（1）仲裁的申请和受理。

（2）仲裁庭的组成：仲裁庭可以由 1 名仲裁员或 3 名仲裁员组成。

（3）仲裁裁决：仲裁应当开庭进行。仲裁一般不公开进行。当事人应当对自己的主张提供证据，并有权申请证据保全。仲裁庭在作出裁决前，可以先行调解。

（4）仲裁执行。

当事人应当履行仲裁裁决。一方当事人不履行的，另一方当事人可以按照民事诉讼法的有关规定向人民法院申请执行。当事人提出证据证明裁决有依法应撤销情形的，可在收到裁决书之日起六个月内，向仲裁委员会所在地的中级人民法院申请撤销裁决。

第二节　诉讼

目前我国的诉讼制度主要由民事诉讼、行政诉讼、刑事诉讼制度构成。秘书工作岗位多接触到的是民事诉讼制度，故以民事诉讼制度为主展开阐述。

一、诉讼概述

（1）民事诉讼是指人民法院在当事人和其他诉讼参与人，在审理民事案件的过程中，所进行的各种诉讼活动，以及由这些活动所产生的各种关系的总和。

民事诉讼法是调整民事诉讼的法律规范，是指国家制定或认可的，规范法院和当事人、其他诉讼参与人进行诉讼活动的法律规范的总和。

1991 年 4 月 9 日第七届全国人民代表大会第四次会议通过《中华人民共和国民事诉讼法》，并于 2007 年、2012 年、2017 年进行了三次修正。

（2）行政诉讼是指公民、法人或者其他组织认为行政机关、或法律、法规授权的组织的行政行为侵犯其合法权益，依法向人民法院请求司法保护，人民法院通过对被诉行政行为的合法性进行审查，从而解决特定范围内行政争议的活动。

《行政诉讼法》是为了规范人民法院正确、及时审理行政案件，保护公民、法人和其他组织的合法权益，维护和监督行政机关依法行使行政职权，根据宪法规定制定的法律。

我国《行政诉讼法》于 1989 年 4 月 4 日由七届全国人大第二次会议通过，同日公布，1990 年 10 月 1 日起施行，其间于 2014 年、2017 年进行过两次修正。

（3）刑事诉讼是指审判机关、检察机关和侦查机关在当事人以及诉讼参与人的参加下，依照法定程序解决被追诉者刑事责任问题的诉讼活动。

《刑事诉讼法》是指国家制定或认可的调整刑事诉讼活动的法律规范的总称。它调整的对象是公、检、法机关在当事人和其他诉讼参与人的参加下，揭露、证实、惩罚犯罪的活动。它的内容主要包括刑事诉讼的任务、基本原则与制度，公、检、法机关在刑事诉讼中的职权和相互关系，当事人及其他诉讼参与人的权利、义务，以及如何进行刑事诉讼的具体程序等。我国《刑事诉讼法》于 1979 年 7 月 1 日第五届全国人民代表大会第二次会议通过，并于 1996 年、2012 年、2018 年经过三次修正。

二、民事诉讼法适用范围

根据《中华人民共和国民事诉讼法》（下称《民事诉讼法》）的规定，当事人提起诉讼必须符合下列条件：

（1）原告是与本案有直接利害关系的公民、法人和其他组织。

（2）有明确的被告。

（3）有具体的诉讼请求和事实、理由。

（4）属于人民法院受理民事诉讼的范围和受诉人民法院管辖。

当事人起诉除了须具备《民事诉讼法》规定的有关条件外，还须具备以下条件：

（1）当事人没有事先或事后约定由仲裁机构裁决的协议。

（2）当事人没有就同一事实、同一诉讼标的再行向法院提起诉讼。

三、诉讼管辖

管辖是指各级人民法院之间以及同级人民法院之间受理第一审民事案件的权限和分工。

诉讼管辖分为级别管辖、地域管辖、移送管辖和指定管辖。

1. 级别管辖

级别管辖，是指上、下级人民法院之间受理第一审民事案件的分工和权限。确定不同级别的人民法院管辖第一审民事案件的主要依据是：案件的性质、案件影响的大小、诉讼标的的金额大小等。我国人民法院实行“四级二审终审制”。

2. 地域管辖

地域管辖，是指同级人民法院之间受理第一审民事案件的分工和权限。

（1）一般地域管辖。又称普通管辖，是指以当事人住所地与法院辖区的关系来确定管辖法院。这种管辖通常实行“原告就被告”的原则。

（2）特殊地域管辖。又称特别地域管辖，是指以诉讼标的所在地或者引起民事法律关系发生、变更、消灭的法律事实所在地为标准确定的管辖。包括：

1）因合同纠纷提起的诉讼，由被告住所地或者合同履行地人民法院管辖。

2）因保险合同纠纷提起的诉讼，由被告住所地或者保险标的物所在地人民法院管辖。

3）因票据纠纷提起的诉讼，由票据支付地或者被告住所地人民法院管辖。

4）因铁路、公路、水上、航空运输和联合运输合同纠纷提起的诉讼，由运输始发地、目的地或者被告住所地人民法院管辖。

5）因侵权行为提起的诉讼，由侵权行为地或者被告住所地人民法院管辖；侵权行为地包括侵权行为实施地、侵权结果发生地。

6）因铁路、公路、水上和航空事故请求损害赔偿提起的诉讼，由事故发生地或者车辆、船舶最先到达地、航空器最先降落地或者被告住所地人民法院管辖。

7）因船舶碰撞或者其他海事损害事故请求损害赔偿提起的诉讼，由碰撞发生地、碰撞船舶最先到达地、加害船舶被扣留地或者被告住所地人民法院管辖。

8）因海难救助费用提起的诉讼，由救助地或者被救助船舶最先到达地人民法院管辖。

9）因共同海损提起的诉讼，由船舶最先到达地、共同海损理算地或者航程终止地的人民法院管辖。

（3）专属管辖。专属管辖，是指某一类案件根据法律规定必须由一定的法院管辖。

下列案件实行专属管辖：

1）因不动产纠纷提起的诉讼，由不动产所在地人民法院管辖。

2）因港口作业中发生纠纷提起的诉讼，由港口所在地人民法院管辖。

3）因继承遗产纠纷提起的诉讼，由被继承人死亡时住所地或者主要遗产所在地人民法院管辖。

（4）共同管辖。共同管辖，是指依照法律规定两个或两个以上的人民法院对同一诉讼案件都有管辖权。如果原告向两个以上有管辖权的人民法院起诉，由最先立案的人民法院管辖。

（5）协议管辖。协议管辖，又称合意管辖或者约定管辖，是指双方当事人在纠纷发生之前或发生之后，以合意方式约定解决他们之间纠纷的管辖法院。

3. 移送管辖

移送管辖是指已经受理案件的人民法院，因发现本法院对该案件没有管辖权，而将案件移送给有管辖权的人民法院审理。受移送的人民法院认为受移送的案件依照规定不属于本院管辖的，应当报请上级人民法院指定管辖，不得再自行移送。

4. 指定管辖

指定管辖是指上级人民法院根据法律规定，以裁定的方式，指定其辖区内的下级人民法院对某一具体民事案件行使管辖权的制度。

四、诉讼时效

诉讼时效是指民事权利受到侵害的权利人在法定的时效期间内不行使权利，当时效期间届满时，人民法院对权利人的权利不再进行保护的制度。

（1）普通诉讼时效。《民法总则》第一百八十八条第一款规定，向人民法院请求保护民事权利的诉讼时效期间为 3 年，法律另有规定的除外。

（2）最长诉讼时效。

《民法总则》第一百八十八条第二款规定，诉讼时效从当事人知道或者应当知道权利被侵害之日起计算。但是，从权利被侵害之日起超过 20 年的，人民法院不予保护。

有特殊情况的，法院可以延长诉讼时效期间。超过诉讼时效期间，当事人自觉履行的，不受诉讼时效限制。

（3）诉讼时效的开始。

诉讼时效期间从知道或者应当知道权利被侵害时起计算。最长保护期限是从权利被侵害之日起开始计算。

（4）诉讼时效的中止。

诉讼时效的中止，是指在时效进行中，因出现了法定事由，致使权利人不能行使权利，因而暂停计算诉讼时效期间，待中止事由消除后，继续计算诉讼时效期间。暂停的一段时间不计入诉讼时效期间之内。

（5）诉讼时效的中断。

诉讼时效因提起诉讼、当事人一方提出要求或者同意履行义务而中断。从中断时起，诉讼时效期间重新计算。

五、审判程序

通过三个图表对具体程序进行整体介绍，如图 13.1 至图 13.3 所示。

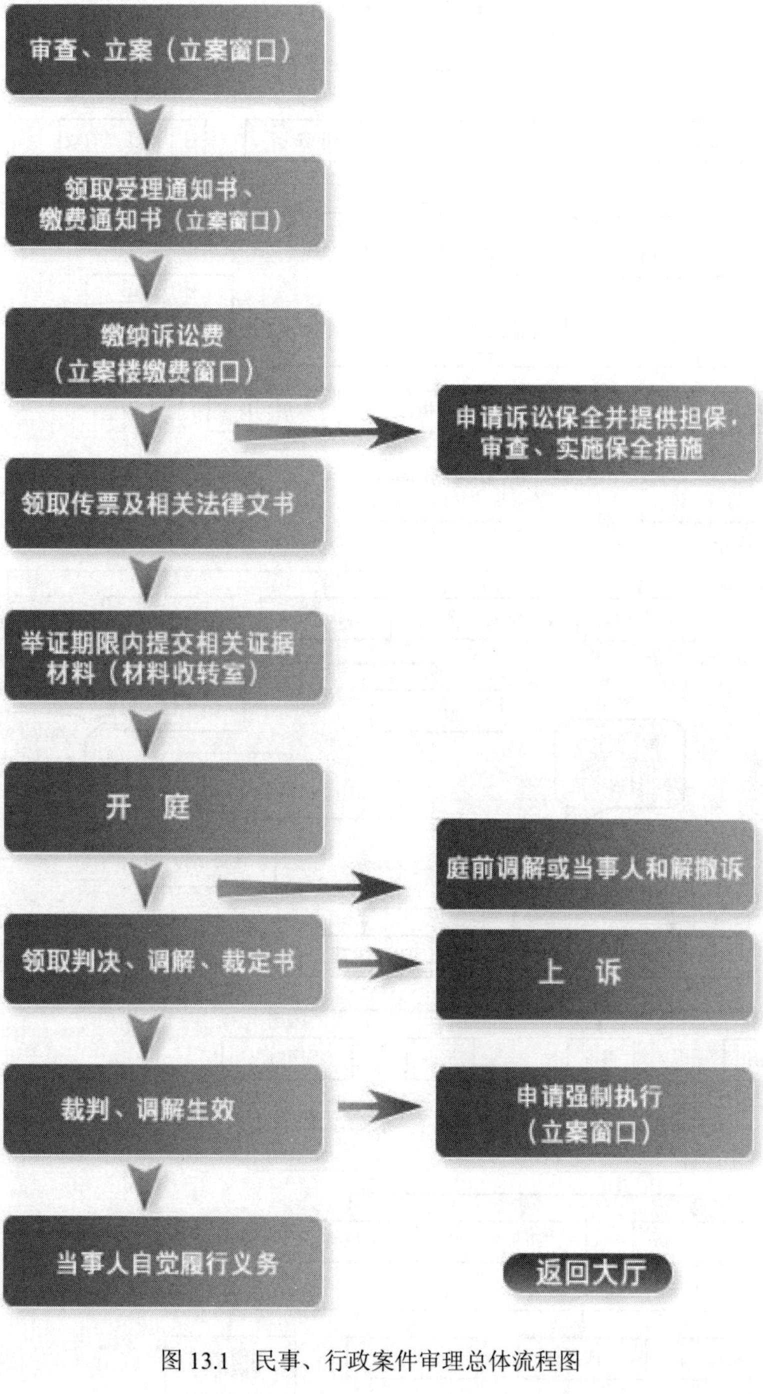

图 13.1 民事、行政案件审理总体流程图

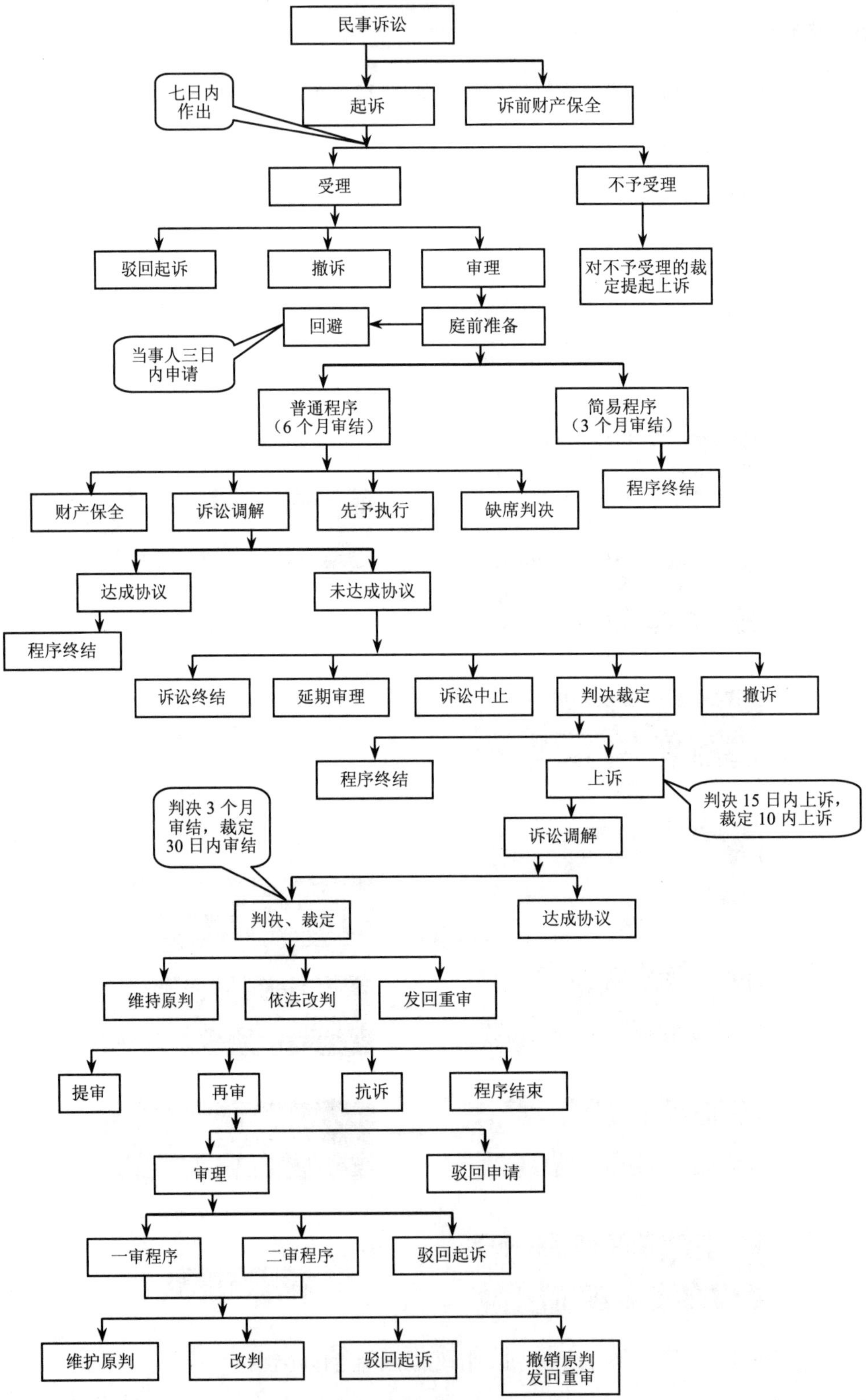

图 13.2　民事案件审理流程

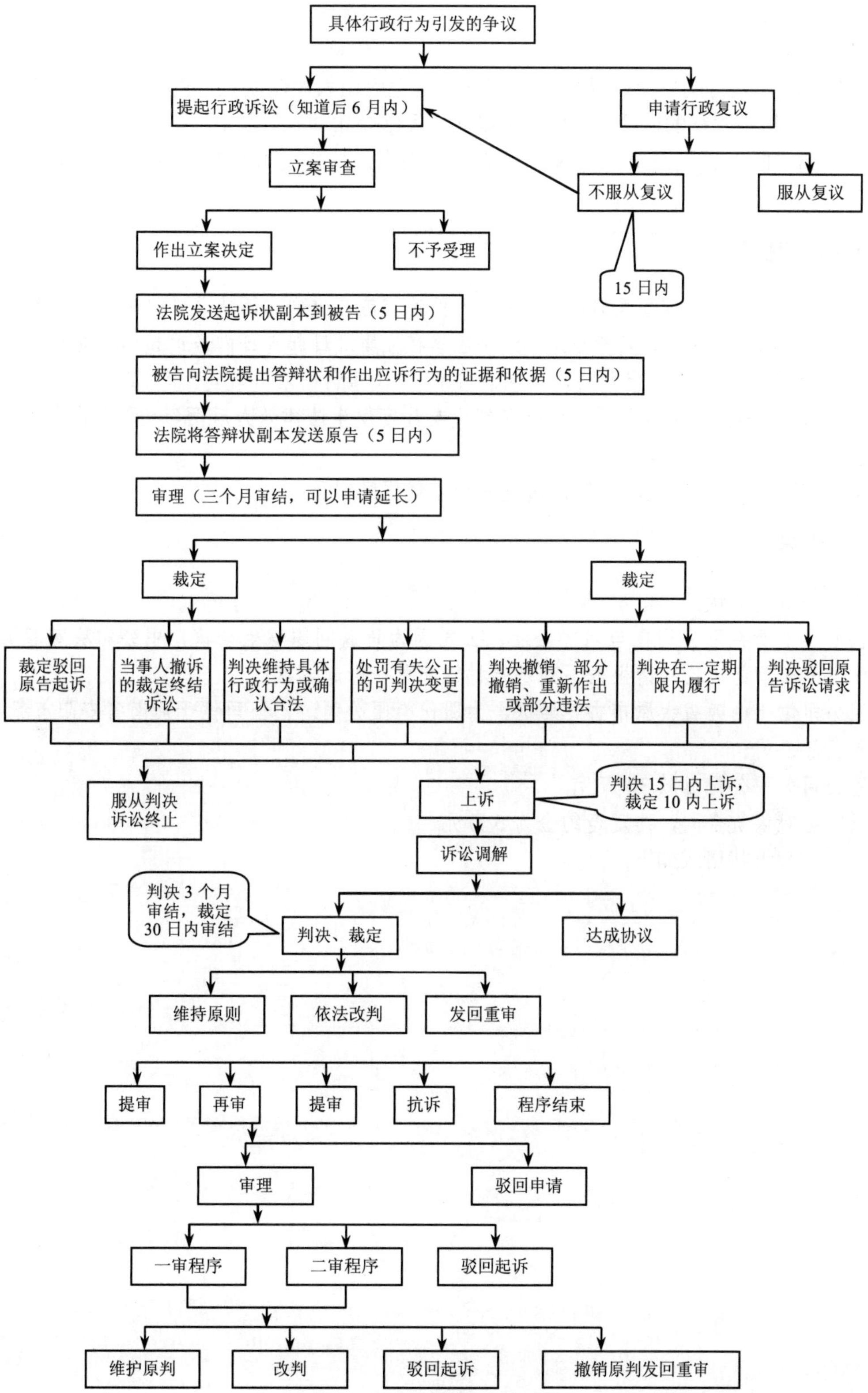

图 13.3 行政诉讼案件审理流程

六、执行程序

对发生法律效力的判决、裁定、调解书和其他应由人民法院执行的法律文书，当事人必须履行。一方拒绝履行的，对方当事人可以向人民法院申请执行。申请执行的期限从法律文书规定履行期间的最后一日起计算，双方或者一方当事人是公民的为 1 年，双方是法人或者其他组织的为 6 个月。

【引例解析】

（1）第一，人民法院立案时间不合法。人民法院应在收到起诉状之日起 7 日内立案。第二，人民法院送达起诉状副本时间不合法。法院应当在立案之日起 5 日内送达起诉状副本给被告。

（2）若甲公司不服一审判决，应申请再审。《民事诉讼法》规定：“当事人对已经发生法律效力的判决、裁定认为有错误，可以在判决或裁定发生法律效力后两年内，向原审人民法院或上一级人民法院申请再审。”

（3）若一审判决错误，还可以通过审判监督程序纠正。

【实训内容】

撰写一份起诉状。

秘书小王所在甲公司在与对方企业乙公司因为货款问题发生争议，甲公司决定起诉乙公司，找小王起草起诉状。请根据下列基础材料起草一份起诉状。

甲公司位于山西省太原市杏花岭区，为股份有限公司；乙公司位于河南省安阳市殷都区，为有限责任公司。

乙公司欠甲公司货款 30 万元。

双方签有供货合同，约定违约金为 5 万元。

提示：起诉状格式如下。

起诉状

原告名称:
所在地址:
法定代表人: 电话:
企业性质:
工商登记核准号:
经营范围和方式:
开户银行:
账号:

被告名称:
法定代表人: 电话:
地址:

诉讼请求

事实与理由

证据和证据来源

此致
某人民法院

附: 1. 本诉状副本_____份
2. 证据材料_____份

起诉人:
年 月 日

【案例】

某服装加工厂和某商场发生合同纠纷。该案合同在A市甲区签订，合同履行地不详。合同签订后，服装加工厂由A市甲区迁至A市乙区，商场先向合同签订地甲区法院起诉，该法院以被告现已迁往乙区为由不予受理。原告又向乙区法院起诉，该法院以合同签订地、合同履行地均不在此地、被告迁到该区时间不长等为由不予受理。

请问：（1）本案应由哪个法院进行管辖？

（2）上述两个法院都不予受理的理由是否正确？

分析:

（1）本案应由乙区法院管辖。本案中合同履行地不详，因此应由被告所在地人民法院管辖。被告所在地，应当是起诉时的被告所在地。

（2）甲区法院以被告现已迁往乙区不予受理是正确的，乙区以被告迁到该区时间不长为由不予受理是错误的。

【思考与练习】

1．仲裁与诉讼的区别有哪些？

2．管辖的分类有哪些？

3．河南亚光贸易公司与山东鲁西公司签订一份500吨花生米的购销合同，合同中规定与合同有关的一切纠纷均交仲裁庭解决。后双方因产品质量问题发生纠纷，于是双方决定仲裁。河南方坚持在郑州仲裁委员会仲裁，山东方坚持在济南仲裁委员会仲裁。因此双方达不成协议。河南方向郑州仲裁委员会申请仲裁，山东方则向济南市有关法院起诉。

请问：（1）本案合同中仲裁条款是否有效？

（2）本案应由仲裁委员会还是法院受理？

参考文献

[1] 张文显．法理学．3 版．北京：法律出版社，2007．
[2] 沈宗灵．法理学．北京：北京大学出版社，2000．
[3] 郑玉敏．民法理论与实务．北京：高等教育出版社，2005．
[4] 李仁玉，陈敦．民法学．北京：当代世界出版社，2001．
[5] 廖真贵．宪法概论．北京：高等教育出版社，2009．
[6] 董和平．宪法学．3 版．北京：法律出版社，2015．
[7] 胡锦光，刘飞宇．行政法与行政诉讼法．7 版．北京：中国人民大学出版社，2015．
[8] 陈大文．行政法理论与实务．北京：高等教育出版社，2005．
[9] 谢德成．劳动法与社会保障法．2 版．北京：中国政法大学出版社，2009．
[10] 周艳．秘书实用法律教程．杭州：浙江大学出版社，2004．
[11] 曲新久．刑法学．5 版．北京：中国政法大学出版社，2016．
[12] 刘艳红．刑法学各论．2 版．北京：北京大学出版社，2006．
[13] 韩玉胜．刑法学原理与案例教程．北京：中国人民大学出版社，2006．
[14] 张明楷．刑法学．4 版．北京：法律出版社，2011．
[15] 陈忠林．刑法（分论）．3 版．北京：中国人民大学出版社，2011．
[16] 史际春．经济法．2 版．北京：中国人民大学出版社，2010．
[17] 屈振甫，王素珍．新编经济法．北京：中国人民大学出版社，2010．
[18] 王玲．经济法概论．北京：清华大学出版社，2010．
[19] 李克凝，畅春霞．经济法．北京：中国水利水电出版社，2010．
[20] 王福友，曲振涛．经济法．6 版．北京：高等教育出版社，2017．
[21] 李成建，左建辉，朱臣．新编经济法学．北京：北京工业大学出版社，2004．
[22] 陈新玲．经济法概论．北京：科学出版社，2007．
[23] 刘军，楚风华．经济法．北京：机械工业出版社，2008．
[24] 甘培忠．企业法新论．北京：北京大学出版社，2000．
[25] 史际春，肖竹．公司法教程．北京：中国政法大学出版社，2007．
[26] 孟建华．新编实用经济法．2 版．北京：清华大学出版社，2007．
[27] 王琳雯，李良雄．经济法实务．2 版．北京：人民邮电出版社，2014．